# VÍNCULO E AFETIVIDADE

CIP-BRASIL. CATAGOLAÇÃO NA PUBLICAÇÃO
SINDICATO NACIONAL DOS EDITORES DE LIVROS, RJ

N369v

Nery, Maria da Penha
  Vínculo e afetividade : caminho das relações humanas / Maria da Penha Nery. – 4. ed. – São Paulo : Ágora, 2018.

  Inclui bibliografia
  ISBN 978-85-7183-127-8

  1. Psicologia I. Título.

13-03851
CDD: 155
CDU: 159.92

www.editoraagora.com.br

Compre em lugar de fotocopiar.
Cada real que você dá por um livro recompensa seus autores
e os convida a produzir mais sobre o tema;
incentiva seus editores a encomendar, traduzir e publicar
outras obras sobre o assunto;
e paga aos livreiros por estocar e levar até você livros
para a sua informação e o seu entretenimento.
Cada real que você dá pela fotocópia não autorizada de um livro
financia o crime
e ajuda a matar a produção intelectual de seu país.

MARIA DA PENHA NERY

# VÍNCULO E AFETIVIDADE

*Caminho das relações humanas*

EDITORA
ÁGORA

*VÍNCULO E AFETIVIDADE*
*Caminho das relações humanas*
Copyright © 2003, 2014 by Maria da Penha Nery
Direitos desta edição reservados por Summus Editorial

Editora executiva: **Soraia Bini Cury**
Editora assistente: **Salete Del Guerra**
Capa: **Buono Disegno**
Imagem de capa: **jules2000/Shutterstock**
Projeto gráfico e diagramação: **Crayon Editorial**
Impressão: **Sumago Gráfica Editorial**

**Editora Ágora**
Departamento editorial
Rua Itapicuru, 613 – 7º andar
05006-000 – São Paulo – SP
Fone: (11) 3872-3322
Fax: (11) 3872-7476
http://www.editoraagora.com.br
e-mail: agora@editoraagora.com.br

Atendimento ao consumidor
Summus Editorial
Fone: (11) 3865-9890

Vendas por atacado
Fone: (11) 3873-8638
Fax: (11) 3873-7085
e-mail: vendas@summus.com.br

Impresso no Brasil

*In memoriam de meus pais, sempre amor.*
*A meus clientes, alunos e supervisionandos,*
*que me ensinam a ser uma eterna aprendiz.*
*A Sergio Perazzo, querido mestre permanente.*
*A todas as pessoas que me deram força e*
*carinho nesta produção, particularmente meus*
*irmãos e meus amigos.*

*Agradeço, com todo o meu coração a:*
*Jaqueline, Manoel, Auxiliadora (Dora), Giane, Ir.*
*Nery, Luiz Mello, Fonseca Filho, Ronaldo Yudi e*
*Edith Elek.*

*Todos os que me ajudam se metamorfoseiam*
*em minha autoconfiança...*

*Toda a verdadeira vida é encontro.*
Martin Luther King

# SUMÁRIO

PREFÁCIO . . . . . . . . . . . . . . . . . . . . . . . . . . . . . . . . . . . . . . . . . . . . . . . . *11*

INTRODUÇÃO . . . . . . . . . . . . . . . . . . . . . . . . . . . . . . . . . . . . . . . . . . . . *15*

**1** A teoria do vínculo – por um enfoque na afetividade . . . . . . . . . . . . . . . . . *19*

**2** Aprendizagem emocional e lógicas afetivas de conduta . . . . . . . . . . . . . . . *35*

**3** Vínculo e aspectos internalizados dos vínculos . . . . . . . . . . . . . . . . . . . . . . *65*

**4** Modalidade vincular afetiva e agressividade . . . . . . . . . . . . . . . . . . . . . . . . *93*

**5** Uma visão socionômica das relações de poder . . . . . . . . . . . . . . . . . . . . . . *107*

**6** Da conserva vincular . . . . . . . . . . . . . . . . . . . . . . . . . . . . . . . . . . . . . . . . . . *129*

**7** O coinconsciente: criando vínculos que nos criam . . . . . . . . . . . . . . . . . . . *153*

**8** Trabalhando a cotransferência no vínculo cliente/terapeuta . . . . . . . . . . . *167*

**9** A fala no psicodrama . . . . . . . . . . . . . . . . . . . . . . . . . . . . . . . . . . . . . . . . . . *195*

**10** A ciência da cocriação e o vínculo amoroso . . . . . . . . . . . . . . . . . . . . . . *219*

REFERÊNCIAS BIBLIOGRÁFICAS . . . . . . . . . . . . . . . . . . . . . . . . . . . . . . . *233*

# PREFÁCIO

**Minha primeira lembrança** de Brasília, nos anos do Brasil JK introduzindo a década de 1960, é a poeira vermelha que se instalava insistente até nas mínimas rachaduras da alma.

Com o tempo, floresceu a vegetação abundante que veio suavizar as formas desenhadas e marmóreas da arquitetura de Niemeyer e a planificação urbana de Lúcio Costa. A poeira acabou, um dia, se assentando no solo do crescimento. A matriz, um *locus*, um *status nascendi*. É do Planalto Central neste estado de cultivo e de florescimento que nos chegam a voz e a razão de Maria da Penha Nery.

*Vínculo e afetividade* marca, para mim, a passagem de um estado de pequenos canteiros plantados esparsos na poeira vermelha do conhecimento psicodramático para o de um jardim pleno da integração das suas múltiplas articulações teóricas.

Como a escadaria da Igreja da Penha, no Rio de Janeiro (perdoem-me o que possa parecer um trocadilho infame), com seus 365 degraus, feita de encomenda para as preces e promessas dos romeiros em cada dia do ano, o recolhimento e a amarração dos inúmeros marcos da teoria do psicodrama, às vezes aparentemente irreconciliáveis entre si, acabam parecendo mesmo uma romaria de esfolar pés e joelhos.

Para meu espanto e surpresa, Maria da Penha Nery não só emerge incólume desta tarefa exaustiva, quase uma teia de Penélope, como, com este livro, consegue circunscrever aquilo que é realmente essencial na teoria de Moreno, sem esquecer, em nenhum momento, de dispensar o cuidado obrigatório e necessário a ser dado às contribuições decisivas dos psicodramatistas pós-morenianos nesta construção teórica.

Ela consegue juntar as partes sem que o resultado pareça um Frankenstein.

O produto final, como não poderia deixar de ser, é um livro bem continuado, no sentido de sua coerência teórica e fidelidade aos princípios da teoria do Psicodrama; bem-acabado porque consistentemente fundamentado, e aberto para o futuro porque excelentemente atualizado, abrindo novas questões, o que, infelizmente, nem sempre é a tônica de obras que se pretendem obras como esta.

O enfoque do psicodrama é e sempre foi o vínculo. A ele é dirigida a atenção de Moreno, com uma técnica derivada do teatro, em que a imaginação e a fantasia configuram uma inter-relação, uma interatuação capazes de construir uma realidade suplementar plena de espontaneidade e de criatividade.

É sobre isso que se instala toda a teoria do psicodrama, com a construção de *um caminho das relações humanas,* por meio da socionomia e seus ramos, a teoria de papéis e os conceitos de protagonista, tele, transferência e coinconsciente, só para dar alguns exemplos.

Por outro lado, neste caldo de cultura tão produtivo e intenso, a cena psicodramática surge em sua plenitude transbordante dos reflexos fidedignos ou distorcidos da afetividade. É só vivê-la e revivê-la para que se saiba do que estou falando aqui.

O que surpreende, sabendo disso tudo e do quanto vínculo e afetividade andam juntos e dependem um do outro, é que ninguém até agora tenha se preocupado, na produção científica psicodramática, em juntá-los especificamente, compondo uma sistematização pertinente e obrigatória. Estávamos em falta. Ficávamos devendo.

Não estamos nem ficamos mais.

Este livro da Penha, como nós a chamamos carinhosamente no meio psicodramático, veio, oportunamente, preencher esta lacuna do Psicodrama.

Vínculo e afetividade são, pois, os dois pontos de partida e os dois pontos de chegada.

O estudo da afetividade permitiu que Maria da Penha introduzisse um novo conceito no psicodrama, a que chamou de *lógica afetiva de conduta*, uma pedra de toque, uma pérola teórica que complementa e elucida com raro brilhantismo a noção psicodramática de transferência.

Apenas com esta contribuição teórica Penha já pode se considerar um verbete de uma enciclopédia internacional de Psicodrama. Leiam e estudem o Capítulo 2 e vejam se eu não tenho razão. É a própria alma e essência deste livro, à qual consegue agregar as variações e modalidades vinculares, a patologia dos vínculos, o papel do coinconsciente moreniano no ato de vincular-se e as relações de poder que decorrem de tudo isso.

A sua engenhosidade nos faz viajar na pele de Moreno, *títeres que somos de nossa sociedade sem ética e cidadania, recheada de valores desumanos*, restituindo a nós mesmos a crença e o movimento de nossos ideais e poderes criativos.

Este é o sentido. Este é o caminho. Este é o florescimento que Maria da Penha Nery nos aponta com o seu regador de esperança, bem no meio do Planalto Central.

SERGIO PERAZZO

NOTAS: 1.Em todos os estudos de caso apresentados neste livro, os nomes usados são fictícios. 2. Acesse http://penhanery.com.br para ler, das edições anteriores, o Capítulo 11, "Virtualidade: vivendo novos paradigmas relacionais" e o Capítulo 12, "Quero ser John Malkovich... Einstein... Moreno... Deus!"

# INTRODUÇÃO

**Feliz com a boa aceitação** e crítica à minha obra *Vínculo e afetividade*, resolvi revê-la e aprimorá-la. A revisão da terceira edição me emocionou muito, pois me lembrei dos momentos em que escrevi o livro e me imaginei no lugar do leitor. Tentei tornar as ideias mais acessíveis, por meio de mais exemplos e do aperfeiçoamento da escrita. E espero continuar contribuindo para a Socionomia e para todos que trabalham com Psicoterapia, tratamento de indivíduos e grupos, educação e demais profissões que buscam amenizar o sofrimento individual e coletivo.

Quando realizamos um desejo, muitas vezes nem sabemos ao certo de sua origem. Mas, num percurso interior, ao buscar o *status nascendi* deste livro, encontrei um momento que lhe serviu de aquecimento: quando estudante de Psicologia, apaixonada pelas teorias do desenvolvimento e da personalidade, intrigavam-me as questões relativas à influência da afetividade no comportamento humano.

Anos depois, em minha monografia para o título de professora-supervisora em Psicodrama, "Vínculo e afetividade: um estudo sobre tele e transferência", tentei aprofundar a compreensão psicodramática sobre os fenômenos tele e transferência. Sob a coordenação de José Fonseca Filho, apresentei essa monografia no IX Congresso Brasileiro de Psicodrama, em 1994, expondo, pela primeira vez, as minhas recém-nascidas ideias sobre lógicas afetivas de conduta e inteligência relacional.

Um ano depois, em São Paulo, apresentei meu trabalho a Sergio Perazzo. Ele apontou as minhas contribuições para a teoria psicodramática. Esse momento foi registrado como um grande incentivo profissional e, também, uma experiência "reparadora", pois muitos sentimentos e várias tentativas de adiamento do meu projeto de ser escritora começaram a ser resolvidos. Mote contínuo, tive o audaz desejo de criar com o mestre Moreno e demais psicodramatistas... Em 2001, convidei Perazzo para cocriar, por meio de suas revisões críticas, meu livro. Ele prontamente aceitou e sou-lhe muito grata.

Estudei um pouco mais a respeito da influência da afetividade nos vínculos e pesquisei tal influência em minha prática psicoterápica e sociátrica e observando a prática de alguns colegas. Esse é o método da pesquisa-ação, da pesquisa participante e ativa, que o Psicodrama (em seu sentido amplo, Socionomia) nos proporciona.

Busco ampliar a compreensão das teorias do vínculo e dos papéis, com base no estudo da aprendizagem emocional, no processo da aquisição das características dos papéis, no desenvolvimento da sociodinâmica e nas relações de poder.

Em síntese, o livro contém, no Capítulo 1, uma exposição sobre a teoria do vínculo, com enfoque na afetividade.

Nos Capítulos 2 a 7, crio conceitos procurando explicitar a importância da afetividade nos vínculos, particularmente nos processos de cocriação e de cotransferência. Entre eles, temos: lógica afetiva de conduta, aspectos internalizados dos vínculos conflituosos, competição sociométrica, papéis latentes, vínculo patológico ambivalente, vínculo patológico sociométrico, modalidade simbólica de expressão do eu e instâncias de poder. Também explicito alguns fenômenos pertinentes aos vínculos (e aos grupos), entre eles: coinconsciente, complementação patológica de papéis, relações de poder, modalidade vincular afetiva e inteligência relacional.

Nos Capítulos 8 a 10, contribuo com exemplos da práxis sócio e psicodramática e descrevo a Socionomia como a ciência da cocriação. Eis o resultado de alguns anos de estudos, pesquisas e de viagens pelo mundo imaginário de meu vínculo com os leitores.

Esses estudos foram base para outros trabalhos realizados por mim, entre eles: a tese de doutorado, o livro *Grupos e intervenção em conflitos* e *Intervenções grupais – O psicodrama e seus métodos*.

Assim, o livro *Vínculo e afetividade – Caminhos das relações humanas* tem um corpo que, espero, leve um pouco da alma de alguém que tenta contribuir para todos os profissionais das relações humanas.

É tempo das relações humanas.

Não posterguemos mais. Procuremos iluminar os caminhos na nova ordem mundial terapêutica!

# 1
# A TEORIA DO VÍNCULO – POR UM ENFOQUE NA AFETIVIDADE

> Ao que tudo indica, ao longo da nossa infância nós perdemos a capacidade de nos admirarmos com as coisas do mundo, Mas com isso perdemos uma coisa essencial [...] pois em algum lugar dentro de nós alguma coisa nos diz que a vida é um grande enigma. E já experimentamos isto muito antes de aprendermos a pensar.
>
> JOSTEIN GAARDER

**E, de repente,** nos perguntamos: quem somos? Dia após dia tentamos responder com nossas ações. E encontramos vínculos que estabelecemos, no contato com o outro, nos dramas da vida. Seja o que for que realizemos em nossa existência – uma pergunta, os papéis que desempenhamos, nossos dramas, comédias, tragédias ou conflitos –, tudo está permeado pela afetividade. Então, podemo-nos nos ver, ser e existir, sobretudo pela afetividade. São as vivências afetivas o fundamento da nossa existência heroica ou aprisionada no automatismo. São as marcas afetivas que dão vitalidade, sentido e colorido às nossas ações e aos nossos vínculos. Mas o que são nossos vínculos e como a afetividade os influencia?

Jacob Levy Moreno, criador da Socionomia, ciência que estuda a articulação entre o individual e o coletivo, afirma que nos revelamos e nos estruturamos por meio da ação, que se constitui do cumprimento de papéis.

Portanto, no palco da existência, somos atores que desempenham papéis diretamente ligados ao "eu". Nossa personalidade é a resultante dos vínculos que estabelecemos, do conjunto de papéis que exercemos, dos papéis que estão contidos ou reprimidos, da nossa modalidade vincular e das nossas predisposições hereditárias.

Segundo Moreno (1975, p. 102), personalidade é "uma função de g (genes), e (espontaneidade), t (tele) e m (meio)". Nessa visão holística, a personalidade está relacionada à cultura, ao contexto e ao momento em que vivemos. Assim, só existimos nas relações. Existir é coexistir. Na ação, vivemos os papéis sociais ao assumir uma forma de funcionamento numa situação e momentos específicos. E damos uma resposta totalizadora ao ambiente, pois nessa resposta estão presentes os estímulos internos (cognição, história pessoal e afetividade), os estímulos externos (tipo de vínculo, contexto, cultura e momento) e os projetos dramáticos, isto é, as realizações de expectativas que incluem os critérios sociométricos[1] (Aguiar, 1990). Esses projetos nos lançam para a cocriação.

Ainda, além dos papéis sociais, enriquecemos nossos encontros e desencontros com os papéis imaginários, os papéis latentes e os papéis psicodramáticos (Rubini, 1995).

Os papéis imaginários se localizam no mundo imaginário, surgem dos sentimentos e desejos que, em alguns contextos, são reprimidos, não realizados ou impedidos de ser expressos. Tais papéis serão resgatados ou concretizados por meio dos papéis psicodramáticos, desempenhados no palco do Psicodrama (Naffah Neto, 1979).

Também criamos papéis imaginários mediante a atividade imaginativa, como os papéis ligados aos delírios e às alucinações; podemos aprender papéis imaginários observando os acontecimentos, que passam a fazer parte do mundo da fantasia. Muitos papéis imaginários ainda podem surgir do redimensionamento psíquico de personagens "arquetípicos", ou seja, dos papéis enraizados nos mitos e em toda cultura e sociedade com funções determinadas e objetivas, por exemplo, o papel do salvador, do monstro, do deus, da

---

1. Sociometria é a parte da Socionomia que estuda a organização e a estrutura dos grupos (Moreno, 1972, 1978). Concebo-a também dentro do dinamismo cotidiano dos vínculos e dos grupos sociais, considerando os projetos dramáticos.

bruxa, da fada; ou de personagens históricos que incorporam essas funções, tais como Cristo, Napoleão, Hitler. Os papéis imaginários também podem surgir da nossa capacidade imaginativa de dar vida psíquica e de nos deixarmos ser interferidos psiquicamente por todos os elementos da natureza, animados ou inanimados. Por exemplo, podemos fazer "amizade" com uma pedrinha, sentir-nos um peixe de um aquário ou sofrer por uma árvore arrancada, quando nos imaginamos em seu lugar.

Nossa vida também está permeada por papéis latentes. Papéis latentes são as funções que subjazem às condutas de um papel social, tais como no vínculo professor-aluno, em que o professor tem as funções de orientador, conselheiro, debatedor, incentivador. Os papéis latentes se constituem, além das funções de papéis, de todos os papéis sociais aprendidos nos diversos contextos sociais, mas que não estão conscientemente ativados em um vínculo e contexto específicos.

Quando estabelecemos um vínculo social, tanto as funções de papéis como alguns aspectos do conjunto de papéis sociais de nossa personalidade estão, de certa forma, disponíveis para ser exercidos. Nesse sentido, um professor pode usar as características de seu papel de filho ou de amigo para enriquecer sua vinculação com os alunos. Os papéis latentes podem ser complementados em um vínculo, em determinados graus de consciência, no processo de realização dos projetos dramáticos.

Os papéis imaginários, além de serem o mote do palco psicodramático, também podem sair do seu reduto da fantasia e da imaginação (e do campo dos sonhos) e ser atuados, em diversos graus de consciência, num vínculo social, por intermédio dos papéis latentes. E, assim, ao vivermos, na complexidade de determinado campo vincular, como de amigos, por meio da interpsique, papéis latentes de, por exemplo, "vítima", "conselheiro", "sabe-tudo", "santo", "pecador", "desprotegido", muitas de nossas fantasias podem ser atuadas.

Todos os tipos de papéis que desempenhamos podem ser relacionados às categorias de vínculos que estabelecemos: os residuais, os atuais e os virtuais (Aguiar, 1990). Os vínculos atuais são os que se verificam nas relações concretas, no plano da realidade em contraposição ao da fantasia. Os vínculos residuais são aqueles que já foram atuais e encontram-se hoje desativados, aqueles cuja existência está no plano da fantasia, como memória. Tendo como âmbito também a fantasia, tal qual os residuais, os vínculos virtuais são os que

> o sujeito estabelece com objetos/personagens imaginários ou míticos (como o "príncipe encantado", por exemplo) ou muito distantes da realidade concreta, embora reais (tais como um ídolo artístico ou político). (Aguiar, 1990, p. 61)

Penso, ainda, que os vínculos residuais são também os vínculos do mundo interno, pois pertencem ao mundo intrapsíquico. São compostos pelos papéis imaginários, papéis latentes e aspectos internalizados dos vínculos.

Os vínculos virtuais podem abranger a vivência dos papéis sociais a distância e dos papéis imaginários que permanecem no mundo imaginário ou da fantasia.

Os vínculos que estabelecemos nos despertam para a experiência emocional neles contida, a qual lhes dá a autenticidade e o aquecimento para a sua efetivação. Sempre percebi que a afetividade pode elucidar as motivações e o sentido do desempenho dos diversos papéis. A compreensão do aprendizado dos papéis associada ao aprendizado emocional nos vínculos nos ajudará a liberar nossos potenciais criativos e de nossos clientes. Por isso, em minha vida pessoal e na minha prática sociátrica, voltei meu olhar para a afetividade que é interiorizada e expressa na vivência dos vínculos, tanto nas fases estruturadoras da nossa personalidade como em nossas experiências atuais.

## TEORIA DOS PAPÉIS E AFETIVIDADE

A importância da afetividade na teoria dos papéis está no fato de que toda ação humana visa à manutenção de um equilíbrio biossociopsíquico. Quando respondemos às situações específicas, buscamos atualizar nossos potenciais criativos em todas as dimensões existenciais, por meio da redução dos conflitos, sofrimentos e das tensões nos vínculos, no ambiente e em nosso organismo. Alguns teóricos da Psicologia enfatizaram que a homeostase biopsíquica é a causa e o objetivo da conduta. Pearls (1974) afirma que os comportamentos são governados pela homeostase – processo pelo qual o organismo satisfaz suas necessidades e mantém seu equilíbrio sob condições diversas. Nesse sentido, a conduta está intimamente associada à afetividade: em primeiro lugar, à satisfação das necessidades e, com base no desenvolvimento e na aprendizagem dos papéis pelos vínculos, à realização de desejos e expectativas.

A teoria freudiana é eminentemente relacionada à afetividade, pois afirma o comportamento como resultado da busca das reduções das tensões psicobiológicas e do aprisionamento do ser humano aos conteúdos inconscientes que visam, principalmente, à realização de desejos primordiais do universo infantil (Freud, 1968).

Muitos outros cientistas constatam a importância da afetividade no desenvolvimento humano e na saúde mental, entre eles, Spitz (1979), Piaget (1982), Wechsler (1998), Tiba (1986) e Goldman (1995). E há teóricos que tentam conjugar o Psicodrama com a Psicanálise, como Anzieu (1981) e Levy (2000), tentando dar mais vida às questões emocionais na formação dos vínculos.

Portanto, a afetividade é o motor da nossa conduta, direciona-nos e nos motiva para o desempenho de um papel em contexto e momento específicos. Quando conquistamos as possibilidades existenciais e reduzimos tensões, tornamo-nos protagonistas da gratificação das nossas necessidades e da realização como seres humanos. Assim, o desempenho dos papéis não é apenas determinado pelas necessidades ou pelos desejos inconscientes, mas é também a condição da aprendizagem. Por meio do desempenho de papéis, modificamos tanto o contexto como a nós mesmos.

A busca da homeostase biossociopsíquica como condição para o estabelecimento do vínculo foi enfocada por Moreno como a busca da liberação da espontaneidade-criatividade ou do fator "e". Para o autor, espontaneidade é "uma aptidão plástica de adaptação, mobilidade e flexibilidade do eu" (Moreno, 1975, p. 144).

A liberação da espontaneidade-criatividade possibilita a evolução psíquica dos indivíduos. Nesse sentido, Perazzo (1994, 1999) e Aguiar (1990, 1998) são enfáticos em afirmar que a cocriação é a motivação básica dos vínculos. Cocriação é a criação conjunta, é a criação possibilitada pelo encontro de espontaneidades, segundo a complementação de papéis que enriquece sociopsiquicamente todos os envolvidos no vínculo. Perazzo (1999, p. 142) afirma que

> o movimento relacional se inicia, os papéis complementares que se articulam o fazem a partir de uma pauta de expectativas que o próprio ato de se relacionar vai deixando a descoberto no momento ou no processo. A "reformulação de tal sistema de expectativas", enquanto e durante este movimento relacional, nada mais é que a cocriação. Esta situação de complementaridade criativa em que se dá um encontro de espontaneidades é o que chamaríamos de tele.

Assim, Perazzo e Aguiar entendem que tele é cocriação. E, para Moreno (1972), é a menor unidade de sentimentos entre os indivíduos, responsável pelas suas posições afetivas nos vínculos e nos grupos, ou seja, pelo seu campo sociométrico. Daí a Sociometria, um campo de estudo da Socionomia, nos ajudar a compreender a afetividade intergrupal (Moreno, 1972, 1978; Bustos, 1979; Nery, 2008).

A espontaneidade-criatividade nos liberta do determinismo absoluto, que nos aprisiona em nossos condicionamentos, posicionando-nos como sujeitos da história e nos lançando para o "determinismo operacional, funcional". Esse determinismo pressupõe nossa vivência num universo aberto ao qual precisamos dar respostas adequadas, inovadoras e criativas a todo instante, senão sucumbimos e não sobrevivemos. O núcleo do determinismo operacional e funcional de Moreno é que nossos vínculos presentes e futuros podem liberar cargas afetivas inscritas nos vínculos residuais e em formas residuais de vínculos atuais, inscrevendo novas partes em nossa personalidade.

O aprendizado emocional, numa visão socionômica, é contínuo e coconstruído. Por exemplo, na matriz de identidade, o primeiro grupo social na vida do ser humano, não é apenas a criança que se vincula, mas o outro, seja quem for, de seu meio social, complementará seus papéis ou lhe imporá uma complementação de papéis (Moreno, 1974, 1975). O dinamismo e as contradições pertencentes à sociodinâmica da matriz de identidade não admitem fases estanques de desenvolvimento infantil, mas dinâmicas vinculares. Nestas, tanto o outro como a criança estão registrando, aprendendo e reaprendendo conteúdos e emoções, cada um de acordo com suas capacidades biopsíquicas.

Na matriz de identidade formamos a identidade dos vínculos, não apenas a nossa, como indivíduos. É um um movimento coexistencial que vai da total indiferenciação vincular à diferenciação eu-outro e à capacidade de inversão de papéis. Trata-se de um processo em que todos (re)vivem a diferenciação afetiva, impregnando-se das mais diversas cargas e marcas afetivas.

Nessa linha, Cukier (1998, p. 17) descreve o processo de sobrevivência emocional pelo estudo da influência das dores que vivemos na infância, na estruturação da nossa personalidade. Estudando sua prática clínica, a autora confirma a hipótese de que

emocionalmente guardamos outros Eus infantis, originados em circunstâncias indutoras de vergonha ou desconfirmadoras, que mantêm a experiência e posição inicial imutáveis, enquanto continuamos a nos desenvolver e amadurecer numa direção adulta.

Essa é a "criança interna ferida", que corresponde às aprendizagens da conduta e da afetividade obtidas pela criança em vínculos ameaçadores de sua integridade biossociopsíquica, com o papel complementar. A pessoa que desempenha o papel complementar com a criança possivelmente revive sua "criança interna ferida" por meio do coinconsciente.

Segundo Bustos (1982), a criança internaliza a experiência da relação com o outro que a faz sofrer, em várias situações, como um papel complementar interno patológico.

O aprendizado emocional resulta, pois, na nossa modalidade vincular afetiva com o mundo, que se constituirá no modo peculiar de desempenho dos nossos papéis em cada vínculo que estabelecemos (Fonseca, 1980).

A modalidade vincular afetiva, explicitada em nossas condutas conservadas, incorpora um vínculo residual específico, composto pela "criança interna ferida" e pelo papel complementar interno patológico, ou seja, os aspectos do outro internalizados pelo indivíduo em vínculos conflituosos.

Os aspectos internalizados dos vínculos e as pautas de condutas acumuladas em nossa história compõem o inconsciente. No Psicodrama, os conceitos de consciente e inconsciente freudianos são revistos e ampliados por meio dos conceitos socionômicos de coconsciente e coinconsciente (Moreno, 1975, 1983). Coconsciente e coinconsciente são os conteúdos comuns conscientes e inconscientes, respectivamente, criados pelas pessoas nos vínculos. Esses conteúdos comuns fornecem aos vínculos uma dinâmica própria.

Portanto, o estabelecimento de um vínculo pressupõe a intersubjetividade, a interpsique, a troca de conteúdos conscientes e inconscientes, tais como emoções, fantasias, imagens, sensações, pensamentos, sentimentos, intuições, estados emocionais, que estão dispersos nas diversas formas de linguagem.

## OS ESTADOS COCONSCIENTE E COINCONSCIENTE

Os estados coconsciente e coinconsciente promovem as manifestações paralelas e contínuas dos fenômenos tele e transferência, conforme as revisões desses conceitos de Aguiar (1990, 1998), Perazzo (1994), Levy (2000), Calvente (2002) e Lima (1999).

Considero tele um fenômeno eminentemente interpsíquico com origem no campo sociométrico. Tele é um fator psicossocial responsável pela formação dos vínculos e promotor da cocriação, ou seja, da produtividade relacional e da viabilização do encontro da nossa espontaneidade-criatividade com a das pessoas envolvidas no vínculo.

Transferência é um fenômeno que tem origem no mundo interno. Ela está relacionada: às experiências apreendidas em nossa história, na cultura e nos vínculos; aos conteúdos dos vínculos residuais ou internos que transpomos para os vínculos atuais; à subjetividade e aos papéis latentes e imaginários que interpenetram a complementação de nossos papéis sociais. A transferência implica transposição de conteúdos do mundo interno para o externo, por meio da modalidade vincular afetiva, constituindo-se de fatores eminentemente intrapsíquicos e de outros relacionados ao campo interpessoal.

Levando em conta os estados coconsciente e coinconsciente, em determinados momentos e contextos, a complementaridade dos papéis pode acionar a transferência que se torna um *input* para a tele (ou para a cocriação), ou a transferência que promove a codestrutividade, resultando numa complementação patológica dos papéis. Nesse sentido, transferência é, também, cotransferência, pois se trata da conjugação dos diversos fatores intrapsíquicos que se articulam, mobilizando a interpsique (Aguiar, 1998).

Numa situação transferencial, por exemplo, podemos ter uma conduta irracional quando um vínculo interno inconsciente com a nossa "criança interna ferida" ou com o nosso papel complementar interno patológico, perturba a captação e a interpretação do outro e se torna operante no vínculo social, em um momento e contextos específicos. O outro pode responder a essa situação, acirrando o sofrimento. Essas conexões intra e interpsíquica de conteúdos do mundo interno podem gerar diversos sintomas psicopatológicos, que estimulam a neurose interpessoal.

Desse modo, o foco terapêutico dirige-se aos processos transferenciais e cotransferenciais, inviabilizadores da cocriação, relacionados à modalidade vincular afetiva, que incorpora as condutas conservadas, e à afetividade, a qual estanca o processo natural da aprendizagem humana. O olhar e a intervenção do terapeuta são sobre aquilo que bloqueia a espontaneidade-criatividade, que se torna sinal de transferência. Perazzo (1990), em abordagem semelhante, detecta os equivalentes transferenciais, que são os movimentos existenciais repetitivos.

De forma mais abrangente, consideramos que os sinais e efeitos da transferência ocorrem a todo momento e podem ser afetivos, comportamentais, relacionais ou atitudinais. Alguns exemplos: angústia, sensações de estranheza e desconforto, impulsividade, emoções desproporcionais em relação a um acontecimento, mudanças inesperadas nas tonalidades da voz, gesticulações exacerbadas, inibições, violência, dominação, autoexigência excessiva, autodesvalorização. Esses efeitos podem ser coletados pelos indivíduos nas dinâmicas vinculares conflituosas ou nas situações novas e desafiadoras. Por exemplo, numa situação de tensão, o exercício do papel complementar interno patológico num vínculo interno pode vir na forma de autopunição, autocríticas severas, carências ou autossuficiências excessivas, que interferem no vínculo com o outro.

Esses sentimentos ou comportamentos intensos são alguns dos sinais da transferência, indicadores de que estamos contactados não com o outro, mas com o mundo interno, reativador das experiências de dor ou de alienação, vividas em nossos vínculos conflituosos.

Ainda no processo cotransferencial, um vínculo atual pode ser internalizado patologicamente e fazer parte do nosso mundo interno. Esse processo consolida as condutas conservadas não criativas.

Outro exemplo é o momento de solidão. A maior parte das pessoas vive esse momento com angústia. Um dos motivos dessa angústia é o domínio do papel complementar interno patológico sobre o eu. A solidão torna-se um *input* para a manifestação desse papel causador de muitas dores emocionais, tais como: o prejuízo da autoestima, com pensamentos autodestrutivos ou autodesvalorizadores; os comportamentos obsessivos de busca de alguém; os sentimentos de desespero e de agonia. Nesses casos, o domínio do papel complementar interno patológico boicota atitudes que possam auxiliar a pessoa. Quando ela consegue dominar o papel complementar interno patológico, torna o momento de solidão um estado de solitude, no qual pode, além de não adoecer em virtude da solidão, usufruir de sua própria companhia com condutas e sentimentos que lhe deem suporte interior.

No fenômeno da transferência, a pessoa revive vários aspectos de seus vínculos residuais, em graus variados de inconsciência, de acordo com projetos dramáticos latentes que visam aos resgates afetivos ou à homeostase sociopsíquica. No vínculo, o fenômeno da cotransferência acontece porque as pessoas, em razão de suas modalidades vinculares afetivas, compõem uma dinâmica vincular, resultante do coconsciente e do coinconsciente, que fomenta a interpsique. Essa se refere a uma "comunicação" entre os mundos internos dos indivíduos por intermédio da complementação dos papéis.

A interpsique propicia a realização de vínculos latentes dentro de um vínculo atual. Nos vínculos sociais, podemos, num processo transferencial, viver algum papel imaginário, conjugado ao papel complementar interno patológico ou a algum papel latente, e ser complementados. Esse processo pode resultar no sofrimento relacional ou na cocriação.

## APRENDIZAGEM EMOCIONAL

Por meio da aprendizagem emocional, tento descrever como a afetividade fornece significado e qualificações aos papéis que desempenhamos, interferindo nos estados coconscientes e coinconscientes e nos fenômenos deles derivados, a saber, a tele e a transferência.

Em meus estudos, observei que o processo de estabelecimento dos vínculos resulta na aprendizagem de lógicas afetivas de conduta, que são as marcas afetivas que influenciam a cognição e a conduta. Desenvolvi este conceito em 1992, em minha monografia: "Um estudo sobre tele e transferência", para a titulação de terapeuta didata em Psicodrama (Nery, 2000).

As lógicas afetivas de conduta são vividas em vários níveis de consciência e vêm sob a forma de expressão sintética de algum aprendizado emocional, derivado de diversas experiências vinculares. Essa expressão pode ser, por exemplo: "Se eu for rebelde, terei atenção", "Conseguirei admiração se sempre ajudar a todos!", "Ficarei calmo se lavar cinco vezes a mão!", "Conquisto respeito, valorizando-me".

Considero as lógicas afetivas de conduta as "células-tronco" dos processos cotransferencial e de cocriação. São uma espécie de molécula psíquica motivacional dos projetos dramáticos, da modalidade vincular afetiva e do desenvolvimento de todos os tipos de papéis.

A aprendizagem emocional conjuga diversas lógicas afetivas no processo de internalização de aspectos dos vínculos. Tais aspectos são o conjunto: concepção do "eu" (ou a criança interior), papel complementar interno e a relação entre eles.

A experiência da prática sociátrica nos demonstra as intercorrências dessas aprendizagens e as múltiplas interações entre esses elementos num vínculo. Nesse sentido, detectar e trabalhar as lógicas afetivas de conduta que compõem o processo cotransferencial favorece a intervenção terapêutica.

Observamos que, no vínculo, há momentos em que as lógicas afetivas de conduta do papel complementar interno patológico de cada pessoa bloqueiam a cocriação, causam as angústias e os sofrimentos, resultando na complementação patológica de papéis.

Nos vínculos também há momentos em que a internalização do papel complementar desperta lógicas afetivas de conduta liberadoras da espontaneidade-criatividade dos indivíduos e viabilizadoras da inteligência relacional. Portanto, inteligência relacional é a capacidade de as pessoas, nos vínculos, complementarem papéis que atualizam lógicas afetivas de conduta, favorecedoras do crescimento psíquico-social dos envolvidos. Trata-se, pois, de um aspecto da cocriação.

Gardner (1993) explora a ideia de inteligência múltipla. Existem as competências linguística, lógico-matemática, musical, espacial, corporal-cinestésica, intrapessoal e interpessoal. Goldman (1995) nos mostra a importância da inteligência emocional para nos relacionarmos bem. Neste livro, destaco a inteligência relacional e a concebo como um dos resultados do processo cocriativo.

As lógicas afetivas estruturam a conduta conservada necessária para a continuidade da aprendizagem, para a sedimentação dos processos de assimilação e acomodação de conteúdos socioemocionais.

A conservação de conduta também está relacionada à construção da subjetividade e de "identidades", resultantes dos aspectos internalizados dos vínculos compostos de lógicas afetivas de conduta.

Por exemplo, uma pessoa assume um autoconceito e diz: "Sou incapaz". Esse autoconceito pode ter surgido da internalização do papel complementar interno patológico em vínculos, nos quais o outro lhe proporcionava tal crítica ou alguma sensação semelhante. Mas nem tudo que repetimos ou conservamos em nossa conduta é imobilizador, pois também pode se constituir uma aprendizagem que dá respaldo à assimilação de novas aprendizagens ou memórias que contribuem para o aproveitamento das experiências atuais. Por exemplo, uma pessoa aprendeu a conduta de "ser útil" como uma das possibilidades para conseguir a atenção do outro. Em alguns momentos, ela se torna útil para repetir sua necessidade de sobrevivência emocional e, em outros, é naturalmente útil e, ao agir assim, contribui para as relações.

Na matriz de identidade, por exemplo, podemos aprender condutas histéricas, psicopatas ou compulsivas, entre outras, e com base nelas conseguirmos vincular e estruturar o "eu". Assim, no campo de batalha da sobrevivência psíquica, podemos direcionar a agressividade para nós mesmos, numa tentativa de resolução de conflitos. A autodestruição ou os autoconceitos destrutivos podem nos trazer, entre outros benefícios, a segurança de sermos alguém e de nos sentirmos vivos.

Todo esse processo relacional, construído por nossa afetividade, nos lança ainda para as práticas de poder. Existimos dentro de vínculos simétricos e assimétricos. Então, poder e afetividade, conjugados, fundamentam as complementações de papéis. Dentro dos estados coconsciente e coinconsciente, a afetividade e o poder se influenciam e se dinamizam, trazendo diversas contradições na experiência da assimetria e da simetria vincular. Todo vínculo está imbuído de dinâmicas de poder, mediante as quais forças psíquicas e interpsíquicas entram em vigor para a conquista, principalmente, do equilíbrio biossociopsicológico.

A perda da habilidade de sermos o protagonista da história, de usufruirmos das práticas de poder para a nossa construção humana, resulta em nossa automação e robotização. Por exemplo, nesse processo, podemo-nos aquecer, por meio de lógicas afetivas de condutas similares a "Sempre tenho de saber mais para me respeitarem" que produzem sentimentos de descrença e indignação; por meio de imagens e fantasias dissociadas da ética humana, como imaginar cenas em que podemos levar alguma vantagem; ou por meio de lógicas afetivas parecidas com "Se eu ficar quieto, não serei ridicularizado", que se associam a atos que contribuem para a miséria psíquica e social, tais como submissão e subserviência exacerbadas.

É na luta interior entre os ganhos e as perdas promovidas pela conduta conservada, entre os seus aspectos favoráveis e desfavoráveis ao nosso crescimento sociopsíquico, que resistimos às mudanças ou nos aventuramos em condutas, vínculos e dinâmicas de poder, liberadores da espontaneidade-criatividade, que nos despertam novos *status nascendi* relacionais.

Assim, todo vínculo está imbuído da contradição de ter características permanentes (que lhe dão uma identidade ou uma dinâmica própria) e de transformar-se constantemente.

Portanto, um filho será sempre filho, mas a cada instante é um filho transformado pelas experiências com o mundo e com os próprios pais e o mesmo acontece com os complementares mãe/pai. Um dia, esse filho exercerá, por exemplo, o papel de namorado, carregando as experiências vividas como filho, o que lhe fornece suas características de papel ou a sua modalidade vincular afetiva. Esse namorado será o namorado continuamente transformado pelas experiências no vínculo com a namorada, o mesmo acontecendo com ela.

O que podemos fazer quanto à conduta conservada? Na história das condutas conservadas e de suas lógicas afetivas, o fator "e" (a espontaneidade-criatividade) esteve presente para que respondêssemos aos conflitos que vivíamos. Esse próprio fator abrirá caminhos para a cocriação nos nossos vínculos atuais e transformará nossas condutas.

## VÍNCULO E *SELF*

Finalmente, podemos definir vínculo como o resultado do fenômeno tele que viabiliza a complementaridade de papéis sociais, repercutindo nos estados coconsciente e coinconsciente. Esses estados dinamizarão a interpsique e retroalimentarão a psique pelo intercâmbio de complexas variáveis psíquicas, ambientais e interpsíquicas, entre elas: momento, contexto, capacidades de percepção e interpretação de si e do outro, comunicação e expressão, afetividade (necessidades, desejos e expectativas); práticas de poder, dimensão corporal; sociometria do vínculo (projetos dramáticos, posição e função do indivíduo no vínculo) e do grupo, sociedade, cultura, imaginação, papéis imaginários, papéis de fantasia, condutas conservadas, espontaneidade--criatividade, hereditariedade e personalidade dos envolvidos.

Diante de tudo isso, não podemos perder de vista que, por meio dos vínculos, o determinismo funcional e operacional nos traz a capacidade de reorganização e de contínuo aprendizado emocional. Nesse aprendizado resgataremos ou despertaremos o "eu total", ou o *self*, presente na concepção holística de personalidade. *Self* é um todo que abrange todas as dimensões humanas e está correlacionado à criatividade espontânea do ator.

Para Moreno (1984, p. 20-1), *self* é o conjunto

> de experiências oriundas de muitas direções. Uma destas dimensões do *self* é a social; outra, a sexual; outra, a biológica; outra, a cósmica; mas o *self* é mais do que qualquer uma destas dimensões. [...] Minha tese é que o *locus* do *self* está na espontaneidade. A própria espontaneidade é um desvio das 'leis' da natureza e a matriz da criatividade. Quando a espontaneidade está a zero, o *self* está a zero [...] quando a espontaneidade cresce, o *self* se expande.

Segundo o autor, a personalidade e o *self* são o resultado da integração de três dimensões: a fisiológica; a mental ou psicológica; e a social e/ou cultural. E as estruturas do *self* e da personalidade seriam constituídas pela configuração de todos os tipos de papéis que exercemos. Então, para a integridade sociopsíquica, os papéis esforçam-se por se agrupar e desenvolver entre eles "vínculos operacionais" que os conjugam e os integram numa unidade.

E Moreno (1984, p. 28) nos alerta que os desequilíbrios nos agrupamentos de papéis "geram um atraso no surgimento de um eu real e como tal experimentado, ou intensificam os distúrbios do eu".

A Socionomia surgiu com base no teatro espontâneo, contemplando o desenvolvimento da ideia fixa de Moreno do "self espontaneamente criativo", que tornaria o grupo e o indivíduo sãos (Moreno, 1974; Costa, 1996; Garrido-Martin, 1996). Apesar do descrédito de muitas pessoas, Moreno continuou suas criações e desenvolveu vários outros métodos sociátricos.

O self é, pois, o eu total, o mais profundo eu, a mais profunda redução de um vínculo, em que resta a centelha divina, o ser cósmico, a essência criadora do homem.

Assim, o psicodramatista se insere no grupo, por meio dos vínculos, interferindo no coinconsciente e vivendo a interferência deste, mas com o objetivo de observar e pesquisar a sociodinâmica e a sociometria do vínculo ou do grupo e, a partir daí, intervir com os métodos sociátricos que visem ao restabelecimento da cocriação (Nery e Costa, 2008; Nery, Costa e Conceição, 2006). Os conhecimentos da interferência da afetividade e das práticas de poder nas dinâmicas vinculares favorecerão o estabelecimento de vínculos revitalizados e cocriativos e a construção de nossa existência heroica.

Dessa forma, proponho contribuir com a teoria do vínculo, enfocando a afetividade, com base na observação e em estudos sobre a prática psicoterápica e sociátrica. Para tanto, ao longo deste livro, descreverei as lógicas afetivas de conduta que surgem do aprendizado emocional, explicitarei os vínculos patológicos e suas vivências afetivas, cotransferência e coinconsciente, e farei uma incursão nas dinâmicas de poder.

Todos esses estudos propõem tornar mais coconsciente muito do que vivemos no coinconsciente de nossos vínculos, em nossas vidas e, particularmente, na Psicoterapia e na Sociatria. Trata-se de contribuir para a produção de conhecimento dentro do paradigma da pesquisa qualitativa (Demo, 1998; Gonçalves, 1989; Gonzalez Rey, 1997; Grandesso, 2000).

Atualmente muitos psicodramatistas têm avançado na produção de conhecimentos científicos, conquistando ampliação da teoria, da compreensão de fenômenos sociais e aperfeiçoando as intervenções socioterápicas, entre eles: Massaro (1990), Seixas (1992), Zampiere (1996), Wechsler (1998), Maciel (2000), Nery (2007, 2008) e Contro (2004).

# 2
# APRENDIZAGEM EMOCIONAL E LÓGICAS AFETIVAS DE CONDUTA

Necessitamos de amor como de ar e, para obtê-lo, renunciamos ao nosso próprio processo de desenvolvimento como indivíduos únicos e irrepetíveis e nos massificamos através da repetição de papéis socialmente desejáveis.

WALTER RIBEIRO

**Quando nos vinculamos,** nos diversos contextos da vida, como o familiar, o profissional e o de lazer, satisfazemos necessidades, realizamos desejos, reajustamos projetos dramáticos e nos desenvolvemos. A afetividade, pois, está presente em todos os nossos atos.

Um dos pressupostos da Socionomia é a luta do ser humano pela sua sobrevivência nos grupos (nos vínculos) e pela sobrevivência dos grupos (dos vínculos), pois eles lhe fornecem a sensação básica do existir e lhe garantem o campo existencial para a manifestação da sua espontaneidade-criatividade. Então, o grupo forma o "eu", quando na complementação dos papéis, as pessoas vão conseguindo seus alimentos sociopsíquicos. Nesse processo, a aprendizagem emocional fornece a vitalidade aos papéis sociais e é sobre esse aspecto que centraremos este capítulo.

## MATRIZ DE IDENTIDADE E APRENDIZAGEM EMOCIONAL

O estudo e a observação das dinâmicas vinculares na prática clínica e na vida cotidiana nos ajudaram a descrever o processo da aprendizagem emocional que resulta nas características dos papéis sociais. Por estarmos tratando de vínculos e grupos sociais, quando nos referimos, no texto, a papéis, entendam-se papéis sociais.

Na vida, cada vínculo que a pessoa estabelece é único e a reporta a condutas e emoções especiais.

No vínculo terapêutico, cada cliente tem uma maneira específica de se vincular, que desperta tanto o cliente como o terapeuta para um vínculo singular. Uma das tarefas do terapeuta é estar atento aos seus sinais de vinculação (comportamento, fala, jeito de falar, modalidade vincular, emoções etc.) e aos sinais do cliente para a melhor compreensão dos estados coconsciente e coinconsciente desse vínculo.

A forma de desempenho predominante do papel de cliente, ou seja, a preponderância de sua modalidade vincular, vai explicitando sua história de vida, sua comunicação e seu aqui-agora no contexto terapêutico. Observamos vários tipos de predominância de modalidade vincular, por exemplo: os clientes que tentam controlar as regras desse contexto, os que se comportam de maneira arredia, os que são desconfiados, os irônicos, os submissos ou os temerosos.

As experiências de vida desses clientes são transmitidas a cada instante na forma específica de desempenho de papéis no contexto psicoterápico, que pode mudar de acordo com um conjunto de relatividades que incluem o momento, os estímulos do campo vincular e as conexões com o mundo interno. Portanto, na modalidade vincular preponderante do cliente e nas outras que podem surgir dentro dos estados coconsciente e coinconsciente está presente a sua história de vida.

A teoria socionômica revela que o terapeuta também reflete sua história de vida na sua modalidade vincular com o cliente. Por isso, reportamo-nos aos estados coconsciente e coinconsciente do vínculo psicoterápico e definimos tele como cocriação e transferência como cotransferência.

Nós, terapeutas, e nossos clientes pertencemos ao grupo dos seres humanos, o qual nos fornece uma identidade especial e nos permite identificarmo-nos porque vivemos processos vinculares semelhantes em qualquer parte do planeta. Nesse sentido, centralizamos o olhar sobre a história do cliente, compreendendo que ela, em vários níveis, reflete a nossa história, na medida em que há a relativa singularidade dos fatos e a universalidade dos sentimentos.

Quando conhecemos a história de cada cliente, observamos muitas lembranças, cenas, imagens e sensações que retratam conflitos impregnados de marcas afetivas. A história do cliente é a da sua sobrevivência emocional, conquistada nos vínculos e associada à sua fome de existência e de desenvolvimento como ser humano.

O cliente vive o constante drama relacionado à busca de alimentos psíquicos, ou de cargas afetivas que promovam seu crescimento social e psicológico. Ele quer saciar sua fome de cargas afetivas, como atenção, proteção, respeito, aceitação, as quais podem ser sintetizadas na carga afetiva do amor. Essa fome de afeto lhe provoca muita dor e, para conseguir as cargas afetivas que alimentem sua alma, ele aprende diversas condutas que podem ou não liberar a espontaneidade-criatividade e variam, de acordo com a predominância da modalidade vincular ou com os estímulos do campo vincular, da submissão ao autoritarismo, da autoanulação à psicopatia, da depressão à mania, entre outras.

Vivemos, os terapeutas, o mesmo drama existencial e aprendemos condutas para a nossa sobrevivência emocional. Então, o êxito dos processos psicoterápico ou sociátrico dependerá do "desafio" do encontro de personalidades ou das aprendizagens emocionais dos indivíduos, num contexto e em papéis sociais específicos.

Observamos que a afetividade vivida nos vínculos é um dos fundamentos da aprendizagem dos papéis e de suas características. Afetividade é o conjunto de respostas subjetivas e definidas, expressas sob a forma de sentimentos, sensações, estados emocionais, desejos, necessidades e humores. Quando um indivíduo desempenha um papel, sua afetividade é vivida como a expressão e a consequência da busca da manutenção do equilíbrio biossociopsíquico.

Há, pois, uma interinfluência entre papéis e afetividade: a pessoa exprime seus desejos, suas expectativas e emoções por meio dos papéis e, ao mesmo tempo, esses desejos estruturam os papéis. A afetividade funciona como um motor do desempenho dos papéis ou da conduta humana e, ainda, lhe proporciona especificidade, sentido, direção e significado.

Sem afetividade, os papéis cumprirão mecanicamente suas funções e serão desempenhados sem vitalidade e criatividade.

No centro dos sintomas psíquicos e nas formas peculiares de vinculação encontramos o indivíduo desesperado no caminho do resgate do "amor perdido", de um "amor não vivido", de um "amor nunca satisfatório", de um "amor carregado de interesses", de um "amor malogrado", ou ainda de um "amor já vivido".

Não falamos agora do amor romântico, mas daquela carga afetiva, vivida no primeiro grupo social (conceituado por Moreno (1975) como Matriz de Identidade), que é responsável pelo sentido de existência, pela formação da subjetividade e sintetiza todas as cargas afetivas de que a pessoa necessita para seu desenvolvimento psíquico, como atenção, respeito, aceitação, amparo, conforto, segurança afetiva, entre outras.

Portanto, o aprendizado emocional tem o amor como o norteador das vivências afetivas, porque ele é a base da existência do ser, por constituir uma força de atração, um impulso à vida. A carga afetiva do amor é a responsável pela integridade psíquica, que promove a atualização das potencialidades do ser no desempenho dos papéis.

Alguns autores aqui citados, como Fonseca (1980, 2000), Miller (1986), Pichon-Riviére (1988), Bowlby (1982) e Cukier (1998), estudam e afirmam a importância do amor para a saúde mental. Eles corroboram, pela ciência do comportamento, o que os grandes poetas e artistas há centenas de anos proclamam para o alívio de nossas almas.

Na verdade, do amor decorrem todas as cargas afetivas e os processos psíquicos de que necessitamos no nível existencial: confirmação da existência como pessoa (Watzlawick *et al.*, 1985), prazer (Freud, 1982), atenção reforçadora (Skinner, 1972), aceitação incondicional (Rogers, 1978, 1985) e individuação (Jung, 1998).

A busca do amor é a busca da homeostase psíquica que traz o sentido de existência. A conquista do amor torna-se a motivação básica da conduta humana e do estabelecimento dos vínculos. O amor favorece o desenvolvimento social, pois é o fundamento sociométrico para as escolhas positivas e negativas. O amor é a base da rede sociométrica, funcionando como o catalisador das forças de atração e de repulsão, presentes nos relacionamentos e nos grupos, que Moreno tanto pesquisou.

A história de vida de vários clientes demonstra que a homeostase psicológica é muito perturbada quando ocorre a morte de um ou de ambos os pais até os 7 anos, sem que a criança consiga substitutos que a "supram" com algum clima afetivo favorável. Bowlby (1982) confirma em seus estudos que essas perdas influenciam o desenvolvimento psicológico, podendo causar sérias patologias mentais.

Em minha experiência clínica, tive clientes com elevada dificuldade no estabelecimento de vínculos, pois estes traziam as marcas afetivas associadas à insegurança básica e ao temor do abandono, ameaçadoras de suas existências.

Um cliente, de 24 anos, perdeu seu pai em um acidente de carro. Ele me disse que quando isso lhe aconteceu, aos cinco anos de idade, pensava insistentemente que, por não aceitá-lo, o pai foi embora. Nessa época, imaginava seus amiguinhos morrendo e decidia não brincar com eles; quando começou a paquerar, não acreditava que era desejado e evitava aprofundar seus namoros, que duravam até quatro meses, pois ao sentir ciúmes tinha medo de perder, então preferia terminar o relacionamento a sofrer a rejeição.

Em sua história de vida o cliente vivia angustiadamente os jogos de aceitação/rejeição, presentes nos vínculos. A internalização do pai ausente mobilizou afetos ligados ao luto, entre eles raiva, impotência, tristeza e descrença, que se associaram a condutas de retração e inibição. Tais condutas lhe provocavam sofrimentos intensos, pois não conseguia realizar seus objetivos nos vínculos, ao buscar se resguardar dos riscos ligados à perda.

Um dos focos de trabalho psicoterapêutico da inibição e do isolamento desse cliente foi o processo mal elaborado do luto infantil, por estar carregado de emoções reprimidas que perturbavam seus vínculos atuais.

A maior parte dos clientes, todavia, é de pessoas que sofreram perdas "psicológicas" em sua infância. Eles relatam histórias vividas na matriz de identidade carregadas de um clima afetivo tenso e desfavorável ao equilíbrio sociopsíquico. Muitas cenas são rememoradas com percepções e sentimentos de ausência dos pais, rejeição, abandono, abuso sexual, exigências, projeção de expectativas, violência física ou psíquica, superproteção e comunicação ambivalente.

Tais experiências geram conflitos repletos de marcas afetivas que dificultam a aprendizagem do papel de filho, pois a internalização dos pais, em muitos momentos, é a do papel complementar interno patológico. Nessas situações, o cliente internaliza características dos modelos e conteúdos das cenas como aspectos ameaçadores à integridade do eu que perturbam a sua conduta. Na maioria dos casos, os clientes têm grande dificuldade de amar a si próprios, pois se sentiram ou foram desamados e pouco aprenderam a se conhecer e se respeitar. Seus papéis sociais contêm registros das cargas afetivas do amor não recebido (ou mal recebido). Há o medo de não ser aceito e/ou de perder o outro e a agressividade resultante das frustrações no campo emocional.

Observamos que na matriz de identidade acontece a primeira história de amor da vida da criança, que originará a aprendizagem das emoções. Nessa história, a criança vive a sociodinâmica não apenas do grupo familiar, mas também do seu grupo social, que lhe fornecerá as primeiras experiências sociométricas, compostas de situações de escolhas, de aceitação e de rejeição, mediante os múltiplos projetos dramáticos dos vínculos.

Assim, tanto a criança como o outro, ao complementarem seus papéis sociais, mesmo que estes não sejam estabelecidos conscientemente por ela, buscam a carga afetiva do amor. Em razão dessa necessidade, a criança vai aprendendo a diferenciar a afetividade pela vivência sociométrica, enquanto o outro reaprende, nesse vínculo, sua afetividade.

O embate cotidiano pela carga afetiva do amor fornecerá incontáveis experiências libertadoras ou aprisionadoras da espontaneidade-criatividade da criança e do outro. O coconsciente e o coinconsciente, por meio dos fenômenos tele e cotransferência, dinamizam essas experiências. Didaticamente, focalizamos o universo infantil para descrever alguns aspectos da aprendizagem emocional, porém buscamos inseri-la na visão globalizada do vínculo e das articulações entre o indivíduo e o outro (e o grupo).

A criança, nos processos de vinculação com o mundo e o outro, aprende a distinguir sensações que variam do "prazer" à experiência de "amor", vivendo sentimentos como ciúmes, inveja, medo, insegurança e compaixão até as sensações de "desprazer" que acarretam a vivência do "ódio", experimentando sentimentos de mágoa, ressentimento, decepção, culpa, desespero, rejeição, tristeza e raiva. Pela diferenciação afetiva a criança aprende, ainda, os valores, a ética social (solidariedade, democracia), a moralidade, as crenças e as atitudes (ser favorável ou desfavorável a alguma coisa). Enquanto isso, o outro revive, vive ou reaprende a diferenciação de sua afetividade ao se vincular com a criança.

A seguir, formulamos hipóteses de algumas dinâmicas vinculares preponderantes em determinados momentos, que são resultados da aprendizagem emocional, da atuação dos estados coconsciente e coinconsciente e da complementaridade dos papéis sociais da criança e do outro.

Na dinâmica vincular de indiferenciação, na qual a criança e o outro (em seus papéis específicos) se experienciam como uma unidade indiferenciada, podem ser registrados estados emocionais de sossego ou de angústia, de completude ou de incompletude, de segurança e de insegurança, de prazer e de desprazer, de dor e de alívio. O bebê experimenta seus papéis sociais predominantemente no nível corporal e das funções vitais, na medida em que suas necessidades biológicas e primariamente afetivas são ou não satisfeitas.

Nas dinâmicas vinculares em que ocorre o reconhecimento do eu e do outro (tanto por parte da criança quanto da pessoa com quem ela se vincula), as experiências na matriz de identidade e o desenvolvimento biológico da criança lhe proporcionam um contato mais amplo com ela mesma e com o outro, como ser diferente dela, que tem seu mundo próprio. Nessas dinâmicas há a provável aprendizagem de emoções relacionadas ao narcisismo, ao egocentrismo e à identidade do eu, tais como sentimentos de onipotência e impotência. A diferenciação propicia possivelmente o registro de emoções de ansiedade e agressividade ligadas ao abandono, medo do diferente, atração e rejeição, desejar ou não a presença do outro.

No universo infantil, segundo Moreno (1975), os mundos imaginário e de fantasia começam a se distinguir em relação ao mundo social por meio da experiência das ausências e presenças do outro e das interpolações de resistência que o contexto social promove. A fantasia e a imaginação poderão proporcionar à criança a experiência, no nível de mundo interno, de realização de desejos, de suporte para enfrentar os medos ou de condutas cristalizadas para solucionar conflitos. É como se ela voltasse para seu mundo interno os papéis e vínculos sociais que não puderam ser complementados e estes passassem a exercer alguma pressão para ser vividos. Esse é o fundamento dos papéis imaginários e latentes.

A diferenciação entre a fantasia e a realidade favorece o desenvolvimento da linguagem, dos significados, dos significantes, dos símbolos. A linguagem fornece à criança um novo poder nos vínculos, como o impacto do domínio sobre o outro e sobre o diferente, ao proferir a palavra "não" (Spitz, 1978); também o recebimento do "não" redimensiona sua cognição quanto à satisfação ou não de seus desejos e aos seus limites no contexto social.

Na dinâmica da pré-inversão de papéis, tanto a criança como o outro experimentam os papéis complementares por meio do lúdico, da imaginação e da imitação. Essa experiência desenvolve o conhecimento da cultura e do grupo social, as fantasias e o faz de conta.

Também pela exploração de seu próprio corpo, a criança descobre prazeres. Aqui é provável o registro de marcas afetivas associadas às novas descobertas do seu eu. Tais registros podem ser de orgulho, medo do novo, vergonha, culpa, humilhação, medo de perder o que tem ou inveja do que não tem, quando ela percebe as diferenças biológicas sexuais (Freud, 1968) e as diferenças dos papéis sociais do homem e da mulher; sensações relacionadas aos vínculos com autoridades, como dependência, submissão, ser frágil ou ser forte. Na pré-inversão de papéis, ela busca estabelecer vínculos exclusivos com o outro, registrando emoções ligadas à possessividade e a ter o outro só para si (principalmente pai e mãe) tais como apego, solidão e raiva, pois o "outro *deveria* ser só meu e viver para mim".

Em algum momento da pré-inversão de papéis a criança descobre que algo ou alguém invade seus vínculos tão exclusivos. Então, ela percebe que o outro não é só dela, sente o impacto, a dor ou a angústia em ter de dividi-lo, em ter de se separar dele e sofrer a ausência. Trata-se, possivelmente, do registro dos sentimentos ligados às primeiras vivências sociométricas: ciúmes, perda, rejeição e desamparo. A "lei do pai", que possibilita a inserção da criança no mundo simbólico e nos limites das regras socioculturais (Lacan, 1985), pode ser expandida para a "lei do outro", que introduz o choque da separação e do diferente, relativo à sexualidade bem como às competições sociométricas.

Competição sociométrica é a luta constante que as pessoas travam para conquistar o melhor lugar socioafetivo (*status* sociométrico) no grupo. Para consegui-lo, elas criam, naturalmente, jogos sociométricos, que são as situações que permitem o surgimento dos projetos dramáticos e as escolhas das pessoas para realizá-los. Assim, no grupo surgem questões como: "De quem você gosta mais?", "Quem você quer que o leve para passear?", "Você vai dormir perto do papai ou da mamãe?", ou a criança pode se aproximar de alguém para lhe mostrar o que fez, querer que ele brinque com ela, fazer algo para que ele a olhe de maneira especial. Alguém pode convidá-la para assistir a um filme, para lhe contar algo, para lhe fazer um carinho, ou escolhê-la para espancá-la, para ser a responsável por algum dano do grupo, ou ser humilhada.

O clima afetivo também será internalizado por meio da competição e das experiências sociométricas, nas quais os envolvidos vivem intensamente os sentimentos de ser rejeitados, de ser amados e a tensão que mobiliza a aprendizagem emocional.

Portanto, na competição sociométrica a criança percebe que a sua relação com o outro é dependente da relação do outro com os outros. Tais descobertas produzem os limites nas relações, os quais, por si sós, lhe trazem o registro de frustrações e de sentimentos de impotência. Se esses limites forem ultrapassados, podem trazer culpa ou sensação de domínio e de controle sobre o outro. Por exemplo, uma cliente, de 22 anos, sofreu abuso sexual por parte do pai, entre os 8 e os 10 anos de idade. Tratava-se de uma competição sociométrica, pois ela me disse: "Eu sentia que havia algo errado: ele era meu pai e devia fazer aquilo só com minha mãe. Mas eu gostava porque sabia que ele me preferia; afinal, ele me dizia que era só meu".

A cliente reconhecia o quanto essas experiências perturbavam sua relação com os homens, pois os considerava perversos, maus, estúpidos. Então, ao mesmo tempo em que sentia muita atração pelos homens, tinha raiva, culpa e vontade de ignorá-los completamente.

Na competição sociométrica, a criança pode aprender a aceitar a existência do outro, de alguém ou de algo mais com quem esse outro se relaciona. Essa aceitação surge dependendo do clima afetivo e da comunicação do seu grupo nas vivências sociométricas. É possível que quanto mais a criança sofra, viva ou sinta perdas afetivas, ameaças dessas perdas, desproteção, exclusão ou rejeição no grupo, mais perturbada seja a sua sociabilização. Por exemplo, há casos em que a criança vive o nascimento de seu irmão como perda afetiva em relação aos seus pais. Esse fato lhe desperta rebeldia de diversas formas ou aprendizado de algum tipo de manipulação da família, na tentativa de resgatar sua posição de única na relação e de demonstrar sua indignação com o fato de ter de dividir a atenção.

No convívio com a família e outros grupos sociais, a criança registra novos sentimentos associados à resignação, à divisão da atenção com os outros, tensões nas responsabilidades e nos estados emocionais relativos à competição e ao *status* sociométrico. Muitas marcas afetivas de tristeza, raiva, revanche, vingança e/ou as autocobranças para conseguir atenção ou sucesso podem surgir quando a criança é ou se sente excluída ou rejeitada num grupo.

Na dinâmica vincular da inversão de papéis, a criança e o outro se captam e se apreendem mutuamente nos papéis um do outro. Nessa dinâmica a aprendizagem emocional pode ser da compaixão, da solidariedade e do altruísmo. Há momentos especiais de inversão de papéis em que ocorre a internalização de um encontro revitalizador, que produz um prazer vital, acarretando as emoções relacionadas ao revigoramento da relação, à criatividade, à atualização de potencialidades, à experiência do belo e à integração do eu, tais como: segurança, deslumbramento, alegria, êxtase.

O corpo é o primeiro recurso da criança para o estabelecimento e a manutenção dos vínculos, bem como para o seu aprendizado emocional. Observamos que das necessidades fisiológicas nascem os desejos, que darão lugar ao desenvolvimento psíquico. Dos desejos surgem as expectativas; destas, as crenças, a ética e os valores. Segundo Fonseca (1980, p. 86): "O 'clima', o 'fluido' entre o eu (criança) e o tu (mãe) será da maior importância na formação do eu e dará padrões e formas de relacionamentos futuros".

Porém, as vivências e diferenciações afetivas não se restringem ao vínculo mãe/filho, mas abrangem os vínculos da criança com qualquer outro do seu grupo familiar e do ambiente sociocultural. Essas diferenciações fornecerão as marcas afetivas que comporão um registro organísmico e mnêmico da criança. Assim, a experiência da afetividade influenciará os vínculos e os outros registros afetivos que a criança fará ao longo da vida.

As marcas afetivas revitalizam os papéis sociais com a especificidade dramática. Por exemplo, cada indivíduo pode exercer o papel de filho do seu modo preponderante: um será rebelde, outro tímido e outro afetuoso. Portanto, o aprendizado emocional propiciará a singularidade e a peculiaridade aos papéis que desempenhamos, tornando-se, assim, um dos fundamentos do desenvolvimento dos papéis e de suas características.

## AS LÓGICAS AFETIVAS DE CONDUTAS

As marcas afetivas resultantes dos primeiros vínculos carregados de um clima emocional desfavorável ao desenvolvimento psicológico contêm alertas internos que bloqueiam a livre expressão do ser e tornam a conduta repetitiva, massificada e irracional em determinados momentos e vínculos. Uma cliente viveu, na infância, um ambiente que reforçava muito seu comportamento de adulta: durante esse período realizava os afazeres domésticos, aos 6 ou 7 anos sua mãe lhe pedia conselhos sobre a traição do pai e, quando completou 9 anos, o pai exigia sua ajuda no comércio. No colégio, ela preferia conversar com as professoras a brincar com as crianças. Nas situações em que era colocada à prova, quando pressentia que poderia errar, ou ao não saber agir no momento em que a mãe chorava, sentia-se inferior e temia decepcionar.

A cliente foi percebendo, em seu processo psicoterápico, que "só quando mostro que sei me sinto aceita" e "Quando sou forte, todos me procuram". Esses foram alguns dos alertas internalizados que pertenciam às suas marcas afetivas. Os alertas internos contidos nas marcas afetivas são o que denomino lógicas afetivas de conduta.

Lógicas afetivas de conduta são, pois, expressões "racionais" de sentimentos e sensações que orientam a dinâmica psicológica da pessoa em determinados momentos e contextos. Vejamos alguns exemplos de lógicas afetivas de conduta construídas por marcas afetivas registradas em vínculos conflituosos: "Preciso me anular para ser aceita", "Fazendo tudo que me pedem, terei atenção", "Vão me perceber se eu der conta de tudo", "Tudo sairá bem se contar meus passos até a esquina", "Virão me buscar se eu ficar sozinha", "Se eu expressar minha raiva, vão me rejeitar", "Controlo tudo para que me vejam", "Não me atendem, por isso sou autoritária", "Não sou clara para conseguir o que quero...", "Darei tudo que tenho para ser elogiada e causar culpa...", "Se eu falar muito e fazer todos rirem, me admirarão".

As lógicas afetivas de conduta fornecem direcionalidade, intencionalidade e causalidade aos papéis, pois nelas estão contidas as resoluções afetivas que visam a algum equilíbrio psíquico, seja no sentido da obtenção de amor, do temor da perda do amor ou da expressão da agressividade pelo amor não recebido. Nesse sentido, as lógicas explicitam as defesas relacionais, pois exteriorizam, nos vínculos, as transferências, propagadas pelo efeito cacho de papéis para outros papéis sociais. Elas norteiam a pessoa para momentos da existência, criativos ou conservados.

As lógicas afetivas de conduta abrangem a percepção, a cognição, a afetividade e o desempenho de papéis num vínculo, em determinada situação, e dão uma funcionalidade aos vínculos. No vínculo psicoterapêutico, por exemplo, cada cliente tem certa maneira de se vincular com o outro, incluindo o terapeuta, de acordo com a lógica afetiva predominante em sua existência. No entanto, outras lógicas afetivas acarretam a fluência aos estados coconsciente e coinconsciente e dinamizam o vínculo.

Um cliente buscava controlar o processo psicoterápico, tentando comparecer na hora que queria, ultrapassar o limite do horário e evitar trazer conteúdos conflituosos. Quando dramatizamos seu vínculo com a terapeuta, ele expressou: "Se eu me mostrar frágil, você não me aceitará", "Se eu me entregar, você me fará sofrer muito". Essas lógicas afetivas de conduta foram sinais para a rememoração de outras cenas de sua vida, nas quais experimentou temores parecidos: aos 10 anos, ele foi abandonado pela mãe; aos 16, quase se matou, quando foi traído pela namorada "mais amada", e atualmente sente medo de decepcionar os amigos que lhe exigem mais participação nas atividades sociais. Essas lógicas o impediam de aceitar a ajuda terapêutica.

Uma cliente idosa (79 anos) relatou sua história de vida, enfatizando a superproteção dos pais, que constantemente evitavam que ela adoecesse, sofresse ou corresse algum perigo de vida. Até os 35 anos ela se sentia segura, mas quando perdeu os pais, num acidente de carro, sofreu uma profunda depressão. Aos 72 anos, seu marido, que cuidava de todos os negócios da família, faleceu. Nessa época, sua angústia se expandiu e ela passou a ter pânico em sair de casa.

A cliente, em vários momentos da psicoterapia, me pedia conselhos, desejava que eu a ajudasse a decidir seus negócios, queria que eu estivesse disponível para ela nos fins de semana. Ela tentava se vincular a mim com lógicas afetivas de conduta construídas em seus vínculos com os pais e com o marido: "Se eu mostrar incompetência para a vida, você cuidará de mim", "Eu só sei fazer besteira, então você me ajudará", "Sou tão inocente que você me protegerá", "Se estou sozinha, ninguém gosta de mim!" Tais lógicas se repetiam em condutas nos seus vínculos atuais: ela se sentia traída nos negócios e precisando de alguém que a orientasse; exigia que algum filho lhe fizesse companhia durante a noite, ou que a empregada não saísse de sua casa no fim de semana. Nas sessões ela dizia que gostaria de voltar a ser criança e ter novamente seus pais naquela maravilhosa casa do interior.

As lógicas afetivas de conduta são experienciadas em diversos graus de consciência. Muitas vezes o indivíduo não consegue compreender como e o que o faz se comportar de determinada maneira em situações específicas, o que demonstra um contato limitado consigo próprio. Após o estabelecimento do vínculo terapêutico, o Psicodrama visa à atuação do inconsciente ou do consciente para viabilizar a exposição do coinconsciente que libera as lógicas afetivas de conduta no sentido da cocriação.

Um cliente de 39 anos se queixa de depressão e insatisfação permanentes. No papel de marido, está a caracterização de ser "bonzinho", ou seja, comportado, simpático, solícito, fiel e calmo. Quando surgem desejos que vão contra essas características, tais como ficar mais tempo com os amigos num fim de semana, dizer que não gosta de alguma coisa que a esposa faz, viajar sozinho, emerge uma forte ansiedade. Depois de dramatizarmos algumas cenas relativas à ansiedade que o perturba, o cliente expressou: "Tenho uma enorme obrigação de ser bom, desde que eu era criança".

Recordando sua infância, contou-me que sentia sua mãe impor-lhe uma forte pressão moral de honestidade e responsabilidade, com a missão de protegê-la e aos irmãos que sofriam com a ausência do pai. Lembrou-se desta constante frase: "Seu pai não presta, é um mau-caráter, abandonou a família por causa de uma 'mulher da vida'". O cliente se sentia triste ao ver a dor da mãe e pactuou consigo mesmo que nunca a faria sofrer nem seria mau como o pai. Esses alertas se repetiam no vínculo atual com a esposa, pois quando sobrevinham emoções de raiva, mágoa, decepção ou o desejo de separação surgia-lhe o medo de "ser como o pai".

## CARACTERÍSTICAS DE PAPÉIS E MODALIDADE VINCULAR AFETIVA

As marcas e as lógicas afetivas fornecem sentido e característica aos papéis, tornando-os a expressão da personalidade. No caso supracitado, o cliente, ao tentar o alimento para sua homeostase psíquica, o amor da mãe, aprende e padroniza características que demonstram sua maneira de desempenhar o papel de marido "bonzinho", "complacente", "dependente". Essas características foram desenvolvidas pelas lógicas afetivas de conduta que contêm expectativas de afeto ou tentativas de expressão da frustração pelo afeto não recebido: "Farei tudo por ela, para que ela fique mais feliz, não brigue comigo..." e "Se eu for sempre paciente, ela me amará mais".

O conjunto de características de papéis forma a modalidade vincular afetiva da pessoa. Por exemplo, ser apático, dependente e indiferente ou ser energético, agitado, rebelde no papel de aluno, ou ser uma mãe protetora e carente ou opressiva e independente são modalidades vinculares das pessoas em determinados papéis.

Quando alguém observa uma pessoa ou ela própria se observa desempenhando um papel social, percebe uma característica para aquela atração. Quando nos vinculamos, além de observar, perceber a característica do outro e lidar com ela, também "cruzamos" nossas características de papel com as dele, o que, nos processos coconsciente e coinconsciente, resultará na dinâmica vincular.

Portanto, todos os tipos de papéis (sociais, latentes e imaginários), concentrados em cachos de papéis, e seus desempenhos – em que se destaca um papel, conforme o momento e o contexto – contêm uma modalidade vincular afetiva, que é um conjunto de características de papéis formadas pelas lógicas afetivas de conduta. Estas são resultantes dos aprendizados emocionais nos vínculos, em momentos conflituosos ou liberadores da espontaneidade-criatividade.

Assim, as características dos papéis objetivam ou concretizam as lógicas afetivas de conduta. Todos esses elementos também se compõem em cachos, preponderando um cacho, conforme o contexto e o momento.

As experiências e aprendizados emocionais e existenciais ocorrem a todo instante na matriz de identidade, que também fornece os elementos coletivos (sociais e culturais) dos papéis.

Nossos sofrimentos sociopsíquicos se encontram em alguns aspectos desses aprendizados, que produzem, por exemplo, distúrbios sociais ou sintomas psicopatológicos, prejudicando o indivíduo, as relações e a convivência nos grupos.

Neste ponto, o Psicodrama, como abordagem existencialista, afirma que o presente contém o passado e o futuro. Entendemos, da perspectiva técnico-psicoterápica, que o trabalho da relação terapêutica ou das cenas atuais repercute no inconsciente, em seus conteúdos da história passada ou de projeções de vida.

Mas vejamos este exemplo do cotidiano: uma menina de 8 anos foi adotada por uns amigos meus. Algumas situações os angustiavam: os momentos em que ela recebia algum presente, alguma atenção especial, ou saíam para passear. Nessas ocasiões, ela se movimentava de um lado para o outro, ria exacerbadamente, falava alto e fazia gracinhas irritantes para os pais adotivos. Em geral eles diziam: "Para com isso! Você está nos perturbando!... Chega!" Então, ela retrucava: "Viu! Vocês não queriam me dar o presente!... Não é para mim! Eu sou burra, sou uma vaca, ninguém gosta mesmo de mim!"

Tal resposta, aparentemente desconectada da situação, intrigava meus amigos. Um dia eles se lembraram de que a ex-empregada, a mãe da criança, algumas vezes a chamou de "estabanada", "burra", "vaca", "idiota", dizendo que ninguém iria gostar dela. Meus amigos perceberam a necessidade de estabelecer limites para a criança, mas com mais cuidado na comunicação e um carinho especial para que ela confiasse no afeto deles.

É provável que na característica de ser agitada em alguns momentos essa criança concretizava as seguintes lógicas afetivas de conduta: "Tenho de tentar fazer qualquer coisa para eles me agradarem de novo!", "Demonstrando o quanto gosto da atenção deles, eles me admirarão!" ou "Eles estão me dando tudo isso! Tenho de mostrar que estou alegre!", "Eles fazem tudo isso, mas duvido que realmente gostem de mim!"

As características dos papéis são mais facilmente percebidas e avaliadas pela própria pessoa ou pelo outro do que as lógicas afetivas a elas relacionadas porque demonstram alguma conduta repetitiva. Por exemplo, os alunos podem entrar em consenso ao avaliar um professor como "exigente" porque frequentemente ele solicita mais atividades extraescolares do que os outros professores; a esposa pode perceber-se "dominadora" porque continuamente tenta "mandar" em todos de casa para que o dia a dia doméstico funcione; o chefe considera o funcionário "sistemático" porque observa que usualmente ele se organiza com precisão para fazer o trabalho.

As pessoas que avaliam o desempenho de um papel nem sempre conseguem perceber o que acontece para que os outros ou elas mesmas se conduzam desta ou daquela maneira. Às vezes as pessoas percebem que algo incomoda, está perturbando ou causando algum mal e sofrem com isso, mas só conseguem expressar o que é manifesto, ou o que está parcialmente consciente. Nesse sentido, as lógicas afetivas que formam as características dos papéis são mais difíceis de ser expressas e percebidas. É provável que aquele cliente, no papel de marido "submisso", expresse, com essa característica, de maneira inconsciente, a seguinte lógica afetiva: "Se acatar tudo, poderei não magoar e ter atenção" ou "Não sei fazer as coisas; então, ela pode tomar conta de mim e se sentir importante e, assim, sou querido..."

Portanto, as características dos papéis têm a função de concretizar e expressar as lógicas afetivas de conduta. A pessoa pode ter pouca ou nenhuma consciência de suas lógicas afetivas e de como elas surgiram.

No desenho abaixo, sintetizamos os conceitos abordados e suas interconexões para a formação dos estados coconsciente e coinconsciente.

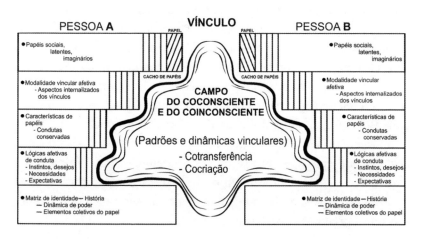

O Psicodrama permite às pessoas o desvendar das lógicas afetivas que sustentam as características de seus papéis e das situações em que elas foram construídas. A ação dramática dá vida às características dos papéis, possibilitando a expressão das lógicas afetivas de conduta nelas contida.

No caso de uma cliente de 25 anos, observam-se características de papéis que se reportam a dramas, vividos na infância, de rejeição e abandono pelos pais. Desde muito pequena, por volta dos 4 anos, ela viajava com eles. Nas festividades ou nas reuniões, os pais comentavam sobre as pessoas que haviam encontrado. Ela ficava atenta quando eles diziam: "O André é muito inteligente! Ele vai vencer na vida!", ou "O filho do Gabriel é muito mal-educado! Como pode ter quebrado tantos copos! Quanta falta de limite!", "A Paulinha é muito chata, fala alto demais e ainda é fofoqueira!"

Ao ouvir esses comentários, a cliente sentia um temor de que os pais pensassem assim sobre ela. Então, tornou-se obediente e quando fazia algo de que os pais não gostavam sentia-se muito triste. Desde os 5 anos, ela se percebia quieta, e me disse que era: "a 'criança-grande' que sabia fazer tudo sozinha, a competente, a 'mais inteligente'".

No decorrer da psicoterapia, algumas lógicas afetivas ligadas a essas características foram desvendadas. Em uma sessão a cliente expressou: "Eu queria que meus pais me reconhecessem! Se eu fosse arteira, eles me desprezariam... Eu tinha medo de que eles dissessem tanta coisa ruim sobre mim... Eu tinha de ser muito certinha para que eles me elogiassem para os amigos! Um dia brinquei de médico com um menininho, cheguei em casa e me escondi. Fiquei dias em pânico, pensando que eles iriam descobrir e me mandar embora de casa!"

Havia um intenso desejo de ser reconhecida e o medo de ser criticada ou rejeitada por parte dos pais. A cliente se queixava de um vazio intenso, ausência de sentimento, de sensação de sufocamento. Dizia com frequência que "queria querer", expressava o medo de ser incompetente em seus papéis profissionais e acadêmicos. Tais sentimentos e dificuldades demonstravam a pressão de algumas características sobre seus papéis, perfeccionismo e busca de ser a melhor e sempre correta, aprendidas pela "criança-grande".

As lógicas afetivas de conduta e as características dos papéis são estruturadas nas vivências afetivas de vínculos, tanto passados como atuais, e se tornam funcionais nos vínculos que estabelecemos, resultando na padronização da conduta que viabiliza ou impede a cocriação. Nesse sentido, as lógicas afetivas de conduta pertencem ao fenômeno da transferência, pois também compõem as condutas conservadas e nos impulsionam a viver os vínculos atuais conforme essas conservas. Assim, a cotransferência possibilitada pela dinâmica vincular, composta da modalidade vincular de cada pessoa do vínculo, em última instância, é fomentada pelas lógicas afetivas de conduta das pessoas.

Ainda enfatizamos que a aprendizagem emocional contém um determinismo, mas o Psicodrama pressupõe o determinismo operacional, com a interinfluência de vários fatores, vínculos e situações no mundo dinâmico da criança, que, por sua vez, interfere criativamente no universo do outro.

Focalizamos a importância das vivências afetivas da infância na formação da personalidade por constatarmos, em nossa experiência clínica e em várias teorias psicológicas, que nos primeiros vínculos a afetividade da criança é eminentemente instintiva e está em formação quanto à afetividade dos adultos. Embora o adulto tenha vivências afetivas atuais liberadoras do aprendizado emocional que sofreu, ou ainda passe por experiências afetivas que possam se tornar o *locus* de uma transferência, ele está, dentro de seus limites psíquicos e em relação à criança, afetivamente estruturado. Na infância, os papéis que a criança exerce e, principalmente, o papel de filho lhe trarão as marcas afetivas que desenvolverão as lógicas afetivas de conduta e as características de papéis que se propagarão para os outros papéis sociais.

A cliente A. J., de 33 anos, desconfiava muito de minha capacidade de ajudá-la. Sua queixa era de não conseguir fazer amizades ou ter namorados. Até aquele momento ela havia namorado apenas duas vezes durante dois ou três meses e tinha só uma amiga, em quem não confiava. Ela trouxe lembranças de cenas da infância em que se isolava no seu quarto e ouvia a mãe gritando: "Você é muito estranha, diferente, quieta, bobona! Saia desse quarto e vá brincar!" E se entristecia, pois queria que a mãe ficasse lendo para ela ou brincando ao seu lado. Nessa época, a cliente pensava ser um incômodo para a mãe, a menos querida, pois a mãe elogiava o irmão e o considerava esperto e alegre.

Na dramatização de uma cena da infância, a cliente estava no quarto, isolada, e disse-me (em solilóquio): "Acho que agora ela verá que estou sozinha e me dará atenção".

Em outra cena, mais atual, no ambiente de trabalho, todos foram a uma festa de aniversário de uma colega e ela ficou em sua sala. Perguntei-lhe: "Por que você não foi à festinha?" Ela me respondeu com aspereza: "Se sentirem realmente minha falta, me chamarão!"

Nessas cenas, as características de "isolada" e "desconfiada" da cliente dão vida às suas lógicas afetivas de que se ela se isolar terá mais atenção ou de que as pessoas farão um esforço extra para demonstrar carinho por ela.

Percebemos que algumas características dos papéis sintetizam condutas que contêm marcas afetivas que bloqueiam a manifestação da espontaneidade-criatividade da pessoa. No caso, ainda, do cliente que se percebeu como o marido "bonzinho", esse traço estava presente em outros papéis sociais: em uma cena em sua igreja, iniciou um debate com o padre sobre algumas ideias políticas, mas acabou se calando e concordando com ele. Após o encontro, o cliente ficou ansioso, incomodado consigo próprio e se autocriticando insistentemente: "Sou um covarde! Sou um panaca! Para que sirvo?" Ao se perceber nessa cena, disse-me: "Não quis decepcionar o padre... Ele me admira muito... Eu seria muito agressivo se dissesse tudo que penso, com certeza ele se magoaria por minha causa".

Assim, em alguns papéis em que o cliente se sentia pressionado a obedecer, ele se anulava e carregava lógicas afetivas parecidas com as que vivia no papel de marido: "Concordarei sempre para me acharem legal" ou "Não serei agressivo para não ser rejeitado".

## TRANSFERÊNCIA E LÓGICAS AFETIVAS DE CONDUTA

Em termos operacionais, no trabalho psicoterapêutico, em muitos momentos, tentamos encontrar um vínculo-matriz na história do cliente. Numa perspectiva histórica, trata-se de um vínculo ou de um momento de um vínculo que contém conteúdos que propiciam o possível surgimento de uma transferência, em graus variados de consciência, que bloqueiam a espontaneidade-criatividade. O determinismo operacional alerta que qualquer vínculo na vida, além dos vínculos filiais, paternais ou maternais, é formador da personalidade. Assim, ao longo da vida, qualquer vínculo pode ser o desencadeador de um processo transferencial que impede a cocriação.

A pessoa vive o vínculo-matriz em um contexto e em um momento que se constituem o *locus* da transferência. A afetividade vivida nesse vínculo resulta nas lógicas afetivas de conduta e nas características dos papéis. Essas lógicas e as características são o *status nascendi* da transferência, ou seja, as respostas ou as formas de desempenho de papéis sociais aprendidas ou construídas nesse *locus*.

Por meio da afetividade, que é *status nascendi* da transferência, a pessoa tem propensão a desempenhar diversos papéis sociais com a mesma característica aprendida num vínculo-matriz, de acordo com o conceito de cacho de papéis (Moreno, 1974, 1975). Assim, a forma como a afetividade foi vivida nesse vínculo em grande parte será o fundamento da experiência da afetividade da pessoa em outros vínculos. No caso do cliente supracitado temos: ser "bonzinho" nos papéis de filho (vínculo-matriz) que segue para o cacho de papéis de marido, funcionário, paroquiano.

Ele, entretanto, pode desempenhar alguns papéis com características opostas às que lhe são preponderantes: "displicente" como amigo e "chato" como vizinho. Essas características se referem à ambivalência nas suas vivências afetivas. No vínculo mãe/filho, a mãe, quando estava tranquila, propiciava-lhe a segurança afetiva pelo carinho, mas quando se irritava o ameaçava de abandono. Havia ainda as experiências de ter uma presença afetuosa num momento e um descaso e críticas severas em outro quando a mãe não pode, não deve ou não quer satisfazer necessidades ou realizar desejos do filho, e em outro momento está demasiadamente permissiva.

É possível que, por meio das características ambivalentes, a pessoa também tente se compensar psiquicamente para expressar todas as suas possibilidades existenciais, mas acabe experimentando mais conflitos e crises nas relações. Ainda observamos a angústia causada por uma característica que visa atender a dois objetivos divergentes: ficar isolada para chamar a atenção e para expressar a raiva, numa tentativa de demonstrar ao outro que quer vingá-lo ou ignorá-lo.

O importante na visão da conduta conservada, explicitada nas características dos papéis constituídas pelas lógicas afetivas de conduta, é dar-lhe a dimensão psicodramática do movimento existencial, da cocriação, do homem em relação. O trabalho psicodramático é sobre a transferência que bloqueia o fluxo relacional espontâneo-criativo, favorecendo o surgimento do novo *status nascendi* de uma característica de papel que libere a espontaneidade-criatividade no vínculo.

No Psicodrama, o ato terapêutico é uma criação coletiva que propicia, num cenário especial, a realidade suplementar, ao incorporar a fantasia, a metáfora, a imaginação, a realidade percebida e o aqui-agora (que torna presente o passado, o presente e o futuro no movimento existencial).

A realidade suplementar proporciona ao protagonista o desvendar da sua trama oculta que, em contato com a dos outros membros do grupo (inclusive do diretor), será reconstruída. Trata-se de uma experiência singular renovadora das lógicas afetivas de conduta dos indivíduos no sentido de um equilíbrio biossociopsíquico que resulte na catarse de integração. Por meio dessa catarse, todos os membros do grupo ou de um vínculo, em dimensões diferenciadas, sofrerão o impacto do aprendizado psicodramático e o transporão para os papéis sociais (Moreno, 1974; Renônes, 1996).

Temos o caso de uma cliente que se queixa de tensão e preocupação quanto ao ambiente escolar. Em uma dramatização, a cliente, ao fazer o papel da "tensão", dizia para ela (simbolizada em uma almofada): "Fique atenta, veja o que eles querem, você tem de prestar atenção, não erre! Veja tudo! Você tem de responder a tudo! Faça tudo certo! Cuidado, observe, aprenda tudo direito, mas mostre que está tranquila e amável, observe..."

Quando a cliente voltou para seu próprio papel, sentiu a "tensão" segurando-a e a ouviu. Então, expressou-me sua tristeza e sua raiva. Lembrou-se de que na família se sentia assim, particularmente com a mãe. Pedi-lhe que fizesse uma imagem (usando objetos) do seu vínculo com a mãe, aos 5 anos, período em que, segundo ela, começou a sentir a tensão. Por meio da imagem, seguimos para a dramatização do vínculo. Em uma parte do diálogo a cliente, no papel da mãe, expressava com orgulho o privilégio de ter uma filha boa, educada, quieta, que não dava trabalho, que servia como exemplo para as outras crianças e era bonitinha.

A cliente, no papel da filha, dizia ser apenas uma criança, querer fazer bagunça, acordar tarde, comer fora de hora... E perguntou à mãe se ela iria rejeitá-la se fizesse isso.

A cliente (no papel da mãe) respondeu: "Você é minha filhinha, não deixarei nunca de amar você!" A cliente-filha ficou triste e lhe disse: "É, sou sua filha, mas não confio na senhora, não acredito..." Cliente-mãe: "Que coisa! Deixe disso! Você tem cada uma! (E foi se afastando e resmungando.) Essa menina tem cada uma! Eu não sei como falar com ela!"

De repente, a cliente (no papel da filha) vira-se para a terapeuta e diz que queria sumir, ignorar a mãe, ficar longe dela; tinha muita raiva, mas também vontade de que ela a compreendesse.

Prosseguindo, a cliente expressa sua raiva e outras emoções que estavam contidas nessa cena. Sua ambivalência afetiva provocou um conflito que ficou caracterizado na conduta de ficar isolada com lógicas afetivas que exprimiam sentimentos divergentes: desejo de ser amada e raiva pelo fato de a mãe não corresponder ao seu desejo.

Essa sessão foi importante para que a cliente, na ação dramática, expressasse a lógica afetiva de conduta com conteúdos de temor à rejeição: "Se eu disser o quanto tenho raiva dela, ela me rejeitará, então vou me isolar", e a lógica com conteúdo relacionado à expressão de si: "Vou me isolar para ignorá-la, e assim mostrarei minha frustração". Pela ação dramática, a cliente também iniciou um processo de reversão dessas lógicas, em cenas reparatórias que liberaram seus conflitos e sua espontaneidade-criatividade.

O psicodrama visa o fazer diferente, ou seja, o resgate da existência heroica por meio da realidade suplementar. Nessa realidade, os papéis psicodramáticos, vividos no contexto dramático, dão vida aos papéis imaginários, reintegrando a imaginação, a fantasia, a realidade e o desenvolvimento sociopsíquico.

Pode-se concluir, pelos casos citados, que as lógicas afetivas de conduta constituem o conteúdo de formas vinculares que possuem resoluções satisfatórias ou insatisfatórias das experiências afetivas vividas nos vínculos. As lógicas afetivas de conduta derivadas de vínculos em que a transferência é especificamente paralisadora carregam conteúdos referentes principalmente à alienação afetiva, ao sofrimento intenso e à percepção distorcida, que perturbam a cocriação.

## AFETIVIDADE E VÍNCULOS COCRIATIVOS

Em nossa prática clínica, também observamos muitos clientes que, ao relatarem seus vínculos com os filhos, ou ao dramatizarem o papel de pais, buscam obter mais afeto ou expectativas correspondidas do que os filhos conseguem lhes dar. Muitas vezes, trata-se de uma tentativa de obter a homeostase sociopsíquica não atingida nos vínculos com seus próprios pais.

Nesse sentido, tais clientes podem promover a alienação do filho em relação à sua afetividade e ao seu autoconhecimento, pois projetam suas expectativas não realizadas, abusam do poder sobre os filhos, tentando compensar frustrações, ou possuem uma dinâmica afetiva muito ambivalente. Em alguns casos, eles podem "usar" a necessidade de amor do filho como um instrumento de opressão, exigindo-lhe, por exemplo, "respeito", uma vez que não sabem respeitar a si próprios.

O drama do vínculo pai/filho ou mãe/filho, descrito por Miller (1986) e por Cukier (1998), é o drama da sobrevivência emocional, relacionado aos conflitos vividos pela criança. Para as autoras, os filhos continuam seus dramas com a projeção de seus conflitos nos vínculos atuais. Esses vínculos demonstram a incapacidade dos adultos de se expressar como são, de ser eles mesmos e de se sentir amados assim.

Portanto, uma pessoa terá dificuldade de se amar se for continuamente impedida de conhecer e expressar seus verdadeiros sentimentos e ter a aceitação do outro. Desse modo, deduzimos que as vivências impeditivas do desenvolvimento sociopsíquico dos indivíduos produzirão lógicas afetivas de conduta improdutivas, que interferirão negativamente no desempenho dos papéis, tornando-os massificados, repetitivos e irracionais. No entanto, as lógicas afetivas de conduta se estruturam de acordo com o determinismo operacional e funcional de Moreno: embora a pessoa busque resolver conflitos e atingir o equilíbrio psíquico com lógicas afetivas que conservam a conduta, a espontaneidade ainda pode ser liberada por meio da (re)vivência libertadora num novo vínculo.

Um novo vínculo social pode contribuir para a despotencialização de lógicas afetivas de conduta bloqueadoras da cocriação e favorecer aprendizagens de lógicas afetivas que propiciam o desenvolvimento do ser humano, a expansão do *self*, o resgate da autoestima e a manifestação da espontaneidade-criatividade. Mas, também, um vínculo atual, em determinado momento, pode ser a matriz do surgimento de lógicas afetivas relacionadas à transferência paralisadora que não se associa à revivência de conflitos, por meio de conserva de conduta, ou à reatualização de traumas passados.

Observamos, inclusive, casos em que o filho consegue dar uma resposta nova, encontrando a saída de um relacionamento conflituoso com os pais, capaz de ajudá-los a se equilibrar afetivamente. Por exemplo, pais que tenham dificuldade em expressar sua amorosidade em relação às pessoas, na interação com um filho, podem aprender a lidar com essa dificuldade quando a criança expressa seu carinho e ternura.

Na relação com o outro, a criança, naturalmente espontânea, tenta conduzir-se para uma resolução afetiva mais adequada e satisfatória, mas, em alguns momentos, a complementação patológica de papéis tende a ocorrer. Essa complementação ocorre, entre vários motivos, porque: primeiro, o coconsciente e o coinconsciente promovem uma dinâmica vincular composta também da cotransferência paralisadora da cocriação; segundo, apesar de tudo, a complementação patológica dos papéis fornece um pouco do alimento psíquico; terceiro, a criança, no papel de filho, depende em maior grau dos vínculos estabelecidos na matriz de identidade, estando mais vulnerável e sensível à capacitação de sua comunicação, a censuras, repressões e atmosfera afetiva; e, quarto, porque o filho luta desesperadamente pela carga de amor, a ponto de se revestir, em diversos graus de consciência, dos desejos de seus pais. Seu olhar subjuga-se ao dos pais, buscando ver a confirmação de sua existência, por intermédio do amor. Enfim, a conduta do filho se fundamenta na busca de atos dos pais que lhe deem sentido como pessoa.

Na vivência dos vínculos em sofrimento, o filho pode, em alguns momentos, construir lógicas afetivas de conduta que não realizam suas potencialidades, desenvolvendo características de papéis sociais que tornam sua vida insatisfatória em diversas áreas. Não tendo consciência de seus próprios sentimentos e desejos ou vivendo uma angústia quando eles sobrevêm, resta ao filho se vincular transferencialmente, e assim um vínculo do presente desperta-lhe uma conduta cujas lógicas afetivas foram padronizadas no passado.

Quando os pais são espontâneos e realizam seus potenciais de criatividade, podem, em conjunto com a criança, levar a campo projetos dramáticos que resultam na cocriação. Nesses momentos, o vínculo possibilita a aprendizagem de condutas que contêm lógicas afetivas de adequação, consciência e realização da criança, no papel de filho, e das pessoas com quem ela se vincula, nos papéis de pai ou mãe (ou do responsável).

Nos vínculos cocriativos, há momentos em que o ser filho se realiza numa padronização de conduta que atualiza suas potencialidades e a conexão do eu ao *self*. O papel complementar internalizado dos pais se transmuta em emoções que o permitem ser criativo, expressar-se e se sentir amado numa existência construtiva. Nesse caso, a padronização da conduta efetiva-se no nível da formalidade cultural e social, delimitando o tipo de vínculo (pai/filho) com as funções que lhe cabem. Mas aqui há a possibilidade da "realização" de outros vínculos latentes, ou seja, de algumas funções de papéis latentes, dentro do vínculo pai/filho. Os estados cocosnciente e coinconsciente dinamizam vínculos latentes (por exemplo, de amigos, de aventureiros, de orientador/orientando) proporcionando mais sucesso na busca da homeostase sociopsíquica.

As lógicas afetivas de conduta estruturadas em vínculos cocriativos, com clima afetivo favorável à integração social, cognitiva e emocional dos indivíduos e à aprendizagem da coerência entre os vários papéis sociais que a pessoa exerce, podem ser exemplificadas com as seguintes funcionalidades: "Verificando meu ritmo, conseguirei o que quero", "Tenho meus direitos, então me expressarei", "Eles não me escolheram para esta atividade, mas sou escolhida para outras atividades ou posso ser escolhida por outras pessoas", "Posso ter atenção sendo como sou", "Não vou ser amado por todos, mas posso ser respeitado".

Trata-se de lógicas afetivas de conduta que fornecem, por exemplo, as características do chefe "democrático", da amiga "confiável", do marido "gentil", que são adequadas às necessidades e funções do papel, do vínculo, do contexto e do momento. As lógicas afetivas de conduta que propiciam plasticidade e adequação ao desempenho dos papéis favorecem o fator espontaneidade-criatividade das pessoas nos vínculos.

Na análise das características dos papéis sociais, podemos encontrar a estrutura e o significado das lógicas afetivas de conduta. Nessa análise detectamos o que representa ser como se é e para que ser, por exemplo, filho "bonzinho", aluno "submisso" ou filho "rebelde". À medida que tais questões são respondidas, explicitamos a funcionalidade do desempenho da pessoa e esclarecemos até que ponto eles se coadunam apenas com o referencial externo do outro e das expectativas sociais, ou demonstram o quanto está atualizando as potencialidades da pessoa, por meio da manutenção da homeostase biossociopsíquica e da transformação-criação de si e do meio.

A afetividade, portanto, é um fator fundamental para a aprendizagem da forma peculiar do desempenho dos papéis, constituindo-se o *status nascendi* da transferência. Os estudos de caso confirmam a importância da afetividade para a estruturação do ser humano quando constatamos, em determinados momentos, o aprendizado emocional liberador da espontaneidade-criatividade do indivíduo, ou o aprendizado impeditivo da cocriação.

É importante ampliar a visão do microcosmo do vínculo para as relações nos grupos e relações intergrupais e também pesquisar a influência da afetividade no campo sociométrico (Nery, 2008; Nery e Costa, 2008). No próximo item veremos a interferência da afetividade na formação da identidade do papel e das identificações de papéis. Este tema é fundamental para o estudo da interação do indivíduo nos grupos e dos sofrimentos grupais. Tentaremos esclarecer como não é por acaso que um atleta, ao dar a última volta da vitória, segura a bandeira de seu país e chora com seus conterrâneos.

## IDENTIDADE E IDENTIFICAÇÕES DO PAPEL SOCIAL

Os papéis sociais formam a personalidade e cumprem as funções sociais e culturais ao fornecer ao grupo o sentido de sua existência e ao indivíduo uma identidade. A identidade dará ao membro do grupo o *status* de pertencer a ele, seguir uma cultura e ter a sensação básica de união com o outro. A partir daí, o indivíduo passa pelo processo de se identificar e de ser identificado como um membro singular do grupo.

Então, o sentimento de pertencer a grupos é um dos fundamentos da articulação entre identidade e afetividade. Por exemplo, o papel de menino de rua dá existência ao grupo dos meninos de rua, que, por sua vez, fornece a identidade "menino de rua" a um garoto para que ele pertença a esse grupo. A partir dessa identidade as experiências sociais gerarão um processo de identificação que possibilitará o compartilhar, as ações conjuntas, e diferenciará cada menino de rua do outro, por suas características.

Nesse sentido, Moreno (1975, p. 442) afirma que a identidade

deveria ser considerada à parte do processo de identificação. Desenvolve-se antes deste último na criança pequena e atua em todas as relações intergrupais da sociedade adulta. Para a criança pequena, "eu" e "meio imediato" são a mesma coisa; não existe, para ela, uma relação eu-outro. [...] No nível adulto, para os não negros, por exemplo, todos os negros são considerados idênticos: o negro. [...] Os negros consideram-se a si mesmos um coletivo singular: o negro, uma condição que submerge todas as diferenças individuais.

O autor nos diz que os coletivos simbólicos são inanimados e constituem o princípio de identidade dos membros do grupo, que exerce grande poder e influência sobre a imaginação humana. Essa é, portanto, a identidade do papel.

Pelo convívio e conhecimento que os membros do grupo travam uns com os outros e os membros de outros grupos com eles, surge o processo de identificação de papel, que amplia ou não as afinidades mútuas provocadas pela identidade do papel, incrementando os fenômenos tele e transferência pertencentes aos estados coconsciente e coinconsciente. A partir daí, as pessoas se envolvem nas aventuras sociométricas da rejeição, do isolamento, da aceitação e experimentam várias consequências, como compartilhar ou se afastar do grupo (Nery, 2010; Nery e Conceição, 2012).

As pessoas pertencem a determinados grupos: o do atleta, o do drogadito, o do judeu. Elas vivem suas identidades nesses grupos, ou seja, têm uma unidade, ou são indiferenciadas em relação aos membros do grupo. Quando especificamos outras características sociais, o grupo se subdivide e se diferencia de si mesmo e de outros grupos, renovando sua identidade conforme suas ideologias, culturas ou instituições: o atleta brasileiro, o atleta americano, o drogadito da escola A, o drogadito da escola B. De acordo com o projeto dramático, os grupos podem se unir ou se desunir e, a partir daí, os estados coconsciente e coinconsciente promoverão as identificações de papéis. Assim, visando ao reconhecimento do atletismo no mundo, os atletas se unem para fortalecer a classe; no intuito de promover uma competição entre os atletas de vários países, eles formarão os grupos de acordo com suas nacionalidades. Nessa competição, um cidadão se identificará com o atleta de seu país e terá a compaixão que o fará viver o drama esportivo com tanta intensidade quanto a do atleta. Inclusive, o sofrimento de um atleta pode evocar muito dos sofrimentos do cidadão.

O princípio de identidade é eminentemente social e o processo de identificação é psicossocial. Mas os papéis sociais também adquirem, nos vínculos e nos grupos, formas e conteúdos específicos que estruturam e, ao mesmo tempo, expressam a própria personalidade. Essas formas de desempenho são as características de papéis do indivíduo, que lhe fornecerão uma modalidade vincular. Assim, cada atleta brasileiro tem seu jeito próprio de ser um atleta brasileiro, com as características que lhe são peculiares, por exemplo, o atleta arrojado, o forte, o bem-humorado ou o tímido. E, dentro dessas características, os atletas reforçam as suas lógicas afetivas de conduta.

As características dos papéis, à medida que vão sendo experienciadas nos vínculos, vão diversificando as identidades grupais e ampliando os processos de identificação dos papéis, porque dinamizam os fenômenos tele e transferência. Num vínculo em especial, os estados coconsciente e coinconsciente conquistam uma dinâmica vincular que possibilita, entre outras coisas, a formação das diversas identidades vinculares e os processos de identificação. Assim, os membros de um casal se sentem pacificados quando dizem: "somos" desorganizados, "somos" intelectuais, "somos" cinéfilos, "somos" calmos, "somos" cúmplices em um crime etc. As diferentes características de cada um interferirão na criação ou na realização dos projetos dramáticos comuns, possibilitando as identificações que promoverão ou não a cocriação.

Portanto, nos vínculos e nos grupos, pelos papéis sociais, os indivíduos encontram a sensação básica do existir, possibilitada pela identidade grupal, e aprendem as características dos papéis que estruturam o eu, expressam a personalidade e dinamizam os estados coconsciente e coinconsciente por meio das identificações de papéis. É aqui que transmutamos em termos teóricos e práticos o que Buber (1995) repisa em sua filosofia: é por meio do encontro com o outro que nos tornamos humanos!

# 3
# VÍNCULO E ASPECTOS INTERNALIZADOS DOS VÍNCULOS

> Minhas primeiras recordações [...] nos braços de uma menina. À nossa frente aparece um homem [...] e me diz: "mostre a língua". Ele tira um canivete e diz: "agora lhe cortaremos a língua". [...] A história se repete [...]. A história se repete. [...]. A criança silenciara durante dez anos.
>
> ELIAS CANETTI

**Em uma sessão de** Psicoterapia, o relato da cliente Joana é muito fluido:

"Quando me reúno com meus irmãos, fazemos uma terapia de grupo, expressamos nossos sentimentos em nossas experiências infantis e sempre concluímos que nossos pais não cuidaram de nós e não nos amaram... Eu me lembro de situações nas quais meu pai gritava à mesa comigo, dava murros e dizia que eu fazia barulho ao comer ou falava muito. Quando chegava do trabalho, batia em mim porque esquecia de fazer alguma atividade doméstica. Minha mãe faleceu e eu tinha apenas 5 anos, senti-me perdida e sem rumo. Resolvi, então, fugir de casa. Hoje sinto que só resolvo meu pânico se encontrar alguém que arranque toda esta dor..."

A dor de Joana, cliente de 34 anos, está em seu corpo, encurvado, em sua face recoberta de marcas do passado, na gastrite. Uma existência anulada que inicia a recuperação da sua dignidade quando arrumou emprego e participou de um grupo de voluntários em uma comunidade desfavorecida.

Esse e muitos outros casos ilustram a contínua aprendizagem emocional e dos papéis composta das internalizações dos aspectos dos vínculos estabelecidos na matriz de identidade e ao longo da vida.

Os aspectos internalizados dos vínculos são: a) papel complementar interno; b) criança interior (ou concepção do "eu"); e c) dinâmica desse vínculo. Esses aspectos se manifestam no coconsciente e no coinconsciente, por meio de condutas conservadas, de características dos papéis e de lógicas afetivas de conduta. Eles comporão a modalidade vincular afetiva da pessoa no vínculo.

## OS ASPECTOS INTERNALIZADOS DOS VÍNCULOS CONFLITUOSOS E SUAS MANIFESTAÇÕES NOS VÍNCULOS

Em nossa história, a competição sociométrica ocorre em todos os vínculos e grupos e envolve um processo afetivo de aceitação/rejeição/indiferença entre as pessoas. Trata-se de experiências que produzem a aprendizagem emocional e a internalização de aspectos de vínculos. Esse aprendizado será vivido na trama vincular, por meio dos estados coconsciente e coinconsciente. E, assim, desenvolvemos dinâmicas vinculares criativas ou causadoras de algum distúrbio socioemocional às pessoas do vínculo e ao vínculo, como um todo singular.

A sociodinâmica do vínculo ou do grupo contém, pois, a articulação dos dramas individuais, que forma um drama coletivo peculiar daquele vínculo, de um grupo ou da nação. Também a cultura se forma por meio da intensa troca de conteúdos mentais, atitudinais e comportamentais, constituindo-se uma expansão do coinconsciente do microcosmo do vínculo. Nesse sentido, a linguagem discursiva, as rotinas experimentais, os rituais, a religião, a ciência, a arte etc. são mecanismos culturais que podem liberar a espontaneidade-criatividade ou podem se colocar a serviço da automação do homem. Segundo Geertz (1983), cultura é um conjunto de padrões e símbolos que controlam o comportamento, a intelectualidade e as emoções do ser humano. A cultura, os padrões sociais, os fenômenos grupais e de vinculação formam o drama coletivo. O drama coletivo recria o drama individual e vice-e-versa, num processo dinâmico e contraditório.

Especificamente, ao tratar do estudo do indivíduo que se forma no vínculo, observamos que em nosso mundo interior formamos "relações internalizadas". Essas relações têm uma sociometria própria que pode nos favorecer ou prejudicar nas vivências atuais (Silva, 2003).

Bustos (1982) nos afirma que em determinadas situações e momentos os aspectos do outro são internalizados como um "outro destruidor ou desqualificador" do "eu". Nesses momentos, algumas características da pessoa com quem nos vinculamos se tornam o "outro interior" que nos promoveu, numa experiência realística ou imaginária, algum dano psíquico, tornando-se, assim, o papel complementar interno patológico.

O termo "patológico" nesse conceito de Bustos já foi questionado, por descaracterizar a dimensão existencialista do Psicodrama e focar a doença. Porém, ele atende ao preceito operacional sociátrico de intervir em um aspecto do aprendizado das relações humanas que causou algum mal psíquico e é reativado nas experiências atuais. Nesse sentido, esse conceito tem valia e não precisa ser alterado.

Na matriz de identidade, por exemplo, a pessoa, no papel de filho, internaliza algum conteúdo conflituoso de seu papel complementar, pai, que, nesse momento, se transforma no papel complementar interno patológico.

A cliente Joana, entre várias cenas, relatou-me uma de sua infância em que calçou os sapatos de forma errada. O pai gritou: "Não dá! Você sempre se atrasa! Você me aborrece demais! Não dá! Não aprende nada! Sua caipirona! Odeio quando você não aprende as coisas!... E não vou lhe ensinar de novo! Não chora! Para! Manteigona!"

Esta e cenas semelhantes produziram a internalização do pai impaciente e crítico como papel complementar interno patológico. Esse papel está assimilado na impaciência da cliente, na sua dificuldade de se achar interessante e de imaginar que as pessoas não gostam do jeito de ela se vestir.

Nesse vínculo, Joana ainda aprendeu emoções e condutas relacionadas ao papel complementar interno patológico, que se tornam os conteúdos da sua criança interna ferida, ou da sua concepção de "eu ferido". Assim, a cliente se autodefine, "Sou muito atrapalhada!", "Sou errada!", "Ninguém me admira", e desenvolve sentimentos relacionados à depressão, à apatia, ao pânico, à solidão e aos pensamentos suicidas. Portanto, alguns de seus autoconceitos e suas emoções são manifestações de sua "criança interna ferida".

As autodefinições impulsionam o "eu" da cliente a construir lógicas afetivas de conduta, ou os alertas internos conservadores de condutas que objetivam resolver conflitos afetivos. Ela já constatou, em suas sessões de psicoterapia, algumas de suas lógicas: "Agradarei sempre para não perder quem encontrei!", "Sempre demonstrando que sei, terei atenção", "Preciso estar jovial e bonita demais para que me aceitem". Essas lógicas originam as características de alguns de seus papéis sociais: a mãe "legal", a amante "medrosa", a paquera "insegura".

Em suas experiências, ocorre a internalização da dinâmica vincular específica do vínculo conflituoso. Logo, Joana se conserva na modalidade vincular da "atrapalhada", da "impaciente", da "dependente" ou da "medrosa", buscando ser complementada, em seus vínculos atuais, como aprendera nos vínculos passados.

Mas, para darmos mais luz ao drama de Joana, sabemos que a (re)aprendizagem emocional e de papéis também se deu na pessoa que exerceu o papel de pai em sua vida, pois os processos psíquicos e interpsíquicos fomentam a trama vincular.

É provável que o pai tenha internalizado a filha triste e apática como papel complementar interno patológico que lhe poderá despertar ou desenvolver emoções e condutas conservadas, bloqueadoras da sua espontaneidade-criatividade. Ademais, o pai reatualiza os aspectos internalizados de seus vínculos conflitivos pela interação com a filha e internalização de novos aspectos desse vínculo.

E, ainda, consideramos, no trabalho sociátrico, a sociodinâmica do grupo ao qual tal vínculo pertence, o momento, a cultura e a rede sociométrica dessas pessoas (Nery, 2010). Então, no complexo processo da interpsique, questionamos "quem" se vincula a "quem"? Para quê? Em minha fala, qual "outro eu" se expressa para qual "outro eu" do outro? Onde está o *self*, no meio de tantos aspectos internalizados, de tantas variáveis formadoras do mundo interno e interferentes no vínculo? A cocriação é realmente possível?

Essas são algumas questões da Socionomia. Por meio delas, pesquisamos e explicitamos fenômenos pertinentes aos vínculos, tais como a cotransferência, a neurose interpessoal e a cocriação. É importante estudar, por exemplo, como uma complementaridade de papéis provoca sofrimento e gera uma estagnação na aprendizagem dos papéis sociais. Como essa estagnação resolveu conflitos e, porém, produziu a conserva de conduta impregnada de lógicas afetivas bloqueadoras da cocriação.

A conservação da conduta propicia uma generalização do que foi aprendido (ou internalizado) para outros contextos, papéis e vínculos. Essa é uma das características do processo transferencial. Assim, em algum momento, o fenômeno da cotransferência impeditiva do desenvolvimento sociopsicológico acontece dinamicamente, pela manifestação dos aspectos internalizados dos vínculos, que são os conteúdos relacionados ao papel complementar interno patológico, à criança interna ferida ou à dinâmica vincular aprendida nos vínculos conflituosos.

Tomemos o exemplo de uma sessão de Psicodrama em que numa cena dramática o cliente P. J. sente uma ameaça de fracasso quando seu chefe lhe pede uma tarefa. Essa experiência lhe trouxe a lembrança de outra cena: um dia, no pátio de sua escola, aos 7 anos, não conseguia brincar com os colegas.

Na cena, o cliente sentiu um bloqueio, identificado como medo. Este foi representado como um personagem de sua vida, que lhe dizia: "Você é bobo, estúpido!... Não sabe fazer as coisas, vai errar. Ninguém quer brincar com você, ninguém o atende! Não vê isso?... seu estúpido!" Na ocasião do surgimento do medo, o cliente decide sair da brincadeira e ficar isolado.

A investigação do conteúdo associado ao medo reavivou outras lembranças do cliente, até a que lhe chamou mais a atenção, na qual ele ia levar um material para o pai e o deixou cair. O pai, furioso, criticou-o acusando-o de "abestalhado", "molenga", "tolo", "idiota" e completou: "Você não será ninguém na vida!... É um pobre coitado... Você só atrapalha, mesmo!" Na dramatização, o cliente, no papel da criança, saiu triste para o quarto. Essa foi uma das cenas da vida de P. J., entre várias, em que o pai foi internalizado como um papel complementar patológico e a concepção do "eu" "idiota" se cristalizou na criança ferida.

O papel complementar interno patológico nessa cena se associou aos conteúdos do sentimento "medo de fracassar". A criança interna ferida se associou ao medo do paciente que está composto de lógicas afetivas de conduta peculiares: "Sou um abestalhado, não sei fazer as coisas, ninguém vai gostar de mim", "É melhor eu não fazer nada para não ser criticado". São lógicas que funcionam como mandatos, mitos e crenças pessoais que desenvolvem a conduta conservada de inibição diante de uma autoridade.

O paciente, com 38 anos, define-se como um funcionário "tímido", "temeroso" e "inseguro". Essas autoqualificações quanto ao papel profissional também estão relacionadas à concepção do "eu ferido", vinculada ao papel complementar interno patológico.

Portanto, os aspectos internalizados dos vínculos conflituosos, que são o papel complementar interno patológico, a criança interna ferida (ou a concepção de "eu ferido") e a incorporação da dinâmica do vínculo, se associam, num processo psíquico, a sentimentos e características de papéis, promovendo os dramas da vida.

Cotransferência é a exposição, pelas pessoas do vínculo atual, dos aspectos dos vínculos conflituosos, por meio das condutas e da afetividade da pessoa, para que ela realize desejos e expectativas (projetos dramáticos) que ficaram irrealizados, resolva conflitos antigos ou conquiste o equilíbrio psíquico que aprendeu a conquistar. A cotransferência é possibilitada pelos estados coconsciente e coinconsciente.

Na figura abaixo, apresentamos os aspectos internalizados dos vínculos como elementos dos papéis sociais que participam das trocas mentais entre as pessoas.

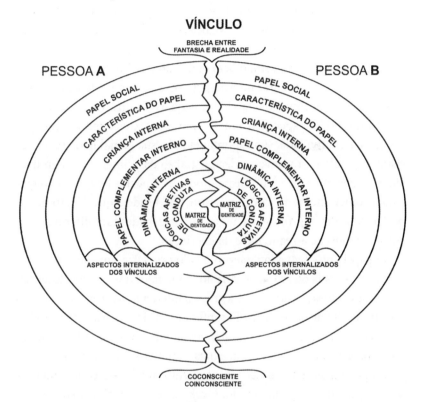

Os aspectos dos vínculos conflituosos são internalizados de múltiplas maneiras e em diversas vivências da matriz de identidade e da vida. Algumas maneiras básicas são: introjeção do modelo ou do antimodelo do outro, derivado principalmente do desejo de "ser' ou de não "ser" como o outro é; internalização das expectativas, dos estigmas e dos mandatos do outro sobre o "eu"; aprendizagem emocional que promova alguma homeostase biossociopsíquica que compense os danos ao "eu" mediante as lógicas afetivas de conduta; desenvolvimento das condutas conservadas e das características de papéis que reflitam a dor psíquica e a busca de seu alívio nos vínculos.

A pessoa (criança ou adulto), ao internalizar os aspectos do vínculo com o outro, transita entre o mundo da fantasia e o da realidade, entre o que percebe e o que interpreta, entre o seu desejo e o como pode realizá-lo, entre realizações de desejos e interpolações de resistência a eles. Nesse processo, a pessoa estabelece a diferenciação do eu e do outro, do seu desejo e do outro, do eu que se expressa por meio dos papéis, do eu que é concebido pelo outro, do eu idealizado e do *self*.

O papel complementar interno patológico é composto de aspectos dos vínculos conflituosos da vida nos quais o outro exerceu sobre a pessoa um poder específico, em diversos contextos e momentos, que inibiu sua criatividade, sua espontaneidade, sua genialidade (características do *self*) e promoveu a desintegração das dimensões cognitiva, afetiva e perceptiva do "eu". Desse modo, os aspectos do vínculo registrados repercutem na concepção do "eu ferido", que "legitima" o poder do outro e promove a angústia perturbadora da diferenciação entre a fantasia e a realidade e da cocriação.

O papel complementar interno patológico sofre uma alquimia psíquica e se associa ou se transforma nos conteúdos dos estados de tensão e de desestruturação do "eu". Já a criança interna ferida (ou a concepção do "eu" resultante de um vínculo conflituoso) psiquicamente se transforma nas lógicas afetivas de conduta, nos sentimentos e estados emocionais bloqueadores dos potenciais criativos do indivíduo ou desproporcionais em relação ao momento atual, tais como intensos sentimentos de vergonha, medo, inveja, culpa, irritação, nojo ou descrença. As dinâmicas vinculares aprendidas nesses vínculos se metamorfoseiam psicologicamente nas condutas conservadas e nas características de papéis que robotizam a pessoa e a impedem de crescer.

As concepções e expressões do "eu" resultantes de vínculos em que a pessoa sofreu perdas ou teve ameaças de danos físicos ou psicológicos em relação ao seu "eu" podem ser exemplificadas em autodefinições: "Sou incapaz e incompetente", "Sou estúpido", "Sou herói"; em conteúdos severos e punitivos da personalidade: cobranças, supervalorização de si ou autodesvalorização, tais como "Sou o melhor", "Sou um impotente...", "Não posso errar"; em constantes exigências ao outro: "Só você vai me ajudar!", "Sem você não sou feliz!"; em desvalorizações intensas ou supervalorizações do outro: "Você é um trapo!", "Você não sabe viver!" ou "Eu vou destruí-lo!", "Você é o máximo!"; e nas projeções de sentimentos e de conceitos do outro em relação à pessoa, que a inferiorizam ou a supervalorizam.

Portanto, determinados fatores emocionais e perceptivos, características da modalidade vincular e das definições em relação ao outro e a si ou a inadequação da conduta quanto ao contexto e ao momento são alguns sinais que, no contexto psicoterápico, nos ajudam a detectar a conexão do cliente com algum de seu aspecto do vínculo conflituoso internalizado. Esses sinais se tornarão os focos do trabalho psicoterápico.

Vejamos mais um exemplo: um cliente sofreu um assalto quando saía do carro para ir a um cinema. Um dos assaltantes colocou a arma em sua cabeça, gritando para que ele ficasse calado e imóvel. O outro, em poucos minutos – que pareceram horas ao meu cliente –, disse que queria tudo dele, prendeu-lhe as mãos para trás com uma algema e lhe tomou o que estava nos bolsos da roupa e dentro do carro. Saíram correndo, deixando-o com as mãos amarradas.

Essa experiência lhe gerou um transtorno de estresse pós-traumático, pois ele passou a ter pânico de dirigir à noite. Quando se aproximava do carro, tinha a sensação de que alguém viria lhe causar um grande mal. Dramatizamos o momento em que ele tinha essa sensação. Quando representou os personagens que apareceram na cena, agiu como os assaltantes gritando: "Por que você não nos dá o que queremos? Você é egoísta! Só olha para o seu umbigo!... Você é só o seu mundo, suas coisas, seus interesses! Dono da razão! Pensa que o mundo é seu? Que bola toda é essa, hein? Você merece ser infeliz!"

Os conteúdos expressos na cena me intrigaram, pois estavam além da fala dos assaltantes. Perguntei-lhe se já havia sido assaltado outras vezes; respondeu-me que não. Questionei-lhe sobre algum "assalto emocional", ou seja, se ele tivera a sensação de alguém lhe ter roubado coisas importantes, como pessoa. O cliente se lembrou de algumas mulheres em sua vida – da mãe, das duas irmãs e de uma ex-namorada – que exigiam muito mais do que ele podia dar ou do que conseguia expressar afetivamente. Ele não era tão presente na vida delas nem tão cuidadoso como gostariam que ele fosse. Sua queixa se expressava pela indignação, pois havia a cobrança delas, as quais não estabeleciam uma troca emocional e positiva com ele, o qual reclamou: "Elas só querem receber, não me respeitam nem me dão carinho! Criticam-me constantemente, dizendo que só penso em mim!"

Então, continuamos a dramatização, colocando todos os personagens de sua vida, com os assaltantes, para efetuarem "o grande assalto". Cada personagem veio tomar-lhe, com toda intensidade e precisão, o que lhe era de interesse. O cliente reviveu um clima de grande tensão e foi conseguindo, com cada personagem, expressar-se, agir, refazer julgamentos e condutas e tentar alguma coisa que o ajudasse a conquistar uma resposta nova em relação aos "assaltos" de sua vida. Conseguimos viver uma cena reparatória, objetivo principal da dramatização, em que o cliente libera sua espontaneidade-criatividade, dando respostas que o ajudem a continuar seu aprendizado existencial e relacional (Perazzo, 1994).

Após esse trabalho e alguns outros que foram despertados com base nesses vínculos, no mês seguinte o cliente voltou a dirigir à noite, e segundo suas palavras: "Dirijo, mas, é claro, com muito mais prudência, cuidado, atenção e observação do que antes!"

Nesse caso, deduzimos que o pânico de dirigir é a maximização do medo e da ansiedade relacionada à morte física, que foi explorada mediante a morte psíquica: as pessoas assaltam meu eu. O pânico, aqui, também é a conexão do cliente com a sua criança interna ferida (ou com a sua concepção de eu que se vincula ao complementar interno patológico). O sintoma gerou uma conduta que se conservou: ficar em casa ou evitar sair de casa.

O sentimento exacerbado, que bloqueou a manifestação da espontaneidade-criatividade, nos sinalizou a história de vínculos conflituosos que compõem o papel complementar interno patológico do cliente. Os outros vínculos foram detectados na dramatização, por meio da fala "extra" dos personagens "assaltantes", carregada de exigências e críticas severas fora de contexto. Assim, a experiência com os assaltantes reeditou o papel complementar interno patológico do cliente, transmutado nos conteúdos da opressão.

Portanto, os aspectos internalizados dos vínculos conflituosos são mobilizados por algum fator do mundo interno, do meio ambiente ou do vínculo atual que desestruturam o eu, causam angústia, alienação, tensão, ansiedade e impedem seu potencial criativo. No movimento existencial, a pessoa tenta aliviar a angústia por meio de alguma conduta conservada, visando à saída da situação conflitante.

No caso do cliente P. J., com dificuldades com o chefe, ele se lembrou do pai severo, o que nos levou a trabalhar outras cenas de sua vida, nas quais não teve sucesso com as paqueras. Relembrou situações acadêmicas, quando se decepcionava com seu desempenho; e do vínculo com a namorada, ao invejá-la e competir com ela, pois ela conquistara um importante cargo político. Essas e outras circunstâncias o estimularam quanto às seguintes autodefinições: "Sou tímido, sou um fracasso, sou inferior...", que, consequentemente, desenvolveram a "identidade"[2] do tímido ou do fracassado, que é uma maneira de se conceber e de experimentar o "eu". Isso quer dizer que, de tanto o cliente sentir em diversos vínculos ou realmente ouvir do outro "Você é um fracasso!", já não há necessidade da verbalização do outro, pois a concepção do eu ferido construiu a "identidade" do "fracassado", que o faz se sentir existindo e tentando dar saídas para situações atuais.

Contraditoriamente, essa "identidade" lhe provoca muita ansiedade, pois não dignifica seu "eu". E a ansiedade é minimizada, embora não resolvida, com uma conduta conservada: sair da situação quando se sente pressionado.

Porém, a conduta aprendida não pode ser desempenhada em muitos contextos atuais, o que gera ainda mais angústia ao cliente. Logo, a angústia é maximizada porque o "novo" papel de funcionário não permite que o cliente interaja com seu papel complementar interno patológico mediante a conduta que aprendeu no passado: retirar-se da situação.

---

2. Uso o termo "identidade", neste capítulo, no sentido pessoal. Refiro-me ao conjunto de autoconceitos e autodefinições, aprendidos nos vínculos, por meio dos quais as pessoas obtêm referências existenciais.

Em geral, um novo vínculo, por exemplo, de amizade ou de namoro, impulsiona as pessoas a não conservar suas condutas, pois estas podem impedir a realização de projetos dramáticos do novo vínculo e a expansão da afetividade.

Segundo Moreno (1975), a aprendizagem de um papel, no vínculo, passa por três momentos: a tomada do papel, o treinamento do papel e a criação do papel. Em cada momento, a modalidade vincular afetiva de dada pessoa se manifestará e o coinconsciente construirá os conteúdos específicos do vínculo. Quando o indivíduo adquire um novo papel, não apenas ele, mas também o outro adquirem um novo papel complementar e sofre a interferência de conteúdos emocionais relacionados à tensão, ao enfrentamento do novo ou às resistências à mudança.

No momento do treinamento do papel, os indivíduos do vínculo, em seus papéis específicos, buscam resolver os entraves da liberdade de ação e permitir um trânsito mais favorável dos conteúdos afetivos que favoreçam a espontaneidade-criatividade. Na criação do papel, os indivíduos do vínculo colhem os frutos dos múltiplos projetos dramáticos, latentes e manifestos, que possibilitam cada vez mais a cocriação.

O novo papel gera uma crise vincular necessária, pois pressiona as pessoas a dar novas respostas às situações. Essa pressão causa-lhes sofrimentos, embora se constitua na oportunidade para o desenvolvimento de sua personalidade. A crise exige maior produtividade no vínculo. À medida que as pessoas conseguem encontrar respostas que amenizem suas angústias, sua personalidade se expande e elas enfrentam com mais eficiência as interpolações de resistência do vínculo.

Também em termos culturais, observamos que muitos rituais da sociedade ou dos povos primitivos se propõem a ajudar a pessoa a encontrar a dimensão libertadora da espontaneidade-criatividade para o novo papel ou para o papel a ser renovado e a preparar os indivíduos para o enfrentamento do desconhecido ou de um novo *status quo* social.

Por exemplo, em um grande baile, a debutante se prepara para entrar na sociedade como a adolescente que se torna mulher, para que todos a vejam naquela homenagem especial como a pessoa que está desempenhando um novo papel naquele grupo, e atuem em seus contrapapéis de acordo com esse papel. A formatura ritualiza a retirada do papel do estudante, trazendo-lhe a responsabilidade profissional perante a sociedade, a qual o complementará favorecendo-lhe ou não o exercício da profissão. O "batismo do calouro" obriga o estudante a deparar com o novo mundo universitário. A celebração eucarística visa renovar a cada ritual o papel do cristão, tentando afastar-lhe a vivência atraente do papel de pecador.

Em tais rituais, os grupos tentam retirar o caráter dominador, sedutor e carregado de magia dos papéis anteriores ou das condutas conservadas, que impedem o enfrentamento das novas situações.

Quando a pessoa enfrenta uma situação nova ou conflituosa, sente o "eu" pressionado pelo novo papel e, muitas vezes, dominado pelas condutas conservadas e pelas "identidades" destrutivas ou autodestrutivas que bloqueiam a espontaneidade-criatividade. Nesse momento, surgem a crise e a necessidade de algum "ritual" individual que a ajude a conquistar uma resposta mais eficiente à melhoria de seu sofrimento.

Um cliente iniciou psicoterapia quando ingressou num trabalho e passou a sonhar que era expulso por todos os colegas por motivos banais. Ele se dirigia ao trabalho tomado por grande tensão, o que não lhe permitia olhar para as pessoas ou conversar tranquilamente com elas. Essa conduta lhe era usual em situações de prova, teste ou de conquista afetiva. Ele me dizia ser a minha sala o espaço para expurgar a ansiedade para enfrentar seu estágio probatório. Seu novo papel profissional provocou-lhe sentimentos e condutas conservadas desfavoráveis ao seu desempenho, impingindo-lhe a necessidade da psicoterapia.

Há pouco tempo, minha vizinha perdeu o marido num acidente de carro. Ela se deprimiu profundamente e teve ideias suicidas, semelhantes às que tivera quando da morte do pai na adolescência. Nada a ajudava e, sempre desconfiada, não acreditava em nenhum tipo de auxílio. Dois meses depois do falecimento do marido, ela participou de um grupo de oração da igreja do bairro, onde encontrou o seu "ritual" para elaborar o luto, enfrentar o novo papel de viúva e desenvolver um pouco de confiança em alguma saída para sua dor. Assim, a vizinha descrente, à beira da autodestruição, numa resposta socialmente costumeira às suas situações de sofrimento (participar de grupo religioso) encontrou apoio para iniciar um novo aprendizado existencial.

As respostas novas favoráveis ao desenvolvimento sociopsíquico da pessoa surgem acompanhadas de numerosas dificuldades e resistências porque ela aprendeu condutas, características de papéis, "identidades" e emoções relacionadas aos aspectos dos vínculos conflituosos de sua vida, que lhe forneceram alguma sobrevivência emocional em seus vínculos.

Nesse sentido, P. J., o cliente que se diz fracassado, aprendeu nos vínculos conflituosos: afastar-se da situação de tensão, definir-se como tímido e sentir uma insegurança intensa. Esse aprendizado ameniza sua angústia porque lhe fornece um sentido de existência, uma referência existencial ou uma homeostase psíquica. Tal sentido de existência exerce certa magia sobre o cliente, pois lhe traz segurança, mesmo ilusória, diante do novo ou das situações ameaçadoras.

Trata-se, portanto, de um sentido de existência ilusório, pois ele tenta destruir, com a conduta conservada de isolar-se, o papel complementar interno patológico, ao mesmo tempo que segue o seu mandato, "Você é um abestalhado!", e se deixa dominar pela lógica afetiva de conduta, "Tudo que farei não adiantará, pois ele não me valorizará!"

Assim, o sentido de existência é resultante, por exemplo, da generalização para si do conceito de "inútil" ou "estressante", aprendido em determinadas situações e vínculos, uma vez que as "identidades" "Sou inútil" ou "Sou estressante" fornecem, apesar de negativas, a sensação de existência num vínculo atual.

O importante, para a pessoa, é que ela obtenha, mesmo com seu sentido de existência ilusório, algum equilíbrio psíquico e social ou alguma carga afetiva de amor. A homeostase que a pessoa consegue encontrar, mesmo enganosa, lhe trará a possibilidade de se sentir, de se experimentar e de ter uma identidade.

A falsa homeostase gera a resistência à mudança; o medo das situações novas e surpreendentes; o apego ao conservado, à robotização, à alienação dos potenciais do *self*. Tudo isso perturba as respostas criativas quanto aos novos papéis e à cocriação.

Tomemos o caso de uma cliente que se sente perseguida no ambiente de trabalho. Desconfia de todos, pois, para ela, as pessoas visam explorá-la, culpá-la pelas intrigas que lá ocorrem. É invejada por ser bonita, culta, ter cursos superiores, viajar para o exterior, ter um marido bonito e bom e, agora, usufruir o benefício de estudar em horário de trabalho.

Numa cena, ao fazer o papel dos colegas de trabalho, que a atacavam e incriminavam de calúnia, ela dizia: "Você é metida, exibida, vagabunda, tem o rei na barriga!", "Só quer privilégios", "Pensa que vai conseguir o melhor aqui no trabalho?"

Quando voltou para seu papel, ela expressou o ódio aos colegas, chorou exacerbadamente e gritou: "Sou digna! Tudo que tenho foi por esforço meu! Seus safados! Sintam inveja, seus fracos! Vocês não destruirão a minha vida! Eu mereço meu sucesso e me vingarei de todos vocês com um emprego melhor!"

Nos comentários ela retrucou: "Minha impulsividade e minha fúria contra eles permanecerão, senão eu não me sentirei confiante e merecedora do que já consegui de melhor que eles!" Em outra sessão, disse: "Nossa! Eu já conquistei muita coisa, mas não posso me gabar, tenho de ser humilde, como minha mãe dizia: 'Não se deixe levar pelo orgulho!' E, agora, sinto-me indecisa, insegura, fraca e tola... mas... esse povo do trabalho está fazendo tudo isso comigo! Acho que vou ignorá-los, vou ficar calada! Que coisa! Eles me pegaram pra Cristo! Justo eu que faço meu trabalho de modo tão correto, tão perfeito!"

Nesse caso, a cliente tinha necessidade de projetar o papel complementar interno patológico no ambiente de trabalho sob a forma da perseguição e da inveja que despertava nos outros. A concepção de eu (ou a criança interna ferida) estava caracterizada no medo de entrar em contato com a sua soberba, no desejo de dominar a situação, de "sacanear", e no medo de se perceber frágil, dependente e de se entregar. Essa modalidade vincular repercutia na sua relação comigo, pois ela trazia prontas as cenas do trabalho e suas queixas, esperando resolução imediata, mas resistindo em perceber sua dinâmica, em expressar suas fragilidades, suas falhas e em se permitir ser ajudada.

Em cenas nas quais se percebia dependente, muito sensível e com medo de que algo ruim lhe acontecesse, ela evitava as lógicas afetivas de conduta: "Não mereço estar bem, pois assim vou causar algum mal a alguém", "Não posso errar, pois vão me rejeitar..." Tais lógicas se aliam à "identidade" temida, "Não sou digna", "Sou fraca", "Sou invejosa", "Sou desmerecedora", que ela tentava ver nos colegas de trabalho.

A "identidade" destrutiva implica confusão da pessoa com os aspectos internalizados do vínculo conflituoso, ou seja, o "eu" se submete a eles. Geralmente as pessoas com tendência à depressão ou autodestruição vivem essa "identidade". Mas, no caso dessa cliente, ela tenta evitar a dor da sua "identidade" com o papel complementar interno patológico, projetando-a no outro e na aversão a quem "quer prejudicá-la". Trata-se de uma modalidade vincular em que a agressividade é eminentemente voltada ao outro.

Nas vivências conflituosas, a pessoa incorpora as críticas, as rejeições, bem como violências físicas ou psíquicas feitas pelo outro, como pertencentes ao seu "eu". No processo de incorporação dos conteúdos danosos ao "eu", este se indiferencia em relação aos aspectos internalizados do vínculo conflituoso, tornando-se indigno, alienado, desintegrado ou desestruturado. Também pode ocorrer a incorporação de conteúdos do outro que elevem o "eu", supervalorizando-o, desenvolvendo a "identidade", por exemplo, do dominador, do narcisista ou do poderoso.

A desestruturação do eu é refletida tanto no vínculo da pessoa consigo mesma, mediante as "identidades" que ela assume, quanto no vínculo social, quando a pessoa deposita no outro os conteúdos dos aspectos internalizados dos vínculos.

Algumas falas cabais ou negativistas, tais como "Não acredito em ninguém", "Tudo que vivo é um lixo", "Ninguém me ama, não sou digna de amor", demonstram a conexão da pessoa com a criança interna ferida, que provoca a desintegração do eu. É um momento em que está dominada pelas vivências impregnadas de sentimentos que lhe trouxeram algum dano psíquico.

Nesses casos, os aspectos internalizados do vínculo conflituoso se sobrepõem ao eu, determinando lógicas afetivas de conduta que resultam em características de papéis que empobrecem o estabelecimento e a manutenção dos vínculos e provocam vários tipos de distúrbios sociopsíquicos.

O vínculo consigo próprio, ou seja, com os objetos internos (Pichon-Riviére, 1988), com o papel complementar internalizado ou com a criança interna, é refletido no vínculo com o outro: as pessoas revivem a relação com os aspectos internalizados dos vínculos conflituosos por meio das características de papéis e emoções, sobretudo autodepreciativas, esperando confirmar o sentido de existência aprendido. Esse é o núcleo do fenômeno da cotransferência específica que bloqueia a cocriação.

Vejamos o exemplo de uma pessoa que conheci há pouco tempo. Ela tem uma grande admiração pela área da saúde e um enorme potencial a ser desenvolvido. Ela gostaria de ser enfermeira, médica ou psicóloga. Certa vez, disse-me: "Prefiro ser dona de casa mesmo... pelo menos, cuido bem do dia a dia doméstico e meus familiares gostam disso. Mas, no fundo, sou insatisfeita. O problema é que nunca enfrentarei as competições do mundo profissional. Não me lembro de alguém ter me incentivado para me especializar em alguma coisa... Tenho medo de me expor, de ser ridicularizada e de perder meu tempo... Não tenho mais condições de estudar e 'ser alguém'... e, ainda, já tenho 40 anos... é tarde para isso!"

Essa pessoa encontrou um sentido de existência, resultante de seu medo da crítica, que se tornou a base motivacional de sua lógica afetiva de conduta: "Se me exponho, vão me rejeitar, pois sou ridícula". Quando ela não se expõe, fortalece o vínculo com o papel complementar interno patológico e enfraquece o vínculo com o outro. O outro, em algum momento, poderá desqualificar a conduta da pessoa de maneira similar às suas vivências do passado, confirmando seu autoconceito de ridícula, ou não incentivá-la a ter coragem para enfrentar uma situação temida.

Segundo a identidade "sou ridícula", essa pessoa se sente existindo e evita enfrentar novas ameaças ao seu "eu" nos vínculos. Os ganhos existenciais ilusórios, que fazem parte de sua homeostase psíquica, carregam de magia a conduta conservada e geram as resistências às mudanças.

Centrando na análise do vínculo, a reação da outra pessoa também depende de sua relação com seu complementar interno patológico e de sua lógica afetiva de conduta. Portanto, a complementação patológica de papéis ocorre num momento e numa situação específicos, nos quais um indivíduo reafirma ao outro, pelo desempenho de seus papéis sociais, os aspectos internalizados dos vínculos conflituosos, que lhe trazem um sentido de existência destrutivo, negativo ou desqualificador dos potenciais criativos dos indivíduos no vínculo.

## ASPECTOS INTERNALIZADOS DOS VÍNCULOS CONFLITUOSOS E A COMPLEMENTAÇÃO PATOLÓGICA DOS PAPÉIS

Um casal compareceu ao meu consultório com a queixa de que, embora alcançassem bom desempenho sexual, o cotidiano era repleto de conflitos, insatisfações, ausências e desencontros. A esposa se queixou: "Não consigo dizer o que penso e o que sinto a meu marido, pois ele, muito inteligente e culto, desvaloriza minhas atividades. Não moramos juntos e ele me quer somente quando precisa de mim; afinal, ele tem seus negócios e desaparece de minha vida por dez a 15 dias. Ficamos sem nos falar, sem trocar carinho, cuidado, atenção. Estou cansada de tomar iniciativas!"

O marido se queixou: "Ela quer aquele casamento enquadrado, cheio de neurose, cobranças e prisões. Não aguento sua dependência, ela precisa ver que todos nós somos sós! Precisa arrumar algo para fazer e aprender! Não quero ser o 'tudo' dela!"

Ao explorarmos algumas cenas da vida de cada um, observamos que a esposa experienciou relações mais afetuosas, de presença e participação dos pais em sua vida, convivência com irmãos e colegas de escola. O marido, filho único, teve muito estímulo intelectual, incluindo vários professores particulares, atividades extracurriculares, convivência com adultos, muita liberdade e pouco contato afetivo com os pais.

Histórias de vida tão divergentes desenvolveram modalidades vinculares afetivas distintas: a esposa buscava proximidade, intimidade e cuidado constantes; o marido, uma vida mais independente (ou até antidependente, ou seja, rejeitava a dependência e fragilidade da esposa), priorizando seus interesses profissionais e pessoais. Outras experiências se somavam a essas modalidades: o sucesso econômico dela em relação a ele despertava-lhe vergonha, inveja e o desejo de se afastar. Em alguns momentos, surgiam chantagem, culpabilização de um ou do outro, desinteresse, indiferença, desprezo e críticas destrutivas. A cada crise uma trama oculta ficava exposta e o coinconsciente era atuado, na busca de tornar um deles o "vilão", destruidor de suas vidas.

Numa sessão da terapia do casal, ela revelou: "Preciso do 'sadomasoquismo' para sentir meu marido presente em minha vida!" E concluíram que o aspecto sexual compensava os danos que sentiam ou causavam um ao outro. Mas a esposa já não suportava tanta angústia e decidiu se separar. Numa das últimas sessões da terapia, disse ao marido: "Esses anos foram os momentos mais tristes de minha vida. Espero que em outras relações eu não repasse o que vivi desta convivência traumática". Ele respondeu: "Não conseguimos conviver... Também sofri!"

Depoimentos como esses nos alertam para o fato: de certa forma, alguns aspectos do vínculo conjugal foram incorporados, reeditando o papel complementar interno patológico de cada um. Aqui, o coconsciente e o coinconsciente produziram dinâmicas vinculares nas quais ambos tentavam minimizar as diferenças de *status* culturais, econômicos e psíquicos, mas as condutas conservadas prevaleciam, provocando uma resistência interpessoal. Logo, ambos buscavam resgatar seus sentidos de existência ilusórios por meio da convivência conflituosa. Eles tentavam realizar projetos dramáticos que envolviam mudanças na modalidade vincular de cada um, as quais eram sentidas como agressivas. Por exemplo, ela esperava que o marido fosse tolerante, cuidadoso e afetuoso; ele desejava que a esposa fosse independente, segura e autossuficiente.

Saliento que a complementação patológica dos papéis ocorre em determinado momento do vínculo, atualizando a modalidade vincular afetiva das pessoas que contém os aspectos internalizados dos vínculos conflituosos e as condutas conservadas. Essa complementação pode se estender para uma dinâmica vincular ou por um período mais prolongado de crise. Trata-se de uma das manifestações da conserva vincular. As complementações patológicas de papéis produzem os vínculos em sofrimento, com suas neuroses interpessoais.

A fluidez dos processos coconsciente e coinconsciente reporta as pessoas a tramas vinculares que as impulsionam tanto para os sofrimentos, violência e conflitos quanto para a cocriação. Quando falamos de complementação patológica de papéis ou de vínculos patológicos, nos referimos a momentos em que há distúrbio socioemocional nas pessoas envolvidas no vínculo, gerando forte angústia e sofrimento. Os indivíduos validam existencialmente algum dano psíquico por intermédio das emoções, das percepções e das ações que empobrecem o "eu" de cada um.

Assim, não há como "normatizar" o saudável e o patológico. O importante é conhecer e detectar o que bloqueia a espontaneidade-criatividade, para trabalhá-lo terapeuticamente, e explorar, mais adequadamente, o que favorece a cocriação nos vínculos.

A complementação patológica dos papéis (ou a neurose interpessoal) é resultante da cotransferência impeditiva da cocriação. À medida que consolidamos o embasamento teórico sobre o que perturba as relações humanas, a prática terapêutica se torna mais eficaz para a promoção do bem estar pessoal e social.

Um cliente alcoólatra, ao tentar se recuperar, recebia críticas da família de descrença quanto à sua conduta. A atitude da família era a manifestação de um aspecto internalizado do vínculo conflituoso que impulsionava a aliança do alcoólatra com seu papel complementar interno patológico com a seguinte lógica afetiva de conduta: "Você é um lixo, não vai conseguir nada, não vale nada". Assim, ele construiu a "identidade" de se considerar imprestável, de ser "um lixo", que era um dos fundamentos de sua conduta conservada de beber.

Ocorre, por conseguinte, em determinado momento, a aliança entre os aspectos internalizados do vínculo conflituoso de cada indivíduo do vínculo, ou seja, entre o papel complementar interno patológico, a criança interna ferida (concepção do eu ferido) de cada um, manifestado nas condutas conservadas, nos sentimentos destrutivos, nos projetos dramáticos ou nas lógicas afetivas de condutas que trazem um sentido de existência ou a busca de uma homeostase psíquica e social ilusória.

Assim, o coconsciente e o coinconsciente propiciam o reforço do movimento ou do sentimento transferencial de um, associado aos aspectos internalizados dos vínculos conflituosos pelo movimento ou sentimento transferencial do outro.

Um exemplo é o da namorada que espera a manifestação de afeto do namorado e ele tem dificuldade de expressar fisicamente o carinho. Cada um aprendeu estas condutas: esperar o carinho e não conseguir expressar afeto, respectivamente, em suas histórias de vida. Nesses momentos, os namorados vivem uma comunicação insatisfatória e não conseguem cocriar.

O marido, com suas atitudes e expressões, se faz superior e a esposa se mostra inferior. Na dinâmica de poder, cada um vive lógicas afetivas de conduta com a expectativa de atingir, pelo menos, o sentido de existência que um dia conseguiram obter.

Um vínculo atual pode ser patológico, em um momento, porque legitima nas pessoas as suas "identidades" com os aspectos internalizados do vínculo conflituoso, mantendo sentimentos e condutas destrutivos aprendidos na matriz de identidade ou nos vínculos ao longo da vida. Mutuamente os indivíduos do vínculo desempenham um papel latente complementar que dá oportunidade à expressão da identidade negativa e/ou autodestrutiva de cada um.

Um indivíduo, em um contexto específico, ao assumir o papel de "protetor" e ajudar uma pessoa a não enfrentar uma situação, por causa de seu medo de errar, pode reforçar lógicas afetivas de conduta que a desvalorizam, tais como: "Sou carente, todos cuidarão de mim!",

"Preciso me anular para me observarem", ou a "identidade" "Sou frágil", o que favorece o desempenho de papéis que não a realizam.

Porém, em outro contexto, o indivíduo pode, ao exercer o papel do "exigente" e pressionar a pessoa a enfrentar uma situação, reforçar o papel complementar interno patológico dela, associado à lógica: "Você *tem* de ser forte e sempre interessante para ser admirado", causando-lhe mais angústia. Nos momentos em que se protege ou se estimula a pessoa a enfrentar a situação temida, o papel complementar interno patológico de um pode se vincular com o do outro e tornar o vínculo patológico. Então, surgem os contextos em que as pessoas se percebem numa crise, ou num "beco sem saída" para a saúde do vínculo ou para a cocriação. Aparentemente, qualquer coisa que elas façam lhes trará a complementação patológica de papéis.

Todavia, no campo vincular, a todo instante as pessoas complementam os papéis, e mesmo a complementação patológica pode, em algum momento, viabilizar a cocriação ou a minimização dos conflitos.

No vínculo de um casal, por exemplo, no qual um ridiculariza o outro com frequência e este se submete, as pessoas sentem, em muitos momentos, as gratificações trazidas por tal complementação. Trata-se do marido que aprendeu o mito machista do autoritarismo e da desvalorização da mulher como pertencente ao papel do homem. A esposa aprendeu a "respeitar" o homem em qualquer circunstância, pois ele é quem decide sobre a vida conjugal. Por meio dessas condutas conservadas, eles se definem como um casal feliz, pois, afinal, outras complementações de papéis ocorrem no vínculo que possam trazer uma homeostase afetiva mais eficiente para cada um.

O casal pode permanecer com essas condutas ao longo de uma vida toda, ou, em algum momento, a complementação do ridicularizador/ridicularizado, ou outra parecida, pode se tornar insuportável ou insustentável para ambos ou para um deles na relação. Então, essa complementação de papéis gera uma crise no vínculo, pois há a experiência da desintegração do "eu" por um ou por ambos os parceiros. Surge, no vínculo, a tensão que acirra a complementação habitual, na qual um subjuga e o outro é subjugado, causando ainda mais angústia e ansiedade e exigindo de ambos respostas novas e mais eficientes em relação à dignidade dos parceiros.

## VÍNCULO TERAPÊUTICO E COCRIAÇÃO

Seria, entretanto, possível evitar as complementações patológicas de papéis? Parece não ser. Primeiro, porque não depende exclusivamente de uma pessoa, mas do vínculo (e do grupo no qual ele se insere); segundo, porque a nossa história está, a todo instante e dinamicamente, sendo transposta para o aqui-agora e para o vínculo atual, pelo fenômeno da transferência que impede ou não a cocriação.

O importante é explorarmos o mistério da esfinge: *conhece-te a ti mesmo*, uma das chaves para o trabalho das complementações patológicas dos papéis. Também são importantes: o trabalho contínuo do mundo interior e dos vínculos que atualize os potenciais do *self* (eu profundo) e a sua diferenciação quanto ao papel complementar interno patológico; o processo de acolhimento e respeito à criança interior, ou aos sentimentos mais íntimos; e o enfraquecimento da aliança do eu com os aspectos internalizados do vínculo conflituoso.

Cotidianamente, o processo de libertação do ser humano espontâneo-criativo, no qual há expansão do *self* e o seu domínio sobre os aspectos internalizados do vínculo conflituoso, ocorre pela auto-observação, pela experiência em vínculos que reforçam os potenciais e a integração das pessoas, pela vivência da afetividade construtiva, por relações de poder edificantes, pelo enfrentamento dos bloqueios ao crescimento da pessoa, pelas crises nos vínculos que impulsionam as pessoas para a melhoria da comunicação, para o autoconhecimento, para o aumento na capacidade perceptual e para o desenvolvimento de novos *status nascendi* relacionais.

A diferenciação do *self* em relação aos aspectos dos vínculos conflituosos internalizados é um processo libertador que, em muitos momentos, provoca sofrimento quando se enfrentam verdades, responsabilidades e fragilidades, e quando se quebram as resistências às mudanças e se refaz o sentido de existência.

A motivação das pessoas e o grau de comprometimento psicopatológico as ajudam a se dedicar ao autocrescimento e à construção de vínculos mais saudáveis. Porém, a Psicoterapia e os métodos sociátricos são tratamentos científicos específicos, que proporcionam caminhos apropriados ao resgate da saúde dos indivíduos, dos vínculos e dos grupos. Há sintomas psicopatológicos, ou momentos em nossa vida, plenos de crises, sofrimentos, mudanças ou violência, que sofremos ou promovemos, que precisam ser tratados por especialistas.

A Sociatria proporciona um vínculo sociopsicoterápico que visa ao nascimento de um novo *status nascendi* relacional por meio da construção de um novo *status nascendi* de conteúdos no mundo interno, ou seja, da liberação dos aspectos internalizados dos vínculos conflituosos do passado ou atuais, pela diferenciação e potencialização do eu em relação a eles. Há, pois, no método de ação a exteriorização do interno para o externo (Holmes, 1996; Nery e Conceição 2012).

O processo sociátrico ou psicoterápico produz, ainda, a catarse de integração. Trata-se da generalização para os papéis sociais de um novo aprendizado relacional – resultante da exploração, no cenário do Psicodrama, dos papéis imaginários e da (re)vivência de cenas por intermédio dos papéis psicodramáticos.

O terapeuta trabalha dentro da especificidade de cada vínculo (e de cada grupo), viabilizada pelos conteúdos do coconsciente e do coinconsciente. Assim, cada vínculo terapêutico visa à criação, à singularidade e à unicidade, ou seja, à realização das potencialidades das pessoas, cada uma com seu jeito único de ser, com seu *self.* E, também, o vínculo terapêutico objetiva a dinamização da universalidade dos sentimentos, pois todas as pessoas vivem a matriz de identidade geradora da "estrutura humana". Todo ser humano pode ser um agente terapêutico, compartilhar e inverter papéis com o outro.

No vínculo cliente/terapeuta, a complementação patológica também pode ocorrer, constituindo-se uma das manifestações da cotransferência. O processo de autoconhecimento do terapeuta, o desenvolvimento de sua espontaneidade-criatividade, o treinamento profissional e o estudo da dinâmica do cliente são fatores que favorecem o trabalho do vínculo patológico no contexto sociátrico.

Portanto, os clientes podem exigir do terapeuta o desempenho de papéis latentes que podem não ajudá-los, que reforcem seu sentido de existência ilusório ou realizem os projetos dramáticos que perturbam o vínculo terapêutico. Bustos *et al.* (1982, p. 25-6) afirmam:

O papel complementar interno patológico estimula respostas no terapeuta que podem ser: patológico direto, patológico reativo ou télico corretivo. No primeiro caso, o terapeuta passou a exercer condutas confirmatórias do personagem interno patológico do paciente. Pode assim falar com excessiva ênfase da agressão ou tendência a manifestar sentimentos autoritários, subestima etc. O terapeuta pode chegar a "encarnar" este personagem. Se não tiver consciência disto, o terapeuta terá tendências a estruturar um vínculo em transferência. Isso seria uma conduta não terapêutica, a menos que o terapeuta tenha efetuado uma utilização estratégica deste personagem. Entrará para reconhecê-lo e para pô-lo em contato com o paciente. No segundo caso (patológico reativo), o terapeuta pode ser levado a representar o personagem reativo, isto é, condutas opostas à do complementar interno patológico. Será então um pai "bom" e condescendente diante de um pai "real" agressivo. Também isso pode ser possível como utilização estratégica ou como atuação. No segundo caso se terá caído em uma difícil armadilha. A terceira opção consiste na proposta de relação télico-transferencial em que ambos possam ser e falar dos e não a partir dos personagens patológicos.

Bustos nos alerta sobre a necessidade de trabalhar o papel complementar interno patológico do cliente com estratégias de vinculação, demonstrando a dinâmica do cliente ou compreendendo a manifestação desse papel.

Um cliente impaciente exigia que o processo terapêutico lhe fornecesse um rápido resultado, conforme suas expectativas. Em meu vínculo com ele, observei que estava austera e tentava provocar saídas mais eficientes para seus conflitos. Nesse momento, ocorria um vínculo patológico direto, pois eu exigia dele respostas, e ele, eficiência da terapia. Após alguns meses, o cliente começou a se atrasar e faltar ao processo. Revendo sua motivação quanto ao tratamento, ele me contou que se sentia pressionado por mim a acertar sempre, lembrando ainda cenas nas quais precisava mostrar eficiência para ser aceito. Essa lógica afetiva de conduta estava acontecendo no seu papel de cliente.

Compreendi, também, que eu estava atuando com minhas lógicas afetivas ligadas à exigência de perfeição no desempenho dos meus papéis sociais para ser admirada. Conversamos sobre o que estava ocorrendo no vínculo terapêutico e compreendemos nossos sentimentos. Dramatizamos alguns vínculos da vida do cliente em que ele sentia a exigência da eficiência e da rapidez na resolução de seus problemas.

Depois desse trabalho, tornei-me mais tolerante em minha atuação com o cliente. Ele começou a se permitir não ter certezas, ser menos rígido consigo mesmo e, no início de uma sessão, confessou-me: "Passei a semana perdido e confuso... Mas isso não me causou pânico! Então, me surpreendi comigo mesmo!"

Portanto, os terapeutas a todo instante interferem na modalidade vincular afetiva do cliente com suas lógicas afetivas de conduta associadas aos aspectos internalizados do vínculo conflituoso, podendo contribuir ou não para a cocriação. Essa é a cotransferência, promovida pela intersubjetividade, pela interpsique, resultante dos estados coconsciente e coinconsciente.

O cliente é o protagonista do contexto psicoterápico ou sociátrico, para quem o terapeuta voltará todo o tratamento e o seu treinamento específico. Mas o ato ou o processo sociátrico possibilita a todos os indivíduos um reaprendizado emocional e relacional no qual cada pessoa vai diferenciando, em seus devidos papéis, o eu profundo (*self*) dos aspectos internalizados dos vínculos conflituosos e desenvolvendo o domínio do *self* sobre eles.

Em síntese, com cada cliente, na especificidade de cada vínculo (ou na dinâmica do grupo), o terapeuta também libera a espontaneidade-criatividade do cliente à medida que se torna "outro interno confirmador" do *self* do cliente ou um "papel complementar interno saudável". Este está associado a sentimentos enriquecedores do *self* ou promotores da cocriação. Entre alguns sentimentos, temos o amor, próprio e pelo outro, a segurança, a força, a autoconfiança, o respeito por si. São sentimentos que estão relacionados a lógicas afetivas de conduta mais adequadas às situações e aos vínculos atuais.

As lógicas aprendidas ou reaprendidas no contexto psicoterápico ou sociátrico podem ser generalizadas, como consequência da catarse de integração, para outros vínculos da vida do cliente, tornando-os mais resolutivos e atualizadores dos potenciais criativos dos indivíduos.

Em um vínculo terapêutico resolutivo, tanto o terapeuta como o cliente quebram, aos poucos, as resistências interpessoais relacionadas ao novo aprendizado. Assim, a Sociatria e a Psicoterapia tornam-se processos ritualísticos nos quais o(s) cliente(s), o(s) protagonista(s) e o terapeuta, dinâmica e dialeticamente, a cada sessão, renovam seus papéis sociais ao integrá-los ao *self*.

# 4
# MODALIDADE VINCULAR AFETIVA E AGRESSIVIDADE

Mesmo perder-te a ti (a voz que ria, um ente amado), mentir não posso.
É evidente: a arte de perder muito não tarda aprender, embora a perda –
escreva tudo – lembre desastre.

ELISABETH BISHOP

**Naquela historinha,** a bruxa perguntou:

– Espelho, espelho meu! Quem é mais bonita, mais amada, mais interessante do que eu?

O espelho lhe respondeu:

– Sinto muito, mas a princesinha é mais bonita e amada do que você!

Então, a bruxa, inconformada com a verdade sobre seu *status* sociométrico, pôs-se a destruir a princesinha...

Assim, nossas bruxas, fadas, princesas, nosso povo plebeu e nossos príncipes vivem seus dias de dor... e fazem qualquer coisa para se livrar deles.

Na dinâmica vincular, os papéis sociais operacionalizam o eu, conectando-se ora com os aspectos internalizados do vínculo conflituoso ou do vínculo resolutivo, ora com o *self*. E, aí, lutamos pelos finais felizes, aprendendo a ganhar e a perder. Mas, no momento em que a pessoa está dominada pelos aspectos internalizados do vínculo conflituoso (conjunto formado por papel complementar interno patológico, criança interna ferida e dinâmica vincular aprendida nesse vínculo), ela vive a despotencialização do *self*, o bloqueio de sua espontaneidade-criatividade, a anulação do eu, e tem condutas que perturbam sua sociometria nos vínculos e nos grupos.

Essas experiências geram sentimentos profundos de insatisfação, alienação, incompletude e frustração, que estimulam a agressividade, a qual, se por um lado é um conjunto de estados emocionais que predispõe a pessoa a condutas destrutivas, autodestrutivas e hostis e, contraditoriamente, por outro é um impulso que contribui para a homeostase psíquica, ao reagir ao domínio dos aspectos internalizados do vínculo conflituoso, repercutindo em condutas protetoras da psique e do organismo. Portanto, a agressividade fundamenta tanto a destruição como a ação que visa à construção da existência integrada.

Na luta pela sobrevivência emocional nos vínculos, a pessoa usa, em vários momentos, a agressividade como uma força libertadora dos potenciais do "eu". Essa força vem sob a forma da assertividade, do limite, da autenticidade e da conquista dos direitos. No entanto, a pessoa também aprende a expressar patologicamente a agressividade nos vínculos.

O coconsciente e o coinconsciente dinamizarão as modalidades vinculares dos indivíduos, formando a dinâmica vincular que prepondera, em determinados momentos, em relação à agressividade. Nesse sentido, o vínculo ou o grupo terá suas peculiaridades na experiência da agressividade.

Até o momento, ao observar a prática clínica, detectei três modalidades vinculares afetivas relacionadas à agressividade, por meio das quais ocorrem distúrbios na complementação dos papéis: agressão a si mesmo, agressão ao outro e agressividade indiferenciada. Todos experimentamos uma ou outra dessas modalidades, mas alguma predominará em nossa personalidade. Descreveremos, pois, essas três modalidades.

*Agressão a si mesmo* – ocorre quando a pessoa tem uma "identidade" com os aspectos internalizados dos vínculos conflituosos. Aqui, o eu e, particularmente, o papel complementar interno patológico estão indiferenciados. Essa identidade cria um tribunal interior severo no qual a pessoa exerce, em geral, o "papel da ré culpada": ela constantemente se culpa e se condena em seus conflitos no vínculo, tem autocrítica destrutiva e autoimagem negativa. A pessoa tem vários sentimentos

VÍNCULO E AFETIVIDADE – CAMINHO DAS RELAÇÕES HUMANAS

ligados à inferioridade, que originam diversos autoconceitos negativos: "Sou péssima", "Sou um fracasso" e "Não mereço ser feliz".

Os autoconceitos desfavoráveis ao eu surgem dos momentos ou das dinâmicas vinculares em que a pessoa viveu cenas carregadas de violência física ou psíquica. Nessas experiências, a pessoa pode internalizar os aspectos do vínculo conflituoso, adaptando-se ou integrando-se ao papel complementar interno patológico. Os processos psíquicos criam, entre outros mecanismos, a identidade do eu com o papel complementar interno patológico.

Na matriz de identidade, uma criança que recebe forte carga de rejeição (verbal ou não verbal), sente necessidade de corresponder às expectativas do outro para ser aceita ou, ainda, vive vários estigmas e críticas de pessoas que cuidam dela, como, por exemplo, "Você é uma tonta, uma babaca, burra!", pode internalizar esses conteúdos de seus complementares como pertencentes ao seu "eu", criando uma "identidade": "*sou* tonta, *sou* incompetente..."

A cliente Maura, de 31 anos, é deficiente mental. Há um mês ela insiste no desejo de ter um bebê, matá-lo, para, então, conseguir ter outro bebê bonitinho. A terapeuta perguntou-lhe quem havia dito isso. Ela respondeu: "Esses dias, minha mãe, quando me deu banho, apertou meu pescoço com raiva e falou que precisou me matar para ter meu irmãozinho saudável!"

A dor psíquica da cliente, vivida pela rejeição da mãe, se revela na incorporação dos conteúdos (e do modelo) da mãe como se fossem seus.

Karla, 45 anos, sentia forte sensação de mal-estar na vida, medo das pessoas, dores no corpo, chora constantemente e desejando morrer. Numa sessão de Psicoterapia, pedi-lhe que me demonstrasse, por meio das almofadas, a sua relação com as pessoas. Ela colocou, no centro do tablado, várias almofadas grandes, apontou cada uma e disse: "Esta simboliza as cobranças de que não posso errar ou magoar as pessoas; esta, as expectativas minha e das pessoas para que eu arrume um namorado, pois não quero mais a imagem da tia solteira e feia; esta, as fantasias que tenho, de vez em quando, de ser outra pessoa, mais bonita, inteligente e amada por um príncipe; esta, o medo de ser rejeitada, de receber um 'não' de alguém que me interessa; esta, a insegurança quanto a agradar aos outros; esta, todos os meus sentimentos de inferioridade, porque me acho desinteressante, sem graça e ingênua".

A cliente representou a si própria com uma almofada pequena, debaixo das grandes, e simbolizou as pessoas de sua vida com uma almofada pequena e distante, na ponta do tablado. Quando Karla ficou no seu lugar, no qual havia se representado, ou seja, debaixo das almofadas grandes, expressou: "Quanto peso!... Estou cansada, sufocada, triste. Tenho muita raiva dessas coisas que estão sobre mim!!! Que horrível! Não aguento mais!" Mas, ao mesmo tempo, segurava as almofadas grandes sobre ela, dizendo: "Não consigo reagir, tudo é mais forte do que eu, esses sentimentos grandes tomam conta de mim! Sou um zero à esquerda, quero desistir! Quero sumir da minha vida!"

A lógica afetiva de conduta de Karla, nesse momento, afirma a "identidade" do eu com o papel complementar interno patológico ou sua submissão a ele. Na imagem feita pela cliente, o papel complementar interno patológico era os conteúdos que a sufocavam, representados nas almofadas grandes.

Quando dramatizamos os sentimentos e conceitos simbolizados pelas almofadas grandes, concretizando-os como se fossem personagens de sua existência, demos vida aos conteúdos do papel complementar interno patológico. Dessa forma, foi possível uma "luta" intensa entre Karla e o seu papel complementar interno patológico. A luta possibilitou-lhe a expressão de sentimentos contidos, o início de uma "diferenciação" entre a cliente (de seu *self*) e os aspectos internalizados do vínculo conflituoso, o surgimento de um novo *status* relacional em relação a eles e o processo de resgate de sua dignidade. Nos comentários, a cliente percebeu que era mais comum ela sentir raiva de si mesma do que dos outros e deduziu que suas dores no corpo eram uma maneira de se agredir.

Nas sessões seguintes surgiram algumas cenas de sua infância: o pai bêbado brincava sarcasticamente com ela, ao segurar um facão dizendo que ia matá-la; situações de tensão nas quais a mãe, em pânico, pedia-lhe que intercedesse perante o pai violento; nos bailes da cidade, considerava-se a mais rejeitada, visto suas irmãs serem muito bonitas.

Nessas cenas, estavam sendo construídas lógicas afetivas de condutas que a afastavam das pessoas, a faziam se agredir e se autodefinir negativamente. As dores no corpo e a conduta de inibição da sua ação na vida se associam a essas experiências, nas quais ela se enrijecia com medo do pai, com a pressão da mãe ou com a insegurança em relação à sua autoimagem, numa competição sociométrica.

A cliente usa a agressividade para atacar a si própria, na tentativa de neutralizar o papel complementar interno patológico, ao mesmo tempo que tenta mantê-lo e, assim, se autoafirmar, pelo sentido de existência aprendido nesses vínculos. Por conseguinte, quando ela exprime: "*Sou* nada, não atraio ninguém", tem uma "identidade" que a faz se relacionar com o mundo e se sentir existindo.

Assim, os processos psíquicos, nos casos em que ocorre a autoagressão, associam os aspectos internalizados do vínculo à corporeidade, à subjetividade, perturbando eminentemente a autoestima da pessoa.

Nesses casos, a pessoa centra-se destrutivamente em si mesma, por sintomas e características de papéis que impedem o desenvolvimento do seu eu, tais como: apatia, timidez, depressão, fadiga crônica, sintomas psicossomáticos e hipocondríacos; sentimentos de vazio, sensação de incapacidade, masoquismo, autorrejeição, tristeza e raiva de si; ideias de suicídio, autocobrança e a tendência a interpretar o outro rejeitando a si mesmo.

Nos grupos, a pessoa com a dinâmica da autoagressão preponderante tende a se comportar como a "coitada", a desmerecedora da atenção, e a ter condutas que promovam a rejeição do outro: isolar-se, queixar-se constantemente ou ter uma atitude negativista ante as propostas do grupo.

Tais sintomas e sentimentos da pessoa, quando predominam na dinâmica vincular, empobrecem a vinculação, pois quanto mais ela se autoagride mais sem energia e criatividade desempenhará seus papéis. O vínculo (ou o grupo) sem vitalidade dá-se principalmente quando os estados coconsciente e coinconsciente reforçam essa modalidade vincular agressiva da(s) pessoa(s).

*Agressão ao outro* – ocorre quando a pessoa tenta tornar o eu mais potente que os aspectos internalizados do vínculo conflituoso, sobretudo mais potente que o papel complementar interno patológico. Aqui, a pessoa, no vínculo, tende a culpar e condenar o outro na vivência dos conflitos por um processo de autovalorização maximizada, composto de sentimentos de superioridade, orgulho, sarcasmo, vaidade, inveja, egocentrismo e indiferença. Ainda podem ocorrer características exacerbadas de narcisismo, racionalização, psicopatia ou sociopatia, atuação, sadismo; ideias de homicídio e projeção de sentimentos. A tendência a rejeitar o outro e as percepções distorcidas, resultantes do temor do ataque do outro, podem acarretar a ansiedade persecutória, as fobias ou, ao contrário, a constante fantasia de que o outro sempre o deseja.

Imbuída de algumas dessas características, a pessoa usa da agressividade contra o outro na tentativa de resolver conflitos internos. Nesse caso, a criança interna do adulto aprendeu a se supervalorizar, a hostilizar, a se defender agredindo os que a anulavam, os que a violentavam física ou psiquicamente para adquirir alguma homeostase psíquica.

É possível que a criança, na matriz de identidade, tenha tentado não se identificar com o papel complementar interno patológico, colocando limites no outro por meio da hiperatividade, da rebeldia e/ou do jogo de sedução e de rejeição ao outro. Nos vínculos, é provável que ela tenha tentado captar do papel complementar aquilo que a engrandecia em detrimento do outro e construir lógicas afetivas de conduta que justificassem o poder de seu eu: "Quanto mais rebelde, mais atenção recebo", "Quanto mais rejeito, mais me querem por perto", "Distancio-me para não ser tão rejeitada..."

H. C., de 28 anos, exemplifica esse processo sociopsíquico. Ele se queixava de não conseguir se realizar profissionalmente, mas dizia-se superior aos outros, muito habilitado, preparado e culto. Criticava, desqualificava e ironizava as pessoas com quem convivia: "Não tolero alguns amigos, eles são tão bestializados, não sabem nada sobre política ou literatura! O Mário é o vazio em pessoa! Um tapado! Não sabe de nada! Um paradão, que não tem opinião nem para um filme! Não aguento ir a um bar e ouvir tanta estupidez das pessoas que encontro! Elas não têm nada na cabeça, são ocas! Deviam aproveitar o tempo!"

Em algumas cenas dramatizadas surgiram críticas aos conhecimentos e às capacidades das pessoas: "Meu irmão é um profissional de quinta categoria! Jamais iria ao seu consultório!", "Eu sei que sei muito mais que meu professor! Quando falo na sala de aula, ele fica babando!"

H. C. era rebelde ante o processo psicoterápico, tentava não se vincular como cliente, expressando com frequência: "Estou aqui apenas para saber o que quero profissionalmente, pois não tenho nenhum problema, você não precisa me tratar!" Logo, evitava se aprofundar em algum assunto que lhe trouxesse qualquer vulnerabilidade. Foi preciso, nesse caso, ter uma atitude terapêutica firme e diretiva, visando trabalhar as resistências do cliente, com demarcações mais objetivas sobre suas necessidades e seus sentimentos. Em alguns momentos, representei o seu papel para que ele se observasse e se imaginasse no lugar do outro.

O cliente, aos poucos, foi aceitando o processo psicoterápico e relatando sua história de vida, da qual não se lembrava de ter recebido a proteção e o apoio dos pais, sentindo-os ausentes. Quando eles lhe cobravam algum comportamento exemplar, ele se rebelava, tentando argumentar o que queria ou se comportar de maneira diferente do que esperavam dele. Expressava sua agressividade com as pessoas com arrogância, sarcasmo e críticas, buscando evitar sua insegurança seus medos e suas dores psíquicas. Havia o constante temor à submissão e à dependência em relação ao outro, da mesma maneira que temia ser desvalorizado pelos pais. Essa era a sua forma de lidar com o papel complementar interno patológico que o impedia de ser frágil, de ser criticado e de relaxar. Para esse cliente, que tem uma fobia social, as pessoas, em determinados momentos, são associadas ao que os outros, em cenas conflituosas, lhe representaram.

O seu sofrimento foi manifestado na dúvida em relação à escolha da profissão: seria a área de exatas? "Ah... química pode me trazer independência e um bom *status* social!" Ou a área de humanas? "Filosofia é coisa para mulher!... e não ganharei independência com isso!... mas adoro!"

Na verdade, essa queixa era apenas a ponta de um *iceberg* relacionado ao desencontro dele com sua sexualidade, ao temer seus sentimentos homossexuais: "Tenho atração por homens, mas jamais me submeteria a algum! Não preciso do conforto de um 'paizão', já tive pai!" E, ainda, havia um desencontro com ele mesmo: "Sinto um grande vazio e muita confusão entre o que sinto e o que penso! E sempre perco as pessoas com quem tenho amizade ou algum relacionamento porque se ofendem com as coisas que falo..."

O cliente, portanto, buscava ter uma sensação de existência por intermédio do narcisismo, quando se supervaloriza, controla as situações conforme seus interesses e é hostil com o outro. Com essa modalidade vincular ele tenta amenizar o sofrimento provocado pelo papel complementar interno patológico, relacionado à cobrança de desempenho quanto a ser perfeito, independente e "um homem forte".

Na agressão ao outro, os aspectos internalizados do vínculo conflituoso estão mais centrados na dimensão social e nos mecanismos da percepção pela projeção no outro de conteúdos ou de emoções ligadas aos aspectos internalizados do vínculo conflituoso. A pessoa se relaciona, por exemplo, "como se" o outro fosse o próprio papel complementar interno. Nesses casos, os papéis sociais em geral são desempenhados com descompromisso, com negação do vínculo e das emoções que ele produz.

Nos grupos, as pessoas com a modalidade vincular preponderante da agressão ao outro tendem a evitar a intimidade e a cumplicidade, pois sentem uma ameaça ao eu quando entram em contato com alguma dor psíquica. Elas tendem a rejeitar o outro antes de ser rejeitadas, têm dificuldade de permanecer no grupo, criticam os colegas sem autocensura, desqualificam o processo grupal ou buscam ser o centro das atenções. Quando no vínculo ou no grupo há reforço dessa modalidade vincular agressiva da(s) pessoa(s), o coconsciente e o coinconsciente podem gerar intensa hostilidade e destrutividade entre os membros do grupo.

*Agressividade indiferenciada* – ocorre quando o "eu" e os aspectos do vínculo conflituoso (principalmente o papel complementar interno patológico) encontram-se bastante confundidos, num estado caótico. Nesses momentos, a pessoa demonstra muita dificuldade de ter uma "identidade" e de se identificar. Ela vive intensa angústia nos vínculos, pois sente grande confusão na complementação de papéis. Aqui, é possível que na matriz de identidade muitas experiências tenham trazido à criança perturbações no processo de construção de sua identidade, pois ela internalizou o papel complementar patológico unido a ela. A criança, por essas experiências, constrói seu universo particular, e o encontro com o outro gera grande ansiedade, pois uma possível diferenciação lhe acarreta muita crise. Nesse caso, ela aprende a negar o vínculo, por uma indiferença em relação a si e ao outro, tenta não se comunicar, ou não desempenhar papéis (o que é impossível), e permanece em algum nível de alienação do mundo exterior.

O cliente John, de 34 anos, procurou-me com o propósito de aprender a se relacionar melhor com as pessoas, estar mais próximo delas, confiar e acreditar no afeto delas por ele. Ele nasceu com um defeito físico, mas disse que esse não era seu problema.

Numa das primeiras sessões, utilizei uma técnica de autoapresentação, pedindo-lhe que apresentasse seu mundo por meio de alguns objetos da sala. John fez um círculo com almofadas, se colocou no meio dele e me disse: "Este círculo é a minha proteção contra as pessoas, é o meu quarto, lugar no qual me isolo, principalmente quando sou criticado pelos meus colegas quanto ao meu aspecto físico".

Pedi-lhe que desempenhasse o papel do círculo. Ele atuou com muita dificuldade, dizendo: "Não consigo me imaginar sendo alguma coisa! É demais para mim... Isso é coisa de criança! Como um advogado vai brincar de ser um círculo?" Após essa resistência, no breve instante em que ele conseguiu representar o papel do "círculo", declarou: "Vou me aproximar de John para protegê-lo das pessoas porque ele é feio, indeciso, inseguro, bobo e podem judiar dele!" Quando ele voltou para o seu próprio papel, respondeu ao círculo: "Não quero proteção, sei me virar! Você já me ajudou demais a não ser maltratado! Agora quero ser tranquilo e aceitar que as pessoas podem gostar de mim como sou!"

Na sessão seguinte, novamente trabalhamos o círculo e surgiu uma cena associada a ele, de sua infância, quando sua mãe lhe dizia: "Meu filho, não quero que você sofra com as pessoas, não acredite nelas, elas são falsas, não vão ajudá-lo, são interesseiras. Você é meu queridinho, o 'bonitinho da mamãe'". A mãe, em alguns momentos, foi internalizada como um papel complementar patológico que o impedia de acreditar nas pessoas. A característica ambígua do papel complementar interno patológico de proteger e desqualificar o cliente gerou nele, também, uma ambiguidade, uma comunicação dupla, quando, por exemplo, desejava a Psicoterapia, mas resistia fortemente ao tratamento, desqualificando-o e evitando se expor.

O cliente dizia não confiar em mim, tentava controlar as regras das sessões, evitava expressar suas dificuldades e emoções, permanecia longo tempo em silêncio, negava seguir os comandos das dramatizações, mas, contraditoriamente, reconhecia sentir-se melhor com a psicoterapia. Aqui, a cotransferência foi trabalhada reportando o que ocorria no vínculo terapêutico para as dinâmicas dos vínculos sociais do cliente e expressando meus sentimentos e pensamentos, em alguns momentos, sobre a desconfiança do cliente ou sobre sua rebeldia contra a psicoterapia.

Tratava-se, pois, de um cliente que usava da agressividade indiferenciada ao ter uma modalidade vincular sistemática e controladora, demonstrar rigidez na resistência à ajuda e se apoiar existencialmente no superdesenvolvido papel profissional, a maior referência de sua vida.

Por meio dessas características, John tentava buscar algum referencial coerente de identidade, mas não conseguia fluir criativamente nos vínculos. Ele percebeu que construía a autoimagem de ser bonito para não sentir a dor resultante da percepção da inevitável rejeição do outro, relacionada ao seu aspecto físico.

Os sentimentos ambíguos do cliente, ou seja, os desejos de se relacionar com confiança e o desprezo do afeto do outro, faziam-no entrar em contato com o medo da perda e o de ser dominado por sentimentos de tristeza e abandono. O seu papel complementar interno patológico também foi internalizado nas situações ambivalentes, em que não lhe davam a segurança afetiva de ser querido, apesar de ser muito feio e protegido das rejeições, em virtude da aparência.

Observa-se, ainda, na agressividade indiferenciada, a rigidez na vivência de alguns papéis sociais ou de papéis imaginários, como uma tentativa de anulação do papel complementar interno patológico. A pessoa pode se cristalizar na imaginação de viver o papel de "Tiradentes" e se denominar o grande salvador de todos os brasileiros. Ou, no convívio social, ela pode desempenhar ritualisticamente, com sistematização e perfeccionismo, o papel profissional, visando ao controle dos obstáculos, àquele papel e à segurança do domínio sobre as situações que o envolvem.

A modalidade vincular afetiva dessas pessoas em geral bloqueia a realização dos múltiplos projetos dramáticos presentes nos vínculos, pois as situações novas lhe geram pânico. Nas situações de grande tensão, a pessoa pode desenvolver fantasias que lhe tragam alguma potência megalomaníaca ao eu: "Sou o rei dessa história, conseguirei resolver qualquer problema aqui!", ou fantasias relacionadas à destruição do eu: "Há muitos monstros que podem me atacar! Minha cabeça está cheia de bicho que come meu corpo..."

Na agressividade indiferenciada, os aspectos internalizados do vínculo conflituoso se associam à dinâmica dos pensamentos e da fantasia, acarretando alienação, profundo distúrbio na percepção e na interpretação de si e do outro, bem como comprometendo a diferenciação entre a fantasia e a realidade. Nesses casos, preponderam os pensamentos obsessivos e os rituais compulsivos, com as condutas conservadas de isolamento, controle, rituais e sistematização para se manter coerente com algum referencial mínimo de identidade.

A pessoa evita os grupos, pois eles envolvem o desempenho de muitos papéis e a realização de múltiplos projetos dramáticos, com o enfrentamento de situações novas e imposições de resistências, o que lhe causa ameaça ao eu e uma angústia incontrolável.

No vínculo (ou no grupo) em que as pessoas se reforçam na modalidade da agressividade indiferenciada, o coconsciente e o coinconsciente podem conduzir à dinâmica vincular da evitação da intimidade, do constante afastamento de situações que gerariam tensões vinculares ou da alienação do grupo.

## AGRESSIVIDADE E CRIATIVIDADE

As três modalidades vinculares relacionadas à agressividade acima descritas acarretam distúrbios na personalidade e geram perturbações nos vínculos. As pessoas podem experimentar todas as modalidades, dependendo do momento. No entanto, observamos que há o predomínio de uma modalidade relacionada a lógicas afetivas de conduta e características de papéis, resultantes de suas histórias de vida.

No entanto, reforçamos que a agressividade é, também, uma força que promove a proteção e a integração da psique. Ela pode ser adequadamente direcionada para controlar o papel complementar interno patológico e diminuir seu impacto sobre o eu. Assim, agressividade se alia à espontaneidade-criatividade e libera a expressão do *self* resultando na assertividade. A agressividade se torna um impulso vital, associado a sentimentos e estados emocionais, entre eles a autoconfiança, a autoestima, a segurança, os quais favorecem a luta da pessoa pela sobrevivência emocional no sentido da sua realização nas várias dimensões de sua vida e nos vínculos.

No vínculo, quando as pessoas atuam com alguma das modalidades vinculares de agressividade, elas serão ou não reforçadas, gerando dinâmicas vinculares. Ocorrerá daí uma trama oculta que trará um conflito, favorecendo ou não a assertividade.

As pessoas articulam os projetos dramáticos, as lógicas afetivas de conduta e as condutas conservadas com o objetivo preponderante de viver a afetividade e a produtividade do vínculo, sentindo-se equilibradas e realizadas em seus potenciais criativos.

A Sociatria, ou o tratamento das relações e dos grupos, tem, também, o objetivo de redirecionar a agressividade, canalizada na sociodinâmica como expressão da autodestruição, destruição dos indivíduos ou indiferenciação, para a cocriação.

Por fim, nosso espelho continuará a declarar as verdades tristes sobre nós e não negaremos a dor e a fúria que isso nos causa. Mas, no reino do autoconhecimento, do aprendizado emocional e dos papéis, serão essas verdades, revividas de formas edificantes, que nos libertarão daquilo que prende nossa essência humana criadora...

# 5
# UMA VISÃO SOCIONÔMICA DAS RELAÇÕES DE PODER

Nelly sabe disso, claro que sabe, e, ao oferecer as peras, lembra Virgínia de que ela, Nelly, tem poder; que conhece segredos; que rainhas que se importam mais com resolver enigmas em seus aposentos do que com o bem-estar do seu povo têm de aceitar o que recebem.

MICHAEL CUNNINGHAM

**A Socionomia, ciência** que estuda as articulações entre o individual e o coletivo, criada por Moreno (1974), nos revela a luta cotidiana pela sobrevivência biopsíquica, social e espiritual, repleta de interesses, expectativas, desejos, vontades e necessidades. Nossos desejos ou necessidades de sermos reconhecidos e escolhidos, de receber amor, admiração e aceitação, de pertencer a um grupo, de obter atenção e respeito, de conquistar, de seduzir, de encantar, de ter conforto, de adquirir segurança, de realizar e de criar darão vitalidade ao desempenho dos papéis sociais e dinamizarão nossos vínculos.

Essas vitalidades provêm do aprendizado emocional que torna a afetividade o *status nascendi* do processo transferencial. Mas na luta pela sobrevivência emocional e na competição sociométrica forças psíquicas e interpsíquicas interagem com a afetividade, originando as dinâmicas de poder nos vínculos. O próprio nome "luta" pressupõe relações de poder, nas quais ou ganhamos ou perdemos afetivamente. A Socionomia lança um olhar especial para as relações de poder, para as dinâmicas de poder nos vínculos e nos grupos.

A Sociatria, para Moreno, busca exercer a função sociopolítica revolucionária na sociedade, ao formar um exército invisível de terapeutas socionomistas, implementador de uma nova ordem terapêutica mundial. Em sua concepção, a nova ordem terapêutica superaria o comunismo e o capitalismo, tornando os grupos sãos, com indivíduos sãos, por intermédio de tratamentos sociais.

Com o objetivo de alcançar a eficácia da prática sociátrica, a ciência socionômica também estuda os mecanismos de poder, diluídos no campo social, que interferem nos indivíduos, no vínculo e nos grupos (Nery, 2010). O desenvolvimento ou a origem de novos papéis sociais depende, além de alguns fatores já expostos neste livro, do exercício de algum tipo de poder no estabelecimento do vínculo.

O exercício do poder ocorre mediante múltiplas dinâmicas vinculares formadas por condutas: de autoridade, de domínio, de comando, de liderança, de vigilância e de controle de uma pessoa sobre outra, que se comporta com dependência, subordinação, resistência ou rebeldia. Tais dinâmicas não se reportam apenas ao caráter negativo do poder, de opressão, de punição ou de repressão, mas também ao seu caráter positivo de disciplinar, controlar, adestrar, aprimorar, que, segundo Foucault (1985), gera a produção do saber, a instituição, a individualidade.

Segundo o autor, o poder em si não existe, não é um objeto natural. O que existem são relações de poder heterogêneas e em constante transformação. O poder é, portanto, uma prática social, constituída historicamente. Essa concepção nos ajudará na avaliação das dinâmicas, das aprendizagens e das práticas de poder no vínculo, o nível molecular e mais elementar de seu exercício. Quando falamos em "poder" de um indivíduo sobre outro, trata-se de um conjunto dinâmico e contraditório de condutas relacionadas às práticas de poder, que são constantemente transformadas.

Na rede social, as dinâmicas de poder não têm barreiras ou fronteiras: nós as vivemos a todo momento. Consequentemente, podemos ser comandados, submetidos ou programados num vínculo ou comandá-lo para a realização de sua tarefa e, assim, vivermos um novo papel social, que nos faz complementar, passivamente ou não, as regras políticas da situação em que nos encontramos.

Foucault (1985) realizou a análise genealógica de um tipo específico de poder, o poder disciplinar, que tem como características a organização do espaço, o controle do tempo, a vigilância como instrumento de controle e o registro contínuo do conhecimento. Sua conclusão foi de que da disciplina emerge, de uma massa desordenada, o indivíduo como alvo de poder. Assim, a ação sobre o corpo, a regulação do comportamento e a interpretação do discurso originam a figura individualizada do homem como produção do poder e objeto do saber.

O autor estuda outros tipos de poder, como o "biopoder", que, com seus dispositivos peculiares – cujas características principais são a regulação dos grupos e os mecanismos de segurança da vida –, transfere as estratégias e táticas do poder para os dispositivos da sexualidade, para o controle da população, produzindo novos saberes. Saber e poder se implicam mutuamente, um constituindo, reconstruindo e assegurando a existência do outro.

Por essa análise, considero que as dinâmicas de poder, compostas fundamentalmente de condutas de domínio, subordinação, resistência, força, dependência, independência e sobrevivência, constituem um dos pilares do surgimento e do desenvolvimento de nossos papéis sociais, redimensionando a nossa individualidade e o nosso "eu".

A formação do eu também é resultante da organização de condutas e de elementos afetivos, históricos, culturais e cognitivos que estavam dispersos ou confusos em nós, no vínculo ou no grupo. Então, estabelecemos um vínculo quando esses elementos, em estado caótico, se confluem dentro de papéis sociais. Essa confluência se deve, entre outros fatores, às dinâmicas de poder quando ora uma pessoa ora outra domina o contexto e fomenta a complementação dos papéis. Nesse momento, reencontramos o "eu", em algum papel social, reorganizado num espaço, num tempo e num contexto específicos, como o papel de médico, de líder, de associado, de doente mental ou de presidiário, que estava, histórica ou culturalmente, disperso no meio social.

Entretanto, as relações de poder continuarão reestruturando os vínculos e os papéis sociais, gerando as produções materiais ou intelectuais, dispositivos sustentadores de seu *status quo*. Além disso, há intenso interjogo entre afetividade e poder, interferindo inclusive nas relações amorosas (Echenique, 1992; Gaiarsa,1986). Tentaremos, aqui, realizar uma descrição da ocorrência das dinâmicas de poder no campo vincular, promotoras das complementações de papéis, dos conflitos e das conquistas pessoais e interpessoais.

Acreditamos que a compreensão das dinâmicas de poder no microcosmo vincular pode contribuir para o estudo das relações de poder em outros níveis, como o grupal, o institucional e o estatal. Essa compreensão também poderá ser uma ferramenta política para o trabalho terapêutico das próprias dinâmicas de poder.

Ao longo do texto, explicitaremos seis instâncias relativas às dinâmicas de poder nos vínculos, detectadas na observação da prática sociátrica e do cotidiano. Tais instâncias se interferem mutuamente.

- *Primeira instância – refere-se ao estabelecimento dos vínculos simétricos e assimétricos e aos conflitos derivados da legitimação da pessoa que detém, no vínculo, em algum momento, a posição de força na relação de poder.*
- *Segunda instância – refere-se à interpsique (resultante dos estados coconsciente e coinconsciente) que contradiz as práticas de poder nos vínculos.*
- *Terceira instância – refere-se aos vínculos "latentes" possibilitados pelas complementações de funções e de características de papéis revitalizadoras das dinâmicas de poder.*
- *Quarta instância – refere-se aos dispositivos e aos recursos de poder que podem ser utilizados nos vínculos.*
- *Quinta instância – refere-se à interferência da afetividade nas relações de poder.*
- *Sexta instância – refere-se à conexão das dinâmicas de poder do microcosmo do vínculo com o macrocosmo da sociedade e vice- -versa, possibilitada pelos estados coconsciente e coinconsciente.*

Descreveremos as dinâmicas de poder, suas instâncias, origens e influências no estabelecimento e na manutenção dos vínculos.

## PRIMEIRA INSTÂNCIA RELATIVA ÀS DINÂMICAS DE PODER NOS VÍNCULOS – VÍNCULOS SIMÉTRICOS E ASSIMÉTRICOS

As dinâmicas de poder, um dos fundamentos dos papéis sociais, geram dois tipos básicos de vínculo: o assimétrico e o simétrico. O vínculo assimétrico envolve papéis sociais que delimitam diferenças de *status* socioeconômico, psíquico e cultural ou de funções entre os indivíduos. Nesse vínculo, a sociedade reconhece as pessoas desempenhando papéis e papéis complementares que se relacionam com as condutas de autoridade e de subordinação ou dependência, como, por exemplo, os papéis sociais pai/filho, prefeito/cidadão, coordenador/membro do grupo, diretor/funcionário, médico/paciente.

O vínculo simétrico envolve condutas relacionadas a alguma equivalência de poder socioeconômico, psíquico e cultural ou de funções entre os indivíduos: os papéis sociais de namorados, colegas de trabalho, de profissionais de uma classe, membros de uma associação, de vizinhos. Nesses papéis as igualdades de condições experimentadas psicológica e socialmente possibilitam interações que viabilizam algum tipo de mutualidade nas práticas do poder.

Portanto, *a priori*, para a sociedade, os mecanismos de poder pertencem aos papéis sociais de hierarquia superior, como os de herói, político, chefe, professor, salvador, mestre, pai, mãe, pois tais papéis envolvem condutas de domínio e de controle de uma pessoa sobre a situação, sobre o vínculo ou sobre o grupo. No entanto, as relações de poder exigem o reconhecimento social da pessoa que tem autoridade, mediante a confluência de suas ações de domínio ou de controle com as ações da(s) pessoa(s) com quem se vincula.

Nesse momento, encontramos a primeira instância relativa às dinâmicas do poder: a legitimação da pessoa que tem autoridade em um vínculo assimétrico. Nessa instância, muitos conflitos podem surgir, por exemplo, quando: as pessoas que estão no papel complementar não reconhecem a legitimidade da que está no papel de hierarquia superior; a pessoa que está numa classe superior sofre vários bloqueios emocionais que a impedem de exercer suas estratégias de poder, mesmo sendo legitimada; algumas dinâmicas vinculares de poder da pessoa legitimada, como tirania, absolutismo, omissão ou ambivalência, podem perturbar a ação dos subordinados.

## SEGUNDA INSTÂNCIA RELATIVA ÀS DINÂMICAS DE PODER NOS VÍNCULOS – INTERPSIQUE

A complementaridade dos papéis é ainda mais complexa, pois os estados coconsciente e coinconsciente produzem várias dinâmicas vinculares de poder surpreendentes e conflitantes, dentro do que é socialmente estabelecido como vínculo assimétrico ou simétrico. Nesse sentido, os dinamismos, psíquico e interpsíquico, relacionados às práticas de poder nos vínculos, geram condutas e estados emocionais que podem acarretar, inclusive, uma "inversão" de poder num vínculo assimétrico ou a experiência de uma "hierarquia" radical num vínculo simétrico.

Na segunda instância relacionada às dinâmicas de poder, a interpsique dá vida aos vínculos estabelecidos, sejam simétricos ou assimétricos, gerando contradições e recriando suas práticas de poder. Ela nos faz inferir que todo vínculo é assimétrico e existem alguns potencialmente simétricos, pois os estados coconsciente e coinconsciente produzem a intercambialidade nas posições de poder.

As dinâmicas de poder também ajudam a consolidar a diferenciação entre a fantasia e a realidade e as distinções entre o eu e o outro. Nessas experiências, a afetividade fornece os elementos necessários ao surgimento de vários projetos dramáticos, que são o conjunto de desejos, necessidades, expectativas e objetivos vividos nas relações.

Nessa instância, as contradições relativas às trocas de conteúdos atitudinais, comportamentais e de realização de projetos dramáticos podem ocasionar exercícios de poder destrutivos.

## TERCEIRA INSTÂNCIA RELATIVA ÀS DINÂMICAS DE PODER NOS VÍNCULOS – VÍNCULOS "LATENTES"

As dinâmicas de poder influenciam as experiências dos projetos dramáticos, acarretando ou não a atualização de vínculos "latentes" dentro do vínculo atual. Os vínculos latentes são derivados das complementações de características ou de funções de papéis, com lógicas afetivas de conduta, ou seja, com as impregnações afetivas que nos impulsionam para a busca da homeostase sociopsíquica.

Os vínculos "latentes" ocorrem quando um contexto vincular, inserto nos estados coinconsciente e coconsciente, possibilita a expansão de numerosas funções de papéis contidos em nossa personalidade. Os estados coconsciente e coinconsciente podem, em algum momento, dinamizar um vínculo, por exemplo, o de médico/paciente, ao favorecer-lhe condutas de papéis "latentes" como o de amigos, reorganizando sua dinâmica de poder.

O fator tele é o catalisador dessas complementações, pois, em determinado momento, ele viabiliza a confluência de percepções, a coerência de condutas, a realização ou a reformulação dos projetos dramáticos no vínculo e possibilita a cocriação.

Os vínculos latentes, desempenhados por meio das diversas funções e características de papéis contidas em nossa personalidade, nos reportam à terceira instância relativa às dinâmicas de poder. O exercício do poder trará os conflitos ou a cocriação, segundo os projetos dramáticos que possibilitam a complementação de características e de funções de papéis geradores de vínculos "latentes".

## QUARTA INSTÂNCIA RELATIVA ÀS DINÂMICAS DE PODER NOS VÍNCULOS – DISPOSITIVOS DE PODER

No campo vincular, observamos dispositivos ou recursos de poder relacionados a diversos setores da vida. Temos, por exemplo, o dispositivo de poder financeiro, profissional, do saber, do *status* sociométrico (posição afetiva do indivíduo em um grupo), da dinâmica da personalidade (características de papéis que contribuem para as estratégias de poder de um indivíduo em dada situação), do gênero, do *status* social e cultural. Esses dispositivos revitalizam conteúdos (como os papéis "latentes") do coconsciente e do coinconsciente.

Cada dispositivo de poder promove uma competição peculiar no campo vincular. Na dimensão afetiva, observamos a competição sociométrica, que gera a luta de quem é, de quem pode ser ou de quem será o mais querido, o mais requisitado, o mais admirado do vínculo (ou do grupo).

Encontramos a quarta instância relacionada às dinâmicas de poder, na qual os dispositivos de poder que ora um indivíduo usufrui ora o outro, num vínculo, podem acarretar conflitos ou resoluções. Por exemplo, uma pessoa pode usar o dispositivo cultural para subjugar a outra, que, por sua vez, tenta se "vingar" ou se "compensar", na relação, com o dispositivo financeiro.

## QUINTA INSTÂNCIA RELATIVA ÀS DINÂMICAS DE PODER NOS VÍNCULOS – AFETIVIDADE

As dinâmicas de poder são inerentes aos vínculos e participam de sua constituição. Nesse sentido, elas estão presentes desde a concepção da criança, influenciando seu desenvolvimento biopsíquico e social.

Quanto à aprendizagem do exercício de poder, Bustos (1988) ampliou o conceito de cacho de papéis, denominando-o de *cluster*, ou as pautas de condutas aprendidas nas vivências das primeiras hierarquias. Na matriz de identidade, a criança também aprende a especificidade do desempenho de seus papéis dentro da experiência da assimetria ou da simetria dos vínculos.

Para o autor, o *locus nascendi* dos vínculos assimétricos está nos vínculos paternal e maternal. O vínculo maternal, ou *cluster* 1, padronizará a modalidade vincular relacionada aos papéis passivos, que contém condutas de incorporação dos conteúdos do outro e de dependência. O vínculo paternal, *cluster* 2, produzirá a aprendizagem dos conteúdos relacionados ao papel ativo, que contém condutas relativas ao domínio, ao controle de uma situação e à independência.

O *locus nascendi* dos vínculos simétricos são os fraternais e de amizade ou *cluster* 3. A vivência desses vínculos na matriz de identidade propiciará o aprendizado de condutas e da afetividade, associadas ao papel interativo, que promove a distribuição do poder.

Embora essa concepção da aprendizagem das modalidades vinculares nos apresente as funções biológicas e sociais dessas interações, ela corre o risco de nos prender a um sexismo, por ser eminentemente determinista e excluir as contradições geradas pelos estados coconsciente e coinconsciente. Esses estados nos fazem deduzir um contínuo aprendizado de diversas modalidades vinculares de poder, que possa incluir a atividade, passividade e interatividade em qualquer vínculo social da criança e do adulto.

Por exemplo, em algum momento, a mãe (ou a responsável) pode estimular a conduta de independência e o pai (ou o responsável) pode reforçar condutas de subordinação do filho. E, num vínculo simétrico, o irmão mais velho pode se submeter ao controle do mais novo ou, em uma brincadeira com os amiguinhos, a criança pode incorporar uma conduta de hierarquia ao exercer um papel de comando sobre o outro.

A aprendizagem dos primeiros vínculos se fundamenta na necessidade de sobrevivência física e emocional por parte da criança, que, por isso, "legitima" o poder do adulto sobre ela. Portanto, a assimetria pai-mãe/adulto-filho/criança é inevitável. Obviamente, o pai, a mãe ou o adulto responsável, *a priori*, tem mais dispositivos de poder no vínculo, pois aqueles "já estão" nos seus espaços, são "donos de um saber", possuem, em relação à criança, alguma "maturidade psíquica" e são "responsáveis" pela "vida" do filho, ou da criança, protegendo-o e fornecendo-lhe alimentos, tanto para o corpo como para a psique.

O filho experimenta afetivamente essa assimetria na dependência, ao buscar a proteção e a segurança básica; na sensação de desintegração ou de integração do "eu", mediante a presença ou a ausência dos pais; e na angústia existencial provocada pela sensação de ser incompleto.

Pela condição de dependente, o filho é obrigado a "delegar" aos pais os mecanismos de poder para lhes transmitir muitas pautas de condutas. Ao usufruir desses mecanismos, alguns pais podem, segundo o coconsciente e coinconsciente, tentar realizar projetos dramáticos, não vividos em outros vínculos de suas vidas, forçando os filhos a desempenhar algumas funções de papéis.

Assim, as dinâmicas de poder de alguns pais podem forjar, em determinados momentos, os papéis latentes dos filhos, tais como o de "escravos", "reis" ou de "objetos" para que sejam bodes expiatórios para suas frustrações, lhes deem *status* social ou realizem algum desejo.

Por meio dos vínculos latentes, pais e filhos reforçam mutuamente muitas características de papéis: do ousado, do passivo, do aproveitador, do esperto, do perspicaz, do medroso, do tirano, promotoras de experiências afetivas que reconstroem suas modalidades vinculares relativas ao poder. Muitas dessas experiências podem favorecer a incorporação de aspectos do vínculo conflituoso (conjunto formado pelo papel complementar interno patológico, pela criança interna ferida e pela dinâmica entre eles).

As aprendizagens, emocional e dos papéis, sofrem influência das dinâmicas do poder nos vínculos, e os estados coinconsciente e coconsciente podem contradizer as dinâmicas dos vínculos assimétricos ou simétricos. Uma das características da sociopatia, por exemplo, é constituir-se numa forma invertida de usar os mecanismos de poder, pois o perverso tenta ser o herói. Ao se conduzir contra as normas e a ética, afrontando a integridade sociopsíquica do outro, o perverso exerce o poder pela força da sedução, pelo temor, pela hipocrisia, pela violência física ou psíquica e pelo descaso às consequências de sua conduta. Observa-se, no papel do perverso, a necessidade de encontrar alguma canalização para sua agressividade, tentando, a qualquer custo, realizar um projeto dramático de ser o "herói", reconhecido socialmente por seus atos, mesmo que estes sejam destrutivos.

Da minha prática psicodramática, trago um exemplo das relações de poder que ocasionaram algum dano sociopsíquico. A cliente Maria foi convidada por Sônia, diretora de uma empresa, para ser supervisora numa seção de implementação de projetos. Sônia a admirava em seu desempenho profissional e articulou seu processo de contratação. Maria foi contratada pela empresa, mas permanecia numa mesinha na secretaria de atendimento ao público, incumbida de tarefas pertinentes a essa área.

Alguns meses depois, a cliente reivindicou suas funções de supervisora, o que foi aceito pela diretora. Mas, no dia seguinte, novamente as tarefas de atendimento ao público lhe foram solicitadas. Inconformada, Maria registrou queixa à presidência da empresa, a qual lhe respondeu que, infelizmente, naquele momento não poderia ajudá-la.

Os membros da diretoria decidiam seu destino, à sua revelia, e começaram a tratá-la como uma funcionária qualquer, dando-lhe atribuições administrativas. Maria adoeceu, adquiriu gastrite, deprimiu-se e pensou obsessivamente em se atirar debaixo de algum carro.

Em desespero, disse: "Desejei me matar... para que eles se culpassem ou me chamassem de doente mental. Se não valorizavam minha capacidade, minha inteligência e meu trabalho, nada mais restava para mim..."

Para se proteger desses pensamentos, a cliente faltava ao trabalho e se isolava.

Seus sentimentos trouxeram-lhe a lembrança de uma reunião com os colegas. Na dramatização dessa cena, Maria furiosamente expressou seu ódio, seu desejo de comandá-los e de ter liberdade de ação. Mas, instantaneamente, se conteve e declarou-me que isso era uma ilusão, pois eles a desprezavam.

Em outras sessões, ela expressou: "Sinto-me totalmente impotente como minha mãe". A mãe era considerada uma fracassada, deprimida, acomodada, sem iniciativa e sem vida. Maria evitava se identificar com ela.

Em uma sessão, ao observar a sua cena, na qual ela expressava o medo da depressão e lutava desesperadamente para ser a melhor no seu trabalho, ela se posicionou ao lado da Maria em cena e lhe disse: "Faz parte da vida se entristecer... Você pode ser frágil e não será como sua mãe... isso não quer dizer ter de morrer". Então, a abraçou e chorou demasiadamente, expressando sua dor.

Nesse caso, Maria sofreu conflitos relativos a certas instâncias das dinâmicas de poder: no papel social de supervisora, o grupo do trabalho não a legitimou; no aprendizado de dinâmicas vinculares referentes ao poder, com o complementar interno patológico (a imagem temida da mãe fracassada), gerou-se a depressão. Na ocasião, manifestava as lógicas afetivas de conduta: "Ninguém me valoriza, vou me destruir na impotência". E tentou condutas desafiadoras ao visitar cachoeiras, locais até então mais temidos por ela, com as lógicas: "Tenho de enfrentar o que mais temo para me sentir vitoriosa!", "Se tiver sucesso, vou me reerguer!"

Maria lutava pelo resgate de sua sustentação egoica alicerçada no papel profissional. Em nível coinconsciente, conjecturamos que seu projeto dramático latente, de ser a melhor entre os supervisores, despertou-lhe condutas que mobilizaram as resistências de seus colegas de trabalho, pois lhes trouxeram a ameaça ao *status quo* dos mecanismos de poder naquele contexto.

Observamos aqui a interferência das dinâmicas de poder na afetividade: Maria se aceitava e sentia a aceitação do outro no papel da "superprofissional" (referencial de sua sobrevivência sociopsíquica). Ao sofrer os obstáculos do meio em relação à sua "potência" no mundo, viveu uma sensação de desintegração ou um desejo de se desintegrar. Contudo, esses extremos existenciais impediam a sua homeostase sociopsíquica, tanto almejada.

Os clientes, quando exercem papéis de subordinação, nos vínculos assimétricos atuais, tendem a repetir as condutas aprendidas nos vínculos assimétricos da matriz de identidade. No entanto, suas condutas em papéis simétricos, ou em papéis nos quais exercem alguma autoridade, nos vínculos assimétricos, tendem para características de papéis que mudam suas modalidades vinculares relativas ao poder.

Focalizemos, por exemplo, o cliente Wilson, que, em várias experiências de sua matriz de identidade, aprendeu a ser o filho, o sobrinho ou o neto "bonitinho", "obediente", "manso", "certinho", com a conduta de agradar aos outros, que lhe estimulava a autoanulação, mas o compensava afetivamente, pela admiração de várias pessoas. Ele relata, com alegria, o desejo das pessoas de tê-lo sempre em suas casas, os elogios, as comparações positivas dele em relação às outras crianças e o fato de sua mãe, abandonada pelo pai, delegar-lhe o papel de tutor dos irmãos, por ter condutas exemplares.

Wilson tende a demonstrar essas características de papel nos vínculos assimétricos, ao exercer o papel de aluno ou de empregado. No trabalho, uma ansiedade o domina, forçando-o a realizar as tarefas o mais perfeitamente possível; sente muita culpa quando se atrasa e não consegue se aliar aos colegas para reivindicar seus direitos trabalhistas, temendo perder o *status* do mais comportado e eficiente. Mas, no vínculo fraternal, ele se define "injusto" e "vilão", por criticar e maltratar o irmão.

Dramatizamos uma cena na qual Wilson sente culpa pela fuga do irmão de sua casa. No último encontro com ele, disse-lhe:

– Você só olha para o teto, seu vagabundo! Não vê que nossa mãe está no hospital e precisa de ajuda? Você é um banana, um omisso! Vá agora para o banco pagar estas contas! Cuida desta casa que está uma bagunça! Não aguento mais dar conta de tudo!

O irmão lhe respondeu:

– Para com isso! Quem você pensa que é? Meu pai? Que droga! Vá à merda!

Quando Wilson observou a cena, disse-me:

– Eu pareço um tenente, querendo comandar meu irmão. Sou muito diferente no trabalho ou com a mamãe.

Perguntei-lhe:

– O que o faz agir assim com seu irmão?

– Já cansei de ser realmente um pai para ele e para os outros! Esse pai imposto só atrapalhou! Eu queria ser apenas o irmão deles... e não ter nenhuma responsabilidade! Que droga! Mas sempre assumi o que não é meu!

Ao voltar para a dramatização, a realidade suplementar propiciou-lhe o refazer de sua experiência fraternal e lhe favoreceu uma reorganização emocional e de conduta. Expressou seus sentimentos e expectativas e afirmou que confiaria no outro, pois não queria pesos que não eram seus e merecia usufruir os prazeres da vida.

Wilson também tinha fantasias de ser um esposo "violento e bruto". Em uma sessão, dramatizamos a fantasia de que ele prendia a esposa em casa, tornando-a sua prisioneira e obrigando-a a ouvi-lo. Nos comentários, após a dramatização, contou-me que experimentou uma grande sensação de alívio e se perguntou: "Poderei me expressar com segurança, sem precisar prender quem estimo?"

A mudança nas dinâmicas de poder, seja na fantasia seja na realidade, ou no campo psicodramático, estimula a resistência à mudança, a ansiedade e a culpa do cliente. São reações naturais, pois ele tem a referência da aprendizagem das características de ser obediente e de se autoanular, no vínculo assimétrico, uma modalidade vincular que lhe garante alguma homeostase psíquica.

No cotidiano, porém, a culpa não o impede de tentar compensar seu desequilíbrio psíquico com experiências ou fantasias que lhe permitem viver, em vários graus de consciência, características de papéis "proibidas" em relação ao vínculo assimétrico, deslocando sua agressividade para outros vínculos, principalmente simétricos.

Além das compensações nas relações de poder, propiciadas pelos estados coconsciente e coinconsciente, observamos, ainda, que as dinâmicas de poder interferem e sofrem interferências das atrações entre as pessoas para a realização de projetos dramáticos.

A atração é resultante do fator tele, que é eminentemente afetivo, constituído pela mutualidade na aceitação do outro para a realização de uma tarefa, pela satisfação da necessidade de se sentir existindo ou da expectativa de desenvolvimento psicossocial. Na sociometria cotidiana, somos impulsionados a escolher as pessoas, entre outras razões, quando se torna iminente a possibilidade de atualização de características de papéis sociais latentes ou de projetos dramáticos liberadores de nossos potenciais criativos em todas as circunstâncias da existência.

Tomemos, em particular, o exemplo do vínculo amoroso. Aqui, um olhar pode fazer emergir projetos dramáticos, minimizadores do sofrimento dos indivíduos, este provocado pelos papéis "latentes" ou pelas funções de papéis reprimidas na personalidade, que exercem pressão para ser vivenciadas. O vínculo amoroso é, pois, um dos que mais permitem a exploração da personalidade, pela recriação ou pelo reforçamento das condutas conservadas: sob o jugo da ação do outro, o eu se experimenta como herói, santo, medíocre, bandido, juiz, sedutor, deus; e sob o jugo da ação da pessoa o outro continuará ou não complementando suas respectivas funções de papéis.

As necessidades e os desejos que geram a atração são componentes afetivos do fenômeno tele. Na sociometria dos vínculos amorosos, as pessoas usam suas dinâmicas de poder, relacionadas a condutas que envolvem controle e vigilância do outro, tais como: marcar encontros, fazer ligações, fiscalizar a presença, manter a atenção, seduzir, sustentando ou não suas escolhas do parceiro amoroso.

O vínculo amoroso é um vínculo potencialmente simétrico, passível de receber transformações sempre. Há momentos em que a paixão fomenta a indiferenciação do vínculo: um vive porque o outro vive, e as pessoas experimentam funções ou características de papéis que trazem a sensação de completude.

Mas o cotidiano traz outros contextos para o vínculo do casal, como o doméstico, o social e o profissional, que incitam várias dinâmicas vinculares relativas ao poder. Nesse sentido, os parceiros se surpreenderão, se frustrarão ou irão se admirar ao experimentarem os outros contextos exigidos pelo vínculo do casal. No trânsito, por exemplo, o namorado pode tornar-se um "instrutor" que transmite uma superioridade em relação ao papel de motorista, reforçada culturalmente, e, assim, atuar sendo complementado pela namorada que passa a desempenhar o papel de aprendiz, mesmo já sabendo dirigir.

Portanto, o casal complementa outras hierarquias e características potenciais de papéis, como: "o líder/a comandada", "a amante ativa/o amante passivo" ou "o dono de casa submisso/a dona de casa autoritária". Essas dinâmicas de poder interferirão no desenvolvimento sociopsíquico dos envolvidos e na diferenciação do indivíduo no vínculo: um vive porque tem um eu, assim como o outro vive porque tem seu eu. A diferenciação é a base das identificações de papéis, um dos processos psíquicos mantenedores ou não dos vínculos.

Nos estados coconsciente e coinconsciente, a afetividade pode encaminhar as dinâmicas de poder no sentido da realização dos potenciais criativos dos indivíduos no vínculo, da anulação de seus potenciais ou de sua robotização. A afetividade que direciona as dinâmicas de poder no sentido da cocriação promove as atividades, tarefas ou os conhecimentos impulsionadores do crescimento humano. Aqui, o destemor da perda da posição de poder e o destemor à autoridade podem produzir práticas democráticas, incentivadoras da independência e da confiança entre os indivíduos no vínculo.

A afetividade que influencia as dinâmicas de poder, no sentido da anulação dos potenciais do indivíduo, torna-o alienado, massificado ou produtivo, segundo o interesse ou a necessidade daquele que possui os dispositivos de poder. Observam-se então condutas relacionadas à ditadura, mediante métodos e mecanismos de punição, repressão, adestramento, vigilância e ameaças ou danos à integridade do indivíduo, física, psíquica, econômica ou social. A afetividade também direciona as práticas de poder sub-reptícias e sutis que utilizam dispositivos políticos ou técnicas de dominação subjugadoras do outro, do seu corpo e de sua espontaneidade-criatividade, tornando-o repetidor de condutas mantenedoras de um *status quo* relacional e psíquico prejudicial aos indivíduos do vínculo.

Aqui, encontramos a quinta instância relacionada às dinâmicas de poder, na qual a afetividade interfere em suas consequências nos vínculos. Entre os vários sentimentos que favorecem o desenvolvimento psicossocial dos indivíduos, destacamos o sentimento do amor. Esse é a base da ética, da solidariedade e das dinâmicas de poder que visam à cocriação nos vínculos. Ele nos faz ver que, no vínculo pai/filho, o filho também pode ser legitimado em sua "autoridade", por fazer emergir o papel de pai, fazer surgir o vínculo paternal, trazer ao adulto as revivências de seu papel de filho, as inversões de papel com seu próprio pai e a reconstrução psíquica do arquétipo Pai.

O desempenho do papel de pai ou de mãe, aprendido existencialmente com o filho, oferece aos adultos a oportunidade da redescoberta e da experiência de novas e importantes dimensões de sua personalidade. Essa dinâmica de poder no vínculo pai/filho devolve ao filho o seu lugar na história, como ser criativo, digno e ator do processo histórico.

As práticas de poder desfavorecedoras da cocriação contêm as condutas relacionadas ao autoritarismo, ao absolutismo, práticas que estão imersas no sentimento do medo da perda, no desejo de domínio, sendo este a base da repressão e da sujeição do outro.

Foucault (1978) nos esclarece que o nascimento da Psiquiatria, em vez de descobrir a essência da loucura e libertá-la, radicalizou um processo de dominação do louco. O indivíduo "louco" surgiu para ser sujeitado ao "psiquiatra" e deixar de ser-lhe uma ameaça à sua própria sanidade mental, ou à sanidade da sociedade. Uma das lógicas afetivas de conduta das dinâmicas de poder pode ser: "É preciso que o outro se 'apague' para que eu emerja". Essa lógica visa impor ao subjugado o lugar de estar à margem, de não pertencer ao processo de criação ou de se sujeitar às regras da criação do outro. Felizmente, no Brasil, a lei que acaba com os manicômios, aprovada em março de 2001, contribui para a nova história da saúde mental, na qual a cidadania fundamenta as dinâmicas de poder no vínculo terapêutico.

Mas registramos que a afetividade também é vivida na agressividade que incrementa as dinâmicas de poder, na luta pela complementação de funções destrutivas de papéis ou na luta favorecedora da manifestação da espontaneidade-criatividade no vínculo.

# SEXTA INSTÂNCIA RELATIVA ÀS DINÂMICAS DE PODER NOS VÍNCULOS – INTERFERÊNCIA ENTRE MICROCOSMO DO VÍNCULO COM O MACROCOSMO DA SOCIEDADE

Segundo Naffah Neto (1979), os papéis sociais sintetizam os fatos culturais e consolidam a história. Ao considerar a função estruturante da história, o autor propõe o conceito de papel histórico, pois os papéis sociais repetem e concretizam, no âmbito microssociológico, as contradições, os conflitos e as oposições presentes nas classes sociais, retratando na peculiaridade do vínculo as dinâmicas de poder, relacionadas ao dominador-dominado.

Os fatores sócio-histórico-culturais pertencentes aos papéis sociais dinamizarão a sexta instância das dinâmicas de poder nos vínculos. Aqui, o coconsciente e o coinconsciente instigam conflitos ou o desenvolvimento interpessoal ao "concretizar" os conteúdos histórico-culturais na complementação dos papéis. Assim, o microcosmo de um vínculo refletirá o macrocosmo de um grupo, que, por sua vez, retratará o da sociedade, o da humanidade e o do cosmo, dentro de suas especificidades sociodinâmicas – e vice-versa.

Por exemplo, uma sociedade sob regime ditatorial, autoritário e de repressão social pode despertar em seus grupos e nos vínculos essas dinâmicas vinculares. Nesse contexto, um professor, ao captar o coinconsciente da sociedade, pode reprimir o potencial criativo do aluno, da mesma forma que é reprimido como cidadão pelo seu chefe de Estado.

## GRUPOS E DINÂMICAS DE PODER

Podemos compreender um pouco das dinâmicas de poder na sociedade, tendo como referência as instâncias das dinâmicas de poder nos vínculos, respeitando as especificidades socionômicas do micro e do macrocosmo. Na primeira instância, as dinâmicas de poder se referem aos vínculos assimétricos ou simétricos e ao surgimento dos respectivos papéis sociais. Em termos sociais, as dinâmicas de poder contribuem para a origem de grupos que formalizam os papéis que se encontravam "diluídos" na sociedade. Exemplifiquemos com grupos sociais que se desenvolveram ou cresceram nos últimos 15 anos: sem-terra/líder dos sem-terra, sem-terra/latifundiário, voluntário/coordenador de ONG, pesquisador/elaborador de projetos para a ONG, morador de bairro/administrador de bairro, G-8/países em desenvolvimento.

Na segunda instância, as dinâmicas de poder no vínculo são revolucionadas pelos processos interpsíquicos, o que também ocorre nos grupos. Por exemplo, em alguns momentos o líder de uma rebelião num presídio não consegue assumir seu papel e outro presidiário toma, de fato, a frente daquele processo grupal. Ainda podemos observar que alguns grupos se autodirigem, pois o coordenador não consegue assumir sua função. Entre grupos, observamos grevistas que solapam equipes de governo, ou o *Greenpeace* determinando algumas regras ecológicas de um país.

Na terceira instância, as dinâmicas de poder no vínculo são recriadas pelas complementações de diversas funções e de características de papéis. Em paralelo, um grupo social recria sua dinâmica de poder ao ter contato com outros grupos sociais ou ao confrontar os grupos hierarquicamente superiores a ele. O grupo dos sem-terra se reorganiza ou entra em conflito quando enfrenta os vários embates com o governo.

Numa quarta instância, os indivíduos no vínculo usam vários dispositivos de poder. Da mesma forma, o grupo social se desenvolve ou enfrenta várias crises internas ou intergrupais devido às experiências de dispositivos de poder distintos vivenciadas pelos membros do grupo.

A quinta instância caracteriza a afetividade nas dinâmicas de poder no vínculo. No grupo social, a afetividade incrementa os conflitos, dinamiza as batalhas, as competições, as resistências, as lutas pelos interesses, tornando o campo vincular um campo de forças, no qual a interpsique fomentará as contradições existenciais. Assim, podemos vislumbrar, na sociedade, grupos e instituições que lutam pela ética e pela dignidade humanas contrapondo-se a grupos que boicotam o desenvolvimento humano.

Moreno (1972) também concebe o processo sociométrico intergrupal, que são as atrações e rejeições entre grupos. A hierarquia socionômica seria a conquista de um grupo sobre outro em termos de expansão social e afetiva. A rejeição por pertencer a determinados grupos ou a incapacidade de um grupo de não ser atraente pode resultar em violências ou sofrimentos diversos.

A sexta instância reflete o processo histórico-cultural que permeia o vínculo. Também o grupo, por meio das várias complementações de papéis sociais, faz a história, sofre as interferências do momento histórico e mantém seu *status quo* na luta por privilégios, ou experimenta mudanças. As conservas culturais, entre elas, os rituais, contribuem para as inserções grupais e para o revigoramento dos papéis sociais.

As instâncias atuam dinâmica e dialeticamente nas práticas de poder, favorecendo a automatização do ser humano ou liberando a sua espontaneidade-criatividade. Portanto, as relações de poder na sociedade estão na base do surgimento e da organização dos papéis sociais, dos grupos, das instituições, do saber e contribuem para o desenvolvimento humano.

## SOCIATRIA E RELAÇÕES DE PODER

Segundo Foucault (1978), a Psiquiatria emergiu como um dispositivo das relações de poder na sociedade. Logo, deduzimos que a Psicoterapia e a Sociatria surgiram das relações de poder, mas esperamos justamente retirar delas os ingredientes que facilitam a cocriação. O vínculo terapêutico, ao ser assimétrico e sofrer a interferência das instâncias relativas às dinâmicas de poder, tem por objetivo contribuir para as práticas de poder edificantes.

Esse vínculo promove a (re)vivência das modalidades vinculares de poder aprendidas ao longo de suas vidas. A experiência terapêutica é uma luta carregada de afrontamentos, resistências e situações estratégicas em que ou se ganha ou se perde. Há dinâmicas relativas às dominações, às repressões, ao controle e aos limites. Porém, é no jogo de forças transformador que o vínculo terapêutico redimensionará os mecanismos de poder dos aspectos internalizados no sentido de tornar o cliente protagonista de sua história e de resgatar-lhe a força criativa e libertadora de seu *self*.

Já no campo sociátrico, podemos nos apoiar em Demo (2003), quando afirma que é preciso desenvolver a politicidade dos sujeitos, sua capacidade crítica e de confronto e ajudá-lo a desenvolver sua dignidade. Os sujeitos que enfrentam qualquer forma de dominação ou de exploração contribuem para a diminuição das injustiças e desigualdades. Nossa tarefa não é tornar o cliente dócil politicamente e superprodutivo economicamente, como a história de dominação social e cultural nos impõe (Nery e Conceição, 2012).

É importante que nossos papéis históricos (Naffah Neto, 1979) de socioterapeutas sejam carregados de criticidade; é fundamental compreendermos os mecanismos de poder sociais, em particular as ideologias capitalistas, raciais e de gênero, para que nossa prática não reproduza o *status quo* de diversos tipos de violência que vivemos.

E, no campo do "bom combate" microssociológico de meu consultório, neste momento, lembro-me de um cliente que me revelou:

– Tenho muita vontade de terminar meu casamento, mesmo amando muito minha esposa, porque me incomodo demais com nossa diferença econômica. Sinto-me muito inferiorizado e humilhado quando, no cotidiano, ela usufrui de coisas que, mesmo que eu juntasse minhas economias por vários meses, ainda não poderia usufruir. Sempre me protegi, com meu orgulho, do garoto pobre que fui... Num período de minha infância, deixei de ir à escola para impor minha frustração, pois, um dia, minha vizinha se esqueceu de me levar. Então, eu a via chateada e isso me deixava contente. Mas também ficava na frente de minha casa, sozinho e triste, olhando toda criançada ir estudar!

Estranhamente me vi dominada por uma onda de onipotência naquele momento e lhe disse:

– Enquanto você estiver refazendo seu caminho aqui, não acabará seu casamento por orgulho!

O cliente sorriu e retrucou:

Amo muito minha esposa e não quero me separar!

Então, numa breve e conhecida satisfação, me recompus e sugeri:

– Tente, agora, situar-se no papel desse garoto, no momento em que você estava na frente de sua casa. Imagine alguém vindo ajudá-lo. Quem é este alguém? Como pode ajudá-lo?

– É a minha mãe, que trabalhava em outra cidade. Ela, com muito carinho, me diz: "A vizinha já se arrependeu de tê-lo esquecido... Veja como ela está triste com sua ausência e já lhe pediu tanto para ir com ela! Vamos para a aula! Será muito legal estar na escola, brincar com os amiguinhos, vamos!" E eu vou!... Nossa, como é boa a liberdade de poder ser eu mesmo!

O fortalecimento da autoestima desse cliente contribuiu para que ele diminuísse o sentimento de inferioridade à sua esposa e convivesse um pouco mais tranquilo com a diferença econômica entre eles.

# 6
## DA CONSERVA VINCULAR

De tudo que existe, nada é tão estranho como as relações humanas, com suas mudanças, sua extraordinária irracionalidade.

VIRGINIA WOOLF

**Façamos alguns recortes** num conto de João do Rio, "Dentro da noite", de uma conversa entre dois personagens, Rodolfo e Justino:

– Foi de repente, Justino. Nunca pensei! Eu era um homem regular. [...] Ia me casar com a Clotilde. [...] E uma noite estávamos no baile do Praxedes, quando a Clotilde apareceu decotada, com os braços nus. Que braços! [...] Tive um estremecimento. Ciúmes? Não. Era um estado que nunca se apossara de mim: a vontade de tê-los só para os meus olhos, de beijá-los, de acariciá-los, mas principalmente de fazê-los sofrer. [...] meu desejo era agarrar-lhe os braços, sacudi-los, apertá-los com toda força, fazer-lhes manchas negras, bem negras, feri-los... Por quê? Não sei. [...] Agora a grande vontade era de espetá-los, de enterrar-lhes longos alfinetes, de cosê-los devagarinho, a picadas. [...] Afinal, uma outra vez, encontrei-a [...]. Não foi possível reter o desejo [...]. E dei por mim, quase de joelhos, implorando, suplicando, inventando frase [...]. Clotilde por fim estava atordoada, vencida, não compreendendo bem se devia ou não resistir. Ah! Meu caro, as mulheres! Que estranho fundo de bondade, de submissão, de desejo de dedicação inconsciente tem uma pobre menina! [...] Ela curvou a cabeça, murmurou num suspiro: "Bem, Rodolfo, faça..." [...] tirei um alfinete e enterrei-o [...] deu-me um gozo complexo de que participavam todos os meus sentidos. Ela disse: – "Mau!"

(Isso continuou por dois meses.)

– [...] sobre os meus olhos os olhos de Clotilde se fixaram enormes e eu vi que ela compreendia vagamente tudo, que ela descobria o seu infortúnio e a minha infâmia. Como era nobre, porém! Não disse uma palavra. [...] Que havia de fazer? Foi todo o dia. Não lhe via a carne, mas sentia-a marcada, ferida. Cosi-lhe os braços! [...] Que dor eu tinha quando a via aparecer sem uma palavra! Sentava-se à janela [...] hesitava, até que sem forças vinha tombar ao meu lado, no sofá, como esses pobres pássaros que as serpentes fascinam. (Moriconi, 2000, p. 44-7)

Os personagens Rodolfo e Clotilde são exemplares de um dos paradoxos que o vínculo patológico pode causar: sofrimento e prazer. Observa-se um ajuste nas condutas visando à manutenção do vínculo pela dor. A submissão de Clotilde se alia pacificamente ao sadismo de Rodolfo. Essas características são as formas pelas quais o papel complementar interno patológico se manifesta. Há a realização, por meio dos estados coconsciente e coinconsciente, de projetos dramáticos relacionados à tortura.

Esse texto retrata um vínculo patológico direto, no qual ambos reforçam suas "identidades" com os aspectos internalizados do vínculo conflituoso, e um vínculo patológico funcional, quando as possíveis lógicas afetivas de conduta – "eu a machucarei para que ela sinta mais minha presença" e "farei tudo para tê-lo próximo a mim" – encontraram sua expressão.

Podemos classificar os vínculos patológicos também como vínculos em sofrimento, não cocriativos, disfuncionais ou conflituosos. O termo "patológico" nos traz o risco de uma concepção diagnóstica, estigmatizante e anti-humanista. Porém, neste livro, ele se ajusta aos distúrbios psíquicos e interpsíquicos intensos, que prejudicam seriamente o bem estar dos envolvidos. Quando falamos em terapêutica dos vínculos (e dos grupos), inevitavelmente nos reportamos a uma patologia mental ou social, ou seja, a sintomas que provocam danos ao eu ou às relações. Logo, há necessidade de compreendermos a dinâmica e a conserva vincular que bloqueiam a cocriação e produzem sociopatologias em determinados momentos.

VÍNCULO E AFETIVIDADE – CAMINHO DAS RELAÇÕES HUMANAS

A Socionomia, mediante o determinismo operacional, o fator espontaneidade-criatividade, a fluência e a contradição das complementações de papéis promovida pela interpsique, nos adverte de que, em última instância, os vínculos patológicos não existem. O que existem são momentos em que as dinâmicas interpessoais são atingidas por conteúdos do coconsciente e do coinconsciente que perturbam o equilíbrio sociopsíquico dos indivíduos no vínculo (e no grupo). Nessas circunstâncias, na dinâmica relacional, surge a conserva vincular que se caracteriza pelas complementações de condutas conservadas dos envolvidos no vínculo que provocam graves sofrimentos.

Há conserva vincular que gera o vínculo patológico ou o vínculo em sofrimento em determinados momentos e contextos, nos quais há complementações de características e de funções de papéis que reforçam aspectos internalizados dos vínculos conflituosos. Nessas experiências as pessoas vivem estados de tensão, impedimento comunicacional e profunda angústia. Acontecem perturbações, conflitos, desencontros, encontros fracassados e vários tipos de alienação que dinamizam os distúrbios psíquicos e interpsíquicos.

Os vínculos não são exclusivamente patológicos também porque o campo vincular propicia múltiplas possibilidades de complementaridade criativa, de acordo com a gama de papéis e de suas funções pertencentes à personalidade. Há a dinâmica e a conserva vincular que permitem a expansão do *self*, a competência interpessoal, a produtividade nos vínculos, a expansividade afetiva e o desenvolvimento humano.

Explicitaremos algumas formas de manifestação da patologia vincular ou das neuroses interpessoais visando à maior eficácia no trabalho dos impedimentos à espontaneidade-criatividade e no favorecimento das forças terapêuticas dos vínculos e dos grupos.

Em vários contextos, experimentamos uma agressividade incontida, uma emoção muito intensa, bloqueadora de nossa expressão ou uma conduta que nos angustia. Nesse instante, algum sinal do ambiente, da relação ou de nós mesmos estimula o mundo interno, por intermédio das manifestações dos aspectos internalizados dos vínculos conflituosos. Esse sinal se associa ao *status nascendi* dos papéis imaginários ou das condutas conservadas em suas lógicas afetivas que desenvolveram as características de papéis.

Então, ocorre, no vínculo, a estimulação mútua do mundo interno de cada pessoa pelo coinconsciente, que reforça a destrutividade ou a cocriação. Surge a conserva vincular com seus estados emocionais, características dos papéis que contêm lógicas afetivas de conduta e mecanismos de defesa de cada pessoa, reanimada pela dinâmica relacional. Quando o coinconsciente, nesse momento, torna o vínculo patológico, há certa visibilidade da sua improdutividade, da alienação que ele produz, da angústia interpessoal e da crise insustentável.

Esses processos cotransferenciais, resultantes da estimulação mútua do mundo interno das pessoas, estão na base do estabelecimento e da manutenção dos vínculos. Em alguns momentos e contextos, favorecem a cocriação (fenômeno tele); em outros, reforçam um sentido de existência destrutivo, pois, apesar de causarem sofrimentos, garantem às pessoas a sensação de existência ou algum outro alimento psíquico. Porém, os "ganhos psicológicos", com o tempo, perdem sua força e expõem a debilidade física e mental dos indivíduos do vínculo.

Observamos em nossa prática clínica e na vida cotidiana sete formas de conserva vincular que resultam na complementaridade patológica de papéis: i) vínculo ambivalente; ii) vínculo em sofrimento sociométrico; iii) vínculo com sofrimento afetivo; iv) vínculo hierárquico destrutivo; v) vínculo patológico direto; vi) vínculo patológico reativo; e vii) vínculo disfuncional. Descreveremos, pois, a ocorrência das dinâmicas psíquicas e interpsíquicas presentes nesses vínculos:

I) O vínculo ambivalente é um vínculo transferencial, no qual o papel complementar interno patológico funciona "como se" fosse uma terceira pessoa que tenta boicotar o estabelecimento ou a manutenção do vínculo.

Por exemplo, uma pessoa desempenha o papel de "carente" com a mensagem "Preciso de afeto". O outro decodifica adequadamente a mensagem e exerce o papel de "protetor". Mas o papel complementar interno patológico da pessoa "carente", no momento da aproximação do outro, traz-lhe as seguintes lógicas afetivas de conduta: "É feio pedir, assim ele não vai gostar de você!", "Ele não é sincero, para que confiar?", "Você é forte, não precisa disso", "Ele vai abusar de sua fraqueza...", "Ele não vai admirá-la!" Tais lógicas provocam na pessoa a expressão de algo que não se coaduna com o seu papel de "carente", como afastar-se, ou a faz desempenhar inesperadamente outro papel, como o da autossuficiente, tendo, assim, uma comunicação ambivalente. Nesse momento, corre-se o risco do estabelecimento de um vínculo em sofrimento, quando a pessoa que exerce o papel de "protetor" faz aliança com seu próprio papel complementar interno patológico, que a impele, por exemplo, a agredir quem se apresenta autossuficiente, comportar-se ironizando, isolar-se ou criticar o outro, condutas que poderão reforçar o papel complementar interno patológico da pessoa "carente", ao se sentir rejeitada.

Marcos, outro cliente, queixa-se de seu casamento, teme perder a esposa, mas deseja ter liberdade. Quer manter o casamento e ao mesmo tempo conquistar outras mulheres. Ele desempenha vários papéis "latentes" (ou funções de papéis) divergentes na relação com a esposa, tornando-se dependente e, de forma contraditória, facilitando a traição da esposa, ao permitir que ela se divirta com um colega de profissão. Nesse momento, o papel complementar interno patológico do cliente interfere em seus atos com lógicas afetivas de conduta dúbias, tais como: "Ela é ótima esposa, você não a merece e vai perdê-la!", "Você não a agrada, então será ignorado!", "Você não é um homem interessante, ela pode preferir outro cara..." e "Se ela fica com outro, você pode ficar com outra pessoa!", "Você já pagou seus pecados: ela já o traiu, então está liberado!", "Se ela está bem ou com alguém, você tem de estar bem ou com alguém também!"

Essas lógicas afetivas de conduta do cliente se cristalizam na conduta do dependente e no desejo de ser "o escolhido", que se reportam à sua matriz de identidade, na qual viveu várias cenas de exclusão e de necessidade de corresponder às expectativas dos pais para ter a atenção deles. Essas condutas o impulsionam para um esmorecimento e para os desejos de desistência da vida ou de que algo o tire magicamente de sua dor e de seus conflitos.

A esposa se alia ao papel complementar interno patológico do marido quando o seu papel complementar interno patológico a faz ignorá-lo e tornar-se antidependente. Também, em sua história, ela vivenciou muitos abandonos e indiferença dos pais a seus sentimentos.

O cliente tenta se libertar do sofrimento pelo desejo de vingança, de traição, por meio da tentativa do encontrar alguém capaz de elevar sua autoestima. Porém, bloqueia sua raiva para manter a imagem do rapaz "adequado e equilibrado" que aprendeu para garantir a própria existência. A sujeição do cliente lhe desperta o desejo de ter tudo e as dúvidas quanto ao que quer, acarretando-lhe mais angústia.

O casal vive o vínculo ambivalente, no qual o papel complementar interno patológico de ambos invade o vínculo e estimula papéis latentes que promovem a crise conjugal, tais como carente/satisfeito, dependente/antidependente, criança/adulto, liberto/prisioneiro, que revivem, mas não recriam, experiências nas quais esses papéis foram desenvolvidos.

Portanto, o papel complementar interno patológico se manifesta como um "amante" invasor do vínculo, podendo ocasionar o processo cotransferencial. Nesse momento, as pessoas desempenham papéis latentes em um mesmo contexto, tornando a comunicação dúbia, carregada de despreparo com mudança brusca dos projetos dramáticos e de incongruências nas diversas linguagens: corporal, verbal ou espacial. Assim, o papel complementar interno patológico perturbará os processos comunicacionais, a dinâmica do falar e ouvir, o transmitir e captar as informações, as percepções e interpretações, o ceder e o impor, o dar e o receber qualquer conteúdo das relações humanas.

O vínculo ambivalente gera as "máscaras" que usamos no cotidiano, as quais impedem a autenticidade e o confronto verdadeiro com as pessoas e com os sentimentos. As máscaras protegem o "eu" de algum dano anexado à verdade. Elas são usadas em diversos graus de consciência e de várias maneiras, por exemplo: nas contradições, incongruências, omissões, hipocrisias, falsidades, mentiras, evitações, nos conchavos. As máscaras estão associadas aos mecanismos defen-

VÍNCULO E AFETIVIDADE – CAMINHO DAS RELAÇÕES HUMANAS

sivos do eu, contribuindo para as tarefas de aliviá-lo, protegê-lo ou impedi-lo do contato com algum conteúdo causador de ansiedade. Desejos e sentimentos intensos, como medos, culpa, inveja, ciúmes, fúria, abandono, rejeição, desconfiança, insatisfação, geram tensões impulsionadoras dos mecanismos de defesa do eu, com condutas conservadas que protegem os envolvidos no vínculo. Estas podem ser: negar situações, projetar conteúdos próprios no outro, regredir nos comportamentos visando a alguma solução mágica, além de outras condutas relativas à sobrevivência às tensões intra e interpsíquicas (Castello de Almeida, 1996). Os mecanismos de defesa bloqueiam a comunicação verdadeira no vínculo, promovendo o surgimento do vínculo ambivalente.

A pessoa que se comunica de modo ambivalente, ou usa algum mecanismo de defesa, pode ser percebida e interpretada adequadamente. Mas ela, por algum bloqueio, para continuar se protegendo, ou por falta de sintonia consigo própria, pode "desconfirmar" essa interpretação, negá-la ou até agredir o outro. Assim, a resistência em confrontar a fantasia com a realidade e os distúrbios na diferenciação entre o eu e o outro são alguns dos recursos mantenedores do vínculo ambivalente.

II) No vínculo em sofrimento sociométrico ocorrem distúrbios na complementação dos papéis sociais, por causa das perturbações nas escolhas dos parceiros para a realização de alguma tarefa ou de complementação na qual o desempenho de papéis não se coaduna com o contexto.

Existem vários tipos de vínculos em sofrimento sociométrico, como:

1. quando as pessoas não conseguem complementar papéis "latentes" com seus projetos dramáticos demandados no campo vincular. Por exemplo, um vínculo de amizade está satisfatório enquanto os amigos complementam funções de papéis de amantes, intelectuais, colaboradores em alguma tarefa, mas

uma angústia surge quando eles não se complementam nas funções de aventureiros ou de confidente.

Ainda observamos a ocorrência da divergência na dimensão individual de um mesmo projeto dramático: eles se escolheram para jantar juntos, mas um desejando desabafar seus problemas e receber conselhos e o outro para se divertir e contar piadas; ou se escolheram para uma caminhada, mas ele, na verdade, teria como primeira escolha ficar em casa, assistindo à final de um campeonato de futebol.

Esses projetos dramáticos divergentes podem deixar o amigo dividido e ambivalente em sua comunicação. Nesse momento, pode ocorrer alguma tensão no campo vincular, sinal de crise interpessoal.

2. O vínculo em sofrimento sociométrico também ocorre quando as pessoas são escolhidas para desempenhar algum papel, mas não conseguem desempenhá-lo com competência.

Por exemplo, os vínculos existentes entre presidente de uma associação/membros, cidadão/governo, em que os comandantes eleitos mascaram suas inabilidades, visando a algum benefício, desfavorecem o desenvolvimento do vínculo.

Há vínculos mantidos dentro de um pacto de hipocrisia, em que as pessoas "fazem de conta" que tudo está funcionando bem, mas, na verdade, elas estão sofrendo. Certa vez, em uma assembleia do condomínio em meu edifício, ninguém queria se candidatar ao cargo de síndico. Houve uma tensão, as pessoas se olhavam, sorriam formalmente, alguém apontava uma pessoa, que expunha várias desculpas para não ocupar a função em aberto.

Finalmente uma pessoa levantou o braço e disse: "Já que não tem ninguém, eu me candidato!" E um alívio geral transpareceu quando a maior parte dos presentes se sentou mais comodamente em suas cadeiras. Alguns diziam: "Graças a Deus! Finalmente apareceu nosso salvador!" Obviamente, a pessoa foi eleita. Mas naquele ano todo, pelos corredores do edifício, ouviam-se os diálogos dos moradores:

"Ele só faz besteira!", "Viu o jardim? Que projeto horrível!" "E a firma de limpeza, que mal cuida do prédio!" Mas tivemos de "engolir", até a próxima assembleia, aquela administração!

Assim, muitas vezes escolhemos, por conveniência, alienação ou desconhecimento, pessoas que nos representam em algum grupo, mas não têm ética ou habilidade para aquele cargo ou função. Há, nesse caso, a complementação dos papéis "latentes" alienado/usurpador.

3. Outro tipo de vínculo em sofrimento sociométrico ocorre por meio da complementação de papéis latentes que distorcem as funções sociais de um vínculo, tornando-o improdutivo.

Por exemplo, já ouvi diversas queixas sobre o vínculo patroa/empregada, no qual ambas exercem papéis "latentes" com vários graus de consciência, comportando-se como se fossem mãe/filha, conselheira/orientanda, amigas, salvadora/necessitada. Essas complementações podem desfazer o contrato do vínculo profissional patroa/empregada e causar vários conflitos no vínculo.

Em famílias é comum observarmos momentos de complementações de papéis latentes quando o filho atua como se fosse o "pai", comportando-se como o mantenedor ou o dono da casa, ou quando a mãe delega suas funções, sua autoridade ou suas responsabilidades ao pai. E, ainda, há o caso de muitas mães solteiras que lutam, arduamente e sem sucesso, para conseguir ser mãe e "pai" do seu filho. Essas disfunções nos papéis familiares perturbam a integração familiar, o aprendizado dos papéis sociais e as dinâmicas de poder nos vínculos.

4. Observamos o vínculo em sofrimento sociométrico quando as pessoas que não se escolheram para pertencer a um grupo, por exemplo, de trabalho, de estudos ou psicoterápico, não conseguem desenvolver uma afetividade propícia para a realização do objetivo comum. A ansiedade e a insatisfação interferem negativamente na realização das tarefas.

Em uma consultoria empresarial, trabalhamos a situação profissional na qual o chefe, não escolhido pelos funcionários, queixava-se das hostilidades dos subalternos para com ele, mas, mesmo assim, implantava projetos indesejáveis pela equipe. Os empregados, impotentes para mudar o contexto, exerciam suas funções com apatia e estresse.

Em sessões terapêuticas de famílias – um grupo natural, no qual as pessoas não se escolheram para os seus devidos papéis familiares, mas fatalmente pertencem àquela estrutura grupal –, constantemente presenciamos um convívio desfavorável ao crescimento psicológico dos envolvidos. Em um caso, foram frequentes as expressões: "Não o escolhi para ser meu pai!", "Se eu pudesse, teria outra família", "Você é a pessoa que eu mais queria distante em minha vida", "Sou doente por sua causa!"

A inevitabilidade da participação em um átomo social pode ser um fator gerador dos sintomas psicopatológicos ou da neurose vincular. Portanto, o vínculo em sofrimento sociométrico está relacionado aos diversos problemas nas escolhas entre as pessoas para realizarem projetos dramáticos ou no cumprimento das funções destinadas aos papéis sociais em seus devidos contextos.

III) O vínculo com sofrimento afetivo é aquele em que os participantes sofrem alguma ineficácia vincular quando reforçam mutuamente as suas "identidades" com os aspectos internalizados dos vínculos conflituosos mediante características de papéis e lógicas afetivas de condutas semelhantes. Nesses momentos, acontecem alianças entre os núcleos transferenciais das pessoas, acarretando a exacerbação de suas dificuldades, as autoalienações ou o incremento nos autoconceitos negativos.

Por exemplo, um paquera "tímido", numa situação em que encontra uma paquera "tímida", sofrerá a interferência desfavorável da inibição da garota na sua conquista; um chefe "medroso", com dificuldades para exercer seu poder, se atrapalha ao solicitar uma tarefa a um funcionário "inseguro": a característica do funcionário se alia à característica do chefe, perturbando a eficiência no trabalho.

Em uma supervisão psicodramática, um terapeuta revelou-me ter a racionalidade como área mais desenvolvida em sua personalidade, e uma angústia o invade quando atende um cliente muito racional. Ele percebe seu desempenho profissional insatisfatório. Ao expor o caso e a dinâmica desse vínculo terapêutico, observamos que sua característica de ser muito racional reforçava a característica semelhante do cliente, dificultando-lhe o processo psicoterápico. O coinconsciente e o coconsciente fomentavam um ajuste na conduta de ambos, tornando a psicoterapia em sessões "filosóficas" e de análises de comportamento.

Outro exemplo do vínculo com sofrimento afetivo são as situações que facilmente ocorrem em congressos de profissionais. Frequentemente há um clima afetivo tenso, irritante e desgastante entre colegas de profissão que disputam espaço, tentando demonstrar seus conhecimentos numa conferência para ser admirados pelos ouvintes. Aqui surge a aliança entre lógicas afetivas de conduta semelhantes, que têm os seguintes conteúdos: "Só demonstrando que sei posso ser percebido", "Serei valorizado quanto mais polemizar!", "Eu produzi mais, então serei o mais procurado!"

Portanto, as pessoas podem viver uma crise vincular quando as características dos papéis são semelhantes e impeditivas da espontaneidade-criatividade.

O vínculo com sofrimento afetivo ainda está relacionado ao reforçamento mútuo das dinâmicas da agressividade. A pessoa que usa a agressividade em relação a si pode, por exemplo, pela depressão ou por sintomas psicossomáticos, ter essa dinâmica impulsionada por indivíduos que têm a mesma dinâmica que ela, ou usam da agressividade indiferenciada, por meio dos sintomas obsessivo-compulsivos. Nesse caso, os vínculos não têm vitalidade e são pobres em trocas afetivas. Ao encontrar indivíduos que têm a dinâmica da agressão ao outro, ela pode estabelecer vínculos estressantes, descompromissados ou carregados de dinâmicas de poder repressivas.

Muitos vínculos carregados de conflitos, com forte disputa de poder, surgem quando os envolvidos usam a agressividade em relação ao outro. A pessoa que tem a dinâmica da indiferença em relação à agressividade em determinados momentos pode ser complementada por pessoas que têm dinâmicas parecidas com a dela, ocasionando os vínculos alienados, carregados de indiferença ou de anulação de si e do outro. Quando estabelece vínculos com pessoas que possuem dinâmicas de agressão ao outro, pode se sentir ameaçada, ter muitos sentimentos persecutórios ou se cristalizar em condutas que lhe dão alguma segurança no vínculo.

Uma cliente sentia que não podia expor seus projetos de vida à mãe, pois eles não se realizariam. A cliente considerava a mãe onipotente, com o poder de retirar-lhe a felicidade se soubesse de seu bem-estar. Ela sentia medo da mãe traiçoeira, destruidora de suas conquistas, invejosa. Não podia ver uma pessoa usando cabelo preso, que logo se lembrava da mãe, e nesse momento alguma coisa trágica poderia lhe acontecer, por isso precisava parar e rezar um terço para se livrar da tragédia imaginária.

A história de seu vínculo com a mãe retrata violência: havia agressão psicológica por parte da mãe, confiante de que a filha seria uma pessoa infeliz e morreria muito cedo, pois ela era a cobra de sua vida. Assim, a cliente aprendeu rituais para merecer suas conquistas profissionais e pessoais e para mantê-las. Alguns rituais eram: deixar as cadeiras da mesa de jantar com exatamente um palmo de distância uma da outra, enquanto estivesse em casa; certificar-se três vezes de que o elevador estava realmente no seu andar; olhar várias vezes se desligou o fogão antes de dormir. A cliente chorava convulsivamente quando sentia irritação ou raiva da mãe e dizia: "Estes sentimentos vão acabar com minha vida, pois ela se vingará de mim!"

Após sete meses de Psicoterapia, confidenciou-me que antes de entrar no consultório fingia bater três vezes na porta e pensava três vezes: "Vou contar tudo, e, mesmo assim, o que tenho de bom será mantido!" E completou: "Há um mês não faço mais isso, pois tenho segurança de que você não vai destruir minhas conquistas! Não me lembro de ser tão valorizada por alguém!"

Aqui, a mãe usava a agressividade contra o outro e a cliente aprendeu, no vínculo, a dinâmica da indiferença em relação à agressividade. O vínculo era alienante, carregado de sentimentos persecutórios e de desconfiança mútua. Portanto, as dinâmicas das pessoas em relação à agressividade no vínculo podem conduzi-las às perturbações vinculares.

IV) O vínculo hierárquico destrutivo está ligado às perturbações nas dinâmicas de poder nas relações. Citemos algumas delas:

1. As práticas de poder relacionadas à hierarquia nos vínculos e grupos, que em geral remetem às condutas conservadas. As pessoas revivem, nos vínculos, condutas aprendidas de submissão, autoritarismo, rebeldia, repressão, competitividade, alienação ou autoalienação, entre outras, carregadas de ansiedade e perturbadoras da integridade dos indivíduos.

2. O uso abusivo de vários dispositivos de poder, tais como: o financeiro, no qual as pessoas subjugam e são subjugadas por meio do dinheiro; o profissional, quando uma pessoa usa da autoridade de sua profissão para dominar o outro ou para competir destrutivamente com os colegas, desvalorizando os seguimentos de sua classe ou impedindo-os de adquirir o desenvolvimento profissional; a informação ou a cultura, quando o uso do saber como instrumento de controle das relações, com a discriminação do outro ou com o bloqueio da informação, lhe favoreça o crescimento e a independência; o dispositivo de poder do *status* sociométrico, quando o rejeitado, o isolado ou o solitário do vínculo (e do grupo) é marginalizado ou agredido. Essa dinâmica de poder gera uma atmosfera afetiva desfavorável à eficiência do vínculo ou da equipe.

No uso abusivo de dispositivos referentes às características de personalidade, a pessoa expande a sociabilidade, a perspicácia, a capacidade de expressão, invadindo o espaço social do outro e recebendo os méritos de alguma atividade; no dispositivo de poder do gênero, reforçado culturalmente, por meio do qual, em determinados momentos, o homem exerce o domínio sobre a mulher e, em outros, a mulher sobre o homem, desqualificando os potenciais de criatividade e de dignidade de cada um.

3. O domínio sexual, quando alguém força o outro a atos que o agridam, ou quando alguém tenta controlar, pela sexualidade, as crises do vínculo.

Portanto, o coconsciente e o coinconsciente contradizem as dinâmicas de poder nos vínculos, favorecendo ou não o desenvolvimento interpessoal.

V) O vínculo patológico direto, descrito por Bustos (1982), é a complementação de papéis que estimula o papel complementar interno patológico das pessoas no vínculo, fomentando seus sintomas angustiantes.

Tomemos o exemplo de um casal de namorados que conheço: ela me diz que não confia em si mesma, que não deve acreditar em suas metas profissionais (esses são alguns alertas de seu papel complementar interno patológico, pois ela teve muitos vínculos em sua história que censuraram seu desenvolvimento profissional). Seu namorado tem uma dinâmica desqualificadora e constantemente lhe diz: "O que você conhece é pouco! Nunca vi alguém assim, querendo tanta coisa sem poder!" Ela me confessa: "Essa desvalorização me deixa em situação de inferioridade e deprimida".

No namoro ocorre o vínculo patológico direto, pois ambos estimulam seus papéis complementares internos patológicos, manifestados na autodescrença da namorada e no descrédito do namorado.

Há pouco tempo, eu viajava com um grupo de amigos quando um deles disse: "Atenção! Mulher ao volante! Ei, menina! Você olhou bem antes de ultrapassar?" Nesse momento, minha amiga reagiu violentamente: começou a correr e ziguezaguear na pista, gritando: "Então não vou mais dirigir! Não vou dirigir nunca mais! Não sei dirigir, mesmo!"

A conexão do papel complementar interno patológico de meu amigo, manifestado na ironia, com o dela, expressado na insegurança de dirigir, causou a reação exacerbada em relação ao contexto, colocando-nos em risco de vida, e um clima hostil e desagradável por um longo período da viagem.

E, ainda, quando uma pessoa desenvolve uma dinâmica desafiadora e o outro a incentiva a enfrentar seus medos, pode reforçar-lhe a pouca aceitação de seus limites e suas fragilidades. Numa situação, há poucos dias, num restaurante com alguns amigos, ocorreu o seguinte:

O namorado disse ternamente:

– Estou preocupado com você...

A namorada responde, com agressividade:

– Calma aí... Eu sei me virar! Me deixa em paz! Você está me aborrecendo...

Ele abaixou a cabeça e falou baixinho:

– Apenas quero seu bem... quero que você fique legal! Por que me responde assim?

E ela retrucou:

– Ah!... Você está parecendo minha mãe, desconfiando de mim... Eu sei me cuidar, cara!

Ele, com firmeza, declarou:

– Claro que sei que você sabe se cuidar... E se não soubesse eu falaria! Só expressei um carinho por você!...

Ela disse, com calma:

– Agora ficou claro: você só quer meu bem-estar... OK... OK...

Trata-se de uma situação que geraria sentimentos angustiantes para os parceiros, pois a preocupação dele foi um *input* para a manifestação do papel complementar interno patológico dela, incorporado em experiências que lhe traziam a sensação de incompetência, e o aborrecimento dela teria estimulado a criança interna ferida dele, que o faz se sentir incompreendido. Aqui, possivelmente haveria uma complementação patológica direta se eles não conseguissem acolher suas emoções.

Uma cliente, no papel de mãe superprotetora do filho, visava suprir suas carências ou evitar-lhe o sofrimento. Com isso o ajudava a conservar a conduta do dependente, que lhe trazia, apesar da opressão, comodidade e conforto material e afetivo.

Nesse caso, ela manifestava seu papel complementar interno patológico na superproteção. Ela teve muitas experiências interpessoais nas quais se sentiu negligenciada. O filho, portanto, internaliza os aspectos do vínculo na dinâmica da dependência e da irritação constante. Assim, o papel complementar do filho se articula com o da mãe, formando o vínculo patológico direto. Portanto, esse tipo de sofrimento na relação se refere à estimulação e ao reforçamento mútuo dos aspectos internalizados do vínculo conflituoso (papel complementar interno patológico da criança interna ferida e da dinâmica deles) dos indivíduos no vínculo, manifestos em condutas e sentimentos aprendidos em cenas conflituosas ao longo da vida.

VI) O vínculo patológico reativo, também descrito por Bustos (1982), se dá por meio das condutas opostas ao papel complementar interno patológico, bloqueadoras do crescimento psicológico dos indivíduos no vínculo.

Por exemplo, uma pessoa incorporou, de seu vínculo conflituoso com o pai, características do pai agressivo, punitivo e opressor. Um dia encontra alguém que a complementa com condutas como se fosse um bom pai, liberal, que não lhe impõe limites, que se penaliza por ela ou lhe é condescendente. Assim, ela age inconsequentemente, experimentando a liberdade que lhe foi bastante censurada.

Uma ex-colega de trabalho esbanjava sua infância burguesa. Dizia constantemente que fora uma criança linda e mimada por toda a família. Nessa época, esnobava quem lhe dava carinho. No trabalho, as pessoas a consideravam arrogante, exibicionista e "metida". Provavelmente essas características estavam associadas à sua criança interior. Atualmente, porém, experienciava um vínculo apreensivo e competitivo com uma professora que lhe era severa e fria. Um dia ela revelou-me: "Ela é uma professora inútil em minha vida! Ainda bem que será só um semestre! Mas... vejo que o tempo da 'bajulação' não é o mesmo. Acho que estou ficando adulta... Que estranho!"

No vínculo patológico reativo, a pessoa vive alguma reação surpreendente do outro às suas condutas conservadas, estimulando-lhe novas respostas, que no entanto podem conflitar ainda mais o vínculo.

VII) O vínculo disfuncional ocorre quando as pessoas se vinculam conforme suas lógicas afetivas de conduta, esperando algum afeto, ou manifestando a frustração pelo afeto não recebido. Porém, essas lógicas não acarretam o resultado esperado.

Numa sessão de um casal, o marido, reconhecido jornalista, é constantemente elogiado pela esposa, mas quando ela expõe alguma opinião política ou econômica ele a critica severamente, argumentando que ela deveria conhecer mais sobre o assunto. Ela aperta as mãos com muita força e concorda: "Tenho uma sensação de não saber nada, mas não tem problema! Ele é o mais comunicativo na relação! É intelectual e muito culto!" O marido lhe sorri e a abraça.

Trata-se de uma dinâmica vincular na qual as lógicas afetivas estão relacionadas à obtenção, por parte da esposa, da atenção do marido, por meio da sua autoanulação. Já o marido obtém admiração ao dominar a relação, pela desvalorização da esposa.

Podemos ainda caracterizar, no vínculo disfuncional, a competição sociométrica que promove sofrimento e angústia nos indivíduos, contribuindo para a construção de lógicas afetivas de conduta desfavorecedoras do seu crescimento sociopsíquico. Em tais competições, as pessoas se rejeitam, se isolam, se excluem, provocando um clima emocional tenso no vínculo ou no grupo.

Em sessões de família, observamos com frequência a escolha de uma pessoa para assumir a culpa dos problemas, a qual, para conseguir algum alimento psíquico do grupo, assume os erros.

Uma estagiária de Psicologia Educacional apresentou-me o caso de um aluno que não legitimava o conhecimento do professor, sendo rebelde na sala de aula, ao não cumprir com as tarefas exigidas. As atitudes autoritárias do professor o impulsionavam a desvalorizá-lo ainda mais. Em um trabalho psicopedagógico com a estagiária, o professor percebeu o quanto, na relação com o aluno, não aceitava suas próprias limitações. A partir daí, ele tentou novas condutas, tais como: aproveitar os conhecimentos do aluno em sala de aula, solicitar-lhe monitorias, questionar-lhe sobre os novos conteúdos da disciplina. O aluno começou a participar ativamente da disciplina, levando filmes, revistas e artigos da internet para a turma. Aqui, as lógicas afetivas expressas, quanto ao aluno, foram: "Ele só pensa em mandar, por isso mostrarei que sei mais!", "Vou atrapalhar a aula, já que ele não reconhece o que sei!"; quanto ao professor: "Preciso ter uma atitude severa para os alunos me respeitarem!", "Se perceberem minha insegurança, vão me desconsiderar!"

Em outra situação conflituosa, no mesmo colégio, os alunos relataram que um colega tímido, admirado pela professora em razão de sua quietude, é chamado para expor um conteúdo. Quando o aluno inicia sua apresentação, a professora afirma que ele não estudou o suficiente para o seminário, que queria tudo "na ponta da língua" no dia seguinte e manda-o se sentar. Desse dia em diante, o menino não compareceu mais ao colégio, alegando que ela não gostava dele, pois era burro. A professora argumentou que apenas tentou expressar sua frustração diante da classe que não a admirava e resgatar sua autoridade perante os demais alunos.

Observam-se aqui lógicas afetivas de conduta que visam a alguma homeostase biossociopsíquica, direcionando condutas impeditivas da cocriação.

## A COTRANSFERÊNCIA IMPEDITIVA DA COCRIAÇÃO

Todos os tipos de vínculos em sofrimento ou patológicos acima citados refletem a manifestação da cotransferência que anula o potencial criativo, o *self* dos indivíduos no vínculo.

Esses vínculos, em determinados momentos, são os vínculos em transferência impeditiva da cocriação, pois estão ligados às situações em que sentimentos, desejos e papéis ficaram irrealizados ou incompletos em nossa mente, sobretudo os referentes às primeiras vivências da aprendizagem emocional e dos papéis sociais. São vínculos inevitáveis que interferem na vida de todas as pessoas, impulsionando-as na busca por algum equilíbrio em relação às vivências traumatizantes, alienantes ou insatisfatórias.

Alguns fatores mantenedores das complementações patológicas de papéis são: os ganhos existenciais ou os alimentos psíquicos que esses vínculos fornecem; o nível de interesse mútuo pelo crescimento dos participantes; o desgaste das tentativas frustradas de melhoria da relação; os afazeres como prioridade em relação ao outro; o tempo dedicado à relação; as desconsiderações pelas diferenças; a passagem rotineira dos anos; as mágoas acumuladas; os desejos do "outro ideal" que torne o "eu ideal" realizado; o desejo de que o outro seja como eu; o desejo do desejo do outro; a competitividade anuladora do potencial de ambos; o uso do outro para liberar frustrações ou para reforçar o narcisismo; a corrosão das gentilezas; a falta de valorização e respeito mútuos, que impulsionam desejos de vingança ou de conquista do outro, a qualquer custo.

Esses fatores podem reforçar os vínculos em sofrimento a ponto de o conflito ficar insuportável e insustentável para alguém ou para os indivíduos, acarretando separações, convivências hipócritas, destrutivas ou tolerância por conveniências.

No entanto, a vitalidade do coinconsciente produz, também, a conserva vincular resultante das complementações patológicas de papéis que podem ser o *input* para a liberação da espontaneidade-criatividade, pois a crise cultiva novas possibilidades de interação.

Desse modo, a repetição mútua dos dramas aprendidos se insere no (re)aprendizado das emoções e de condutas liberadoras dos potenciais das pessoas. Trata-se, por exemplo, do momento em que alguém ou os indivíduos no vínculo compreendem a manifestação dos aspectos internalizados do vínculo conflituoso, na forma de emoções exacerbadas, de condutas conservadas ou de vinculações destrutivas, buscando encontrar novas respostas em relação a ele.

As pessoas usam, em vários níveis de consciência, numerosas estratégias para enfrentar suas complementações patológicas de papéis. Entre elas: o distanciamento da situação conflituosa para percebê-la mais objetivamente; o autoconhecimento, que é ampliado pela crise e impulsiona a expressividade do eu; a recepção respeitosa das dificuldades mútuas; a compreensão das dinâmicas relacionais; a metacomunicação, ou o falar sobre a relação, como cada um a percebe e se sente quanto às condutas do outro.

Tanto o estabelecimento dos vínculos em sofrimento como as estratégias que visam à sua resolutividade ocorrem mediante os estados coconsciente e coinconsciente. Esses estados também impulsionam a intimidade, o conhecimento mútuo, a afetividade e a ação liberadora do aprisionamento angustiante causado pela complementação patológica de papéis.

Logo, em dado momento, a esposa que superestima o marido, sentindo-se menos capacitada, pode ter uma atitude nova de autovalorização, por meio de uma expressão de si, ou demonstrar um sentimento que favoreça a não conservação de sua modalidade vincular. Essa conduta tende a refazer o aprendizado do marido de receber atenção por ser "o inteligente" e por menosprezar as opiniões da esposa. E ele pode, dentro de sua astúcia, fornecer à esposa algum *feedback* positivo, despertando-lhe autoconfiança. E, assim, poderá se liberar do papel do opressor para ter admiração.

É tarefa do terapeuta não reforçar o vínculo transferencial, estimulador do sentido de existência destrutivo e produtor dos sofrimentos nas relações. Para tanto é preciso desvendar as estratégias terapêuticas para cada cliente (ou para cada grupo), ou seja, desenvolver a comunicação e a modalidade vincular que libere a espontaneidade--criatividade de ambos (ou do grupo).

As estratégias terapêuticas surgirão por meio da história de vida de cada cliente, do estudo de caso e da dinâmica vincular entre cliente(s) e terapeuta e da sociodinâmica. O terapeuta trabalha a complementação patológica de papéis que reforça os aspectos internalizados dos vínculos conflituosos. Para isso, é necessário captar algum foco do processo transferencial ou cotransferencial (por exemplo, uma conduta conservada, alguma lógica afetiva ou sentimento exacerbado que impede a cocriação), pesquisá-lo e contribuir para a produção de cenas reparatórias.

A cliente J. F., de 26 anos, há dois anos em Psicoterapia, sofria com o fato de ser homossexual e desejava aceitar-se. Numa sessão, bem baixinho e sem me dirigir o olhar, indagou-me:

– Quero saber o que você pensa sobre esta minha questão... (silenciou alguns segundos) da homossexualidade. Porque você é uma pessoa que admiro e seria bom para eu saber...

Disse-lhe:

– Vou lhe responder, mas gostaria de saber, em um primeiro momento, o que você anda pensando sobre homossexualidade?.

– Acho que estou vendo isso com mais normalidade, vendo como algo que não vai me destruir e que parte da sociedade aceita... Mas não é fácil conviver com a parte que não aceita.

– Você, por esses dias, fez esse tipo de pergunta a alguém?

– Sim, um conhecido, sem mais nem menos, em uma conversa, que não tinha nada a ver, falou preconceituosamente sobre uma garota que se matou porque a família descobriu que ela tinha uma namorada. Perguntei-lhe o que ele pensava sobre o fato e ele a chamou de "sapatão". Fiquei calada.

– Ocorreu mais algum momento em que você quis saber a opinião de alguém?

– Sim... Expus à minha mãe o suicídio da garota. Tinha a intenção de observar sua atitude e opinião a respeito do assunto. Ela não se mostrou sensibilizada e disse que a garota era muito fraca. Falei-lhe então que, se a menina tivesse tido compreensão e afeto dos pais, o suicídio não ocorreria...

– Você sentiu que estava lutando por você mesma, quando falou isso?

– Sim... Senti que lutei por mim... Foi aliviante, mas também difícil, pois a rejeição da minha família a isso me deixa muito mal...

– Se eu disser que considero homossexualidade normal, uma forma de amar, uma orientação sexual ou algo assim, você contará pontos a favor de sua autoaceitação. Se eu disser o contrário, você contará pontos para sua autorrejeição, não?

– É verdade...

– Então é preciso que você descubra por você o que pensa e quer sobre isso...

– É... E eu quero me aceitar, muito mais... Não mais me anular por causa disso...

Dramatizamos a cena em que ela conversou com a mãe e vieram expressões carregadas de injustiça, tristeza e indignação quanto à repressão e à anulação das emoções e da personalidade da cliente. Ela se anula para se sentir aceita. Na dramatização, expressou a "morte" dela mesma vivenciada na família, bem como o fato de não querer mais se matar.

Trata-se de uma cliente que depende da aceitação do outro para conquistar a liberdade interior. Essa dependência vem da história de vida familiar que projeta uma infinidade de expectativas conforme as tradições da família e lhe passa a mensagem de que só assim será amada.

Ela desenvolveu profunda identidade com o papel complementar interno patológico, que lhe impõe uma série de regras para que construa sua vida e não consideram sua diferença como pessoa. Ela sofre com as dúvidas sobre quem é, o que realmente pensa, o que sente e sua conduta. A resposta imediata à pergunta da cliente reforçaria sua dependência da aceitação do outro para se aceitar e impediria a diferenciação do seu eu com o eu do outro. A autoaceitação não se restringia à homossexualidade, mas à sua pessoa.

Um (re)aprendizado de autoconfiança e autorrespeito está sendo adquirido mediante o trabalho de permitir a expressão de seu eu e do reconstruir algumas marcas afetivas de sua matriz de identidade.

Na Sociatria, em especial no método do Psicodrama, o terapeuta ajuda o cliente a ter mais consciência dos aspectos internalizados dos vínculos conflituosos, de como ocorre a conserva vincular com as suas complementações patológicas de papéis, de suas modalidades vinculares. Contribui para o processo do cliente de diferenciação do eu e do outro, da fantasia e da realidade, do que ele provoca nos outros, de suas responsabilidades nas crises vinculares e existenciais, do que os outros lhe provocam. Ajuda a ampliar a compreensão do cliente de como sua dinâmica foi construída e lhe propicia o contexto para experimentar novas respostas aos seus conflitos e para se desenvolver como ser humano.

Inserto no coinconsciente, indutor também de cotransferências que bloqueiam a cocriação (ou de complementações patológicas de papéis), o terapeuta precisa ter tanto personalidade como habilidade, conhecimentos e treinamento específicos que viabilizem a manifestação da espontaneidade-criatividade no vínculo terapêutico.

E, assim, exaltando o fazer diferente no que se refere aos personagens Rodolfo e Clotilde, antes de alfinetar (com delícia) o braço do ser amado, aproveitando de alguma fragilidade sua, tentamos construir relações impulsionadoras do prazer coletivo, conjugado à experiência da essência humana de vida.

Então, poderemos ser pássaros espertos que fascinam as serpentes para a aprendizagem de um voo revitalizador...

# 7
## O COINCONSCIENTE: CRIANDO VÍNCULOS QUE NOS CRIAM

O amor é o processo de eu conduzi-lo gentilmente de volta a você mesmo.

ANTOINE DE SAINT-EXUPÉRY

**A cena acontece no** Rio de Janeiro, numa tarde ensolarada. Observo um casal de namorados.

Ele a convida, encaminhando-se para o mar:

– Vem!... Vamos nadar!

– Não quero... (Ela responde ternamente.)

– Mas por que não? (Ele diz, puxando-a.)

Ela gesticula negativamente com a cabeça, retira a mão do namorado do seu braço e se afasta.

– Mas será legal! Por que não? (Ele diz, seguindo para o mar, enquanto olha para ela, que se mantém parada.)

– Não estou a fim! (Ela o segue mais lentamente e permanece à beira-mar, apenas o observando. O namorado dá um mergulho. Lá, do mar, ele lhe acena e a chama com os braços... insistentemente... Ela continua gesticulando o "não". Ele sai do mar e se aproxima dela. O casal entra num jogo corporal: ele a puxa em direção ao mar e ela tenta se afastar dele... até que ela acaba se atirando ao mar, junto com ele.)

Essa rápida cena, diante de meus olhos, trouxe-me uma hipótese da dinâmica do casal em relação ao querer: na divergência das vontades, ele, ao insistir muito, consegue dela o que quer ou ela, diante de tanta insistência, desiste de lutar pelo que quer.

Passei, então, a imaginar algumas cenas implícitas, relacionadas a esta, carregadas de solilóquios, que contivessem uma possível "verdade" de cada um, a cada pequena expressão verbal ou corporal de ambos. E surgiram novas e prováveis dinâmicas desse relacionamento, que me reportaram aos meus relacionamentos e aos das pessoas que conheço. São os universos individuais que se encontram, um interpenetrando o mundo do outro a ponto de se viver uma nova e desconhecida identidade, trazida pelo vínculo.

Moreno (1983) nos afirma que um vínculo tem sua consistência segundo o desenvolvimento do coconsciente e do coinconsciente. Esse conceito de Moreno supera a visão psicanalítica de inconsciente, ao redimensioná-la para as relações humanas. Veremos mais sobre isso no Capítulo 9. O coconsciente e o coinconsciente são um conjunto específico de conteúdos de um vínculo, produzidos pelos indivíduos que se encontram. São conteúdos específicos só existentes naquela relação a dois, a três, grupal, dentro de uma sociedade e na humanidade.

Esses conteúdos são (com)partidos, (com)partilhados, estão em (com)paixão, em (co)laboração, resultado da coautoria das tramas manifestas e ocultas existentes entre as pessoas. Moreno (1983, p. 65) sustenta que:

> o dilema a ser superado é a antítese natural entre o inconsciente individual (e coletivo) de A e o inconsciente individual (e coletivo) de B. [...] Pessoas que vivem numa íntima simbiose, como mãe e filho [...] desenvolvem ao longo do tempo um conteúdo comum, ou o que poderia ser chamado de "coinconsciente".

Os conteúdos característicos de um vínculo são desenvolvidos, captados e expressos nas diversas formas de linguagem que o ser humano é capaz de utilizar para se comunicar com o outro, tais como: verbal (considerando os aspectos denotativos e conotativos da fala, os ritmos, as tonalidades, a expressividade, os significantes, os significados); corporal (presente nos gestos, nos movimentos, nas expressões corporais); intuitiva (relacionada à apreensão, captação e interpretação do outro, por meio da sua realidade interior); espacial (que enfoca as proximida-

VÍNCULO E AFETIVIDADE – CAMINHO DAS RELAÇÕES HUMANAS

des, os distanciamentos, os contatos físicos e as ausências, as localizações e os níveis espaciais que as pessoas mantêm num contexto); comportamental (presente nos atos de uma pessoa em relação à outra, ou os desempenhos de papéis de acordo com o momento e o contexto em que são exercidos); sociométrica (ligada ao *status* sociométrico, ou seja, à posição das pessoas quanto aos critérios de relacionamento, como a escolhida, a rejeitada ou a indiferente).

As diversas formas de comunicação são usadas a todo instante na relação, fomentando o coconsciente e o coinconsciente e sendo por eles fomentadas. Os conteúdos conscientes e inconscientes comuns são construídos histórica e culturalmente e carregam a modalidade vincular afetiva de cada indivíduo, resultando na dinâmica própria do vínculo.

O coconsciente e o coinconsciente formam o todo de um vínculo, com características peculiares. Nossos relacionamentos nos mostram sua singularidade, por exemplo, cada vínculo de amizade, com colegas de profissão, com filhos, com diferentes chefes ou com professores são únicos. Cada relação nos expõe uma peculiaridade, uma dinâmica própria, que contém uma linguagem ou um idioma comum, que, quando analisada, nos exibirá as trocas inconscientes.

Descreveremos a estruturação do coinconsciente e a interferência de suas produções num vínculo, didaticamente e em etapas:

1.  Quando duas pessoas se encontram, elas expressam, em vários tipos de linguagem e em diversos graus de consciência, suas expectativas, desejos e necessidades. O fenômeno tele viabiliza o estabelecimento do vínculo, ao possibilitar a apreensão e a consecução comum de projetos dramáticos manifestos e latentes.

O fator tele também produzirá a representação mental mútua pela qual as pessoas poderão se sentir e se definir num campo vincular, desempenhando determinados papéis sociais que estarão coerentes com alguns de seus projetos dramáticos, resultado da convergência de seus perceptuais e de suas escolhas sociométricas.

Por exemplo, dois indivíduos se olham, se observam e se comunicam não verbalmente. Esse primeiro contato pode despertar, em cada um, alguma expectativa, como a de serem amigos. Se o objetivo for o mesmo para ambos, eles tentarão viabilizar o projeto dramático da amizade. O projeto dramático ocorrerá por meio da atuação do fenômeno tele, o qual fundamentará esse vínculo e possibilitará a comunicação que o dinamiza.

Se as expectativas forem divergentes, como a de namorar por parte de um e a de ter amizade por parte do outro, o fenômeno tele propiciará o estabelecimento do vínculo de colegas, por exemplo, por meio de projetos dramáticos secundários, como conhecimento mútuo, curtição momentânea, troca de experiências.

A mutualidade da escolha se dará em um campo vincular secundário, em relação ao projeto dramático que emergiu. Mediante essa vinculação, o fenômeno tele corrigirá as percepções, ampliando a comunicação até que os papéis sociais que emergirem definam o vínculo, ou seja, de namoro, paquera, amizade, coleguismo, conhecidos, profissional, entre outros.

2. O coconsciente e o coinconsciente vão se consolidar a partir do momento em que a relação se estruturar cultural e socialmente e as pessoas se sentirem pertencendo ao campo vincular uma da outra.

A formação do coconsciente e do coinconsciente implica uma apreensão mútua dos universos consciente e inconsciente dos envolvidos no vínculo. Desse momento em diante, as pessoas passarão a ter conteúdos inconscientes e conscientes comuns, característicos do vínculo a que pertencem.

Por meio do coconsciente, as pessoas trocam os conteúdos peculiares que são conscientes entre si, que estão no campo manifesto do que é transmitido, expresso, percebido, recebido e decodificado por elas. Quando se definem amigas, expressam suas diferenças e tentam se adaptar a elas, formando uma dinâmica peculiar associada ao dar e ao receber carinho, ao se expor e ao se reservar, entre outras especificidades. E, paralelamente, por meio do coinconsciente, as pessoas também constroem e expressam os conteúdos inconscientes característicos daquele vínculo, formando uma trama oculta.

Nesse momento, o coconsciente e o coinconsciente nos remetem aos processos de identidade e de identificação de papéis que conjugarão os conteúdos comuns conscientes e inconscientes entre as pessoas do grupo e entre os grupos. Por exemplo, no vínculo de amizade estabelecido, o coconsciente e o coinconsciente produzem trocas de conteúdos comuns entre os moradores da cidade, do país e do planeta. Essa troca mental lhes promove uma sociodinâmica peculiar, que também influencia as especificidades culturais.

3. O coinconsciente se torna mais denso num vínculo à medida que ele é dinamizado pela comunicação e suas diversas formas de linguagem, promovendo proximidade e intimidade entre as pessoas. Trata-se de constante movimento vincular, no qual os conteúdos inconscientes das pessoas fazem múltiplas conexões.

O movimento vincular ativa crescente e mutuamente o fenômeno tele e a cotransferência. Os papéis latentes, os imaginários e os aspectos internalizados do vínculo conflituoso exigirão expressões. Novos desejos e lógicas afetivas de conduta conduzirão as pessoas à busca da homeostase biopsíquica e social.

No processo de estabelecimento do vínculo, há um primeiro momento – o da confusão do eu com o outro e vice-versa – no qual os projetos dramáticos, primários ou secundários, estão rudimentarmente realizados e há uma interpenetração de identidades, impregnada de fantasias. É quando a representação mental mútua se inicia.

A fluência vincular dará lugar a um segundo momento do estabelecimento do vínculo – o da diferenciação do eu e do outro – que é possível pelas interpolações de resistências que a vida apresenta. Nesse sentido, os limites, as perdas, as frustrações, os obstáculos, as novidades, as mudanças que a realidade ou o outro colocam na realização dos desejos e na experiência dos projetos dramáticos nos ajudam a crescer psicológica e socialmente.

A partir daí, surge um referencial maior de realidade que, por meio do fenômeno tele, pode tornar possível o ajuste dos projetos dramáticos dos indivíduos. A tele juntamente com o fenômeno da cotransferência, pode ocasionar a cocriação ou conflitos que a bloqueiam. Quanto a isso, Perazzo (1994, p. 84) afirma:

> Eu me conheço e conheço o outro na medida do meu desejo e da possibilidade do meu desejo em face do desejo do outro; e do desejo do outro e da possibilidade do desejo desse outro em face do meu desejo. Este é o *status nascendi* de perceptual e de escolha, caracterizado sociometricamente.

4. Desse modo, os projetos dramáticos carregados dos desejos e das interpolações de resistências promoverão um conjunto de sinais, códigos, uma linguagem espacial e corporal e trarão, por exemplo, ao vínculo dos amigos, novos vínculos latentes (ou inconscientes), tais como: de herói/resgatado, pai/filho, colegas, vítima/carrasco, mestre/discípulo. Os vínculos latentes se dão pela complementação de funções ou de características de papéis. Essas complementações fazem parte da troca de conteúdos mentais.

Quando os vínculos latentes não conseguem ser estabelecidos, os projetos dramáticos latentes não encontram a devida realização e a trama oculta do vínculo fica boicotada. Nesse momento, as pessoas sofrem nos vínculos e vivem diversos conflitos.

Nos momentos em que os vínculos latentes acarretam a despotencialização do eu dos envolvidos, deparamos com sofrimentos graves ou com vínculos patológicos. Vive-se uma situação transferencial que se reporta aos papéis latentes, imaginários ou aos aspectos internalizados do vínculo conflituoso de cada pessoa que produzem mal excessivo às relações.

Nesses casos, a comunicação entre as pessoas pode ficar ambivalente, bloqueada ou destrutiva. As pessoas não conseguem facilmente

VÍNCULO E AFETIVIDADE – CAMINHO DAS RELAÇÕES HUMANAS

sair da crise, pois predomina a conserva vincular, composta de condutas conservadas, aprendidas em situações conflituosas que trouxeram danos psíquicos aos envolvidos no vínculo.

5. Os vínculos latentes estabelecidos gerarão vários estados emocionais: admiração, proteção, inferioridade, fragilidade, ou alguns sentimentos, como abandono, impotência, medo, raiva, e desejos de, por exemplo, matar, agredir, oprimir, ser reconhecido. Esses desejos e sentimentos podem ser manifestações da criança interna ferida e causam tensões que impulsionam o eu a criar mecanismos de defesa, entre eles: repressão, negação, fuga ou regressão. A pessoa pode recorrer a condutas conservadas, tais como: isolamento, timidez, autoritarismo, quietude, hiperativismo, que têm suas lógicas afetivas de conduta.

6. Constantemente, os sentimentos e as condutas conservadas são transmitidos e recebidos no vínculo por meio da modalidade vincular afetiva de cada um. Esse processo incrementa o coinconsciente, que promove novas trocas e consecuções de outros projetos dramáticos, visando à homeostase biopsíquica dos indivíduos no vínculo.

7. O coinconsciente produz o conteúdo inconsciente comum, que em algum momento será explicitado por alguém do vínculo (ou do grupo). Nessa ocasião, esse alguém se torna o protagonista do vínculo, ou seja, aquele que expressa o drama coletivo. O protagonista poderá se tornar o "herói", o "gênio", o "líder" ou o "doente" que denuncia o conteúdo inconsciente, o conteúdo não dito, ou o conteúdo (mal)dito do vínculo.

O coinconsciente fornece uma trama oculta ao grupo, interferindo na sua coesão e nos seus conflitos. Ele se infiltra na ideologia da instituição, seja familiar, organizacional ou institucional, gerando a cultura do grupo. A cultura se comporá de crenças, segredos, rotinas, ritos e mitos e trará para a ação das pessoas os significados de suas relações afetivas e de poder. Essas ações resultarão na manutenção, na transformação ou na destruição do grupo.

A cultura do grupo é, portanto, exposta nas condutas das pessoas, e o protagonista explicita a trama oculta vigente, incitando a identificação ou não dos indivíduos com os temas que ele expõe.

8. A explicitação do coinconsciente poderá gerar múltiplas consequências para o vínculo. Dependendo do momento e da forma como o protagonista denunciou o coinconsciente, poderá libertar o vínculo de alguma patologia, ou de conflitos comunicacionais, ou poderá incrementar a crise do vínculo e sua neurose. Mas, mesmo impulsionando a crise, a função do protagonista é liberadora, pois ele amplia o coconsciente do vínculo e, a partir daí, aumenta as possibilidades da cocriação.

Aguiar (1990, p. 53) nos diz: "O que é importante, para garantir a espontaneidade, é que os parceiros consigam ir, a cada momento, reformulando sua percepção do campo sociométrico em que se situam". Logo, pela explicitação de algum conteúdo coinconsciente, em determinado momento, por um protagonista, os parceiros podem reconstruir o campo sociométrico para favorecer a manifestação da espontaneidade-criatividade. A esse respeito, Perazzo (1994, p. 101) afirma que a base relacional

se constitui no campo possível de estruturação de um projeto dramático comum, que por sua vez circunscreve o grau de intimidade necessário e suficiente para a sua viabilização. Tal ponto de partida exige dos dois um esforço mútuo de percepção do alcance e da possibilidade dos seus próprios investimentos e do outro, tanto nos planos afetivo e intelectual quanto no plano da ação concreta, que torna visível e viável a capacidade de sentir e de pensar, num resultado operativo que dá fluidez ao ato de se relacionar.

Assim, o drama privado é inserido no coletivo e o drama coletivo é inserido no individual, promovendo a intersubjetividade. O coinconsciente reflete ainda as resistências interpessoais para a cocriação. Além de superar as resistências pessoais relativas ao próprio inconsciente, a pessoa, ao lado do outro, também precisa liberar as resistências interpessoais.

No processo contínuo de diferenciação de si e do outro surgem novos projetos dramáticos no vínculo que demandam do coconsciente e do coinconsciente uma atualização que forneça para as pessoas alguma validação existencial, qual seja, sentimentos de satisfação, de equilíbrio ou de prazer.

A reformulação da percepção e o ajuste da complementaridade dos papéis, pelos múltiplos projetos dramáticos, nos remetem ao terceiro momento do vínculo, que é o da inversão de papéis. Nela as pessoas ultrapassam o saber ou o mero entendimento das ações de um e do outro e atingem uma profunda apreensão e transmissão tanto de si como do outro. As pessoas vivem uma nova e harmônica identidade no vínculo, favorecedora do seu crescimento sociopsíquico. Pela inversão de papéis o coinconsciente torna-se cada vez mais coconsciente, possibilitando a cocriação. Aguiar (1990, p. 99, grifo nosso) nos esclarece:

> Na vida cotidiana... A complementação de parceiros em operações tanto prosaicas quanto sofisticadas... *exige agilidade, improvisação, "presença de espírito" e, sobretudo, ação combinada e criativa* na solução de vários problemas que surgem na convivência.

9. A cocriação é, pois, a extração no coinconsciente da inteligência relacional. Essa inteligência se refere à capacidade das pessoas de se vincular por meio da complementação de papéis sociais, latentes e imaginários de projetos dramáticos e de lógicas afetivas de conduta que viabilizem o encontro de espontaneidades. Moreno (1974) afirma que esse encontro resulta na maturidade psicológica e produz o sentido confirmador das existências das pessoas.

A inteligência relacional envolve uma complexa combinação entre o intra e o interpsíquico e sua interinfluência. Essa inteligência, ao ocorrer, promove uma transferência de conteúdos terapêuticos, que atualizam o aprendizado emocional saudável.

O aprendizado emocional saudável fornece ao fenômeno tele e à cotransferência os elementos socioafetivos para que as pessoas se tornem agentes terapêuticos entre si. Esses elementos surgem das vivências e experiências que ficaram registradas como integradoras do eu, pois lhe deram alimentos afetivos necessários à sua sobrevivência psíquica.

Nesse aprendizado estão incorporadas emoções, tais como segurança, amor e confiança, que personificam o que poderíamos chamar de papel complementar interno "saudável", resultantes de vínculos cocriativos. Aqui, são construídas lógicas afetivas de conduta que favoreçem a espontaneidade-criatividade, como: "Se me expressar, serei respeitado", "As pessoas gostam de mim do jeito que sou", "Sou interessante, mesmo tendo dificuldades", que se concretizam em características de papéis mais satisfatórias em relação ao vínculo, ao momento e ao contexto em que se dão.

Deduzimos, por conseguinte, que o fenômeno tele, eminentemente interpsíquico, tem um aspecto intrapsíquico, relacionado principalmente às aprendizagens na matriz de identidade, ou seja, no contexto sociocultural e afetivo da criança. Os primeiros vínculos da matriz de identidade que promovem, em determinados momentos, a cocriatividade, a atualização das potencialidades de cada um, a liberdade e os limites vividos num clima afetivo positivo são transmutados psiquicamente em afetos e características de papéis relacionados a uma força, a uma paz interior, à segurança básica, ao equilíbrio emocional, à percepção de si, do outro e da situação com adequada diferenciação do eu, do outro, da realidade e da fantasia.

O coinconsciente também produz conteúdos comuns relacionados a esse aprendizado emocional saudável. Quando este emerge, há o encontro de espontaneidades e os parceiros resolvem ou superam as complementações dos aspectos internalizados dos vínculos conflituosos de cada um. Há um aprimoramento na comunicação e no campo perceptual das pessoas, com o refazer constante dos projetos dramáticos pertencentes ao vínculo, e há, ainda, vivências terapêuticas de vínculos latentes que viabilizam lógicas afetivas de conduta favoráveis à atualização dos potenciais criativos das pessoas.

Portanto, o desenvolvimento da competência interpessoal e do potencial terapêutico de cada indivíduo é possível nas intrincadas redes sociométricas quando as pessoas liberam conteúdos relacionados à espontaneidade-criatividade.

Em suma, observamos que o coconsciente e o coinconsciente são compostos pelos fenômenos tele e cotransferência, os quais se referem às articulações de conteúdos do mundo interno e da realidade na complementação dos papéis sociais. As articulações entre o intrapsíquico e o interpsíquico são promovidas pela modalidade vincular afetiva de cada pessoa, no vínculo.

A modalidade vincular afetiva abrange as características dos papéis, as lógicas afetivas de conduta, as condutas conservadas, os aspectos internalizados dos vínculos, os papéis latentes e imaginários, os projetos dramáticos e a espontaneidade-criatividade.

O coconsciente e o coinconsciente promovem a troca ou a complementação de conteúdos conscientes e inconscientes relacionados a todos esses fatores do vínculo (e do grupo), fomentando a intersubjetividade. Eles também geram os conteúdos conscientes e inconscientes comuns, que resultam na dinâmica vincular.

Apresento um quadro sintético dos conteúdos (em termos de conceitos) que compõem o coconsciente e o coinconsciente, no vínculo das pessoas A e B. Ele traz um esboço da composição dos elementos psíquicos e interpsíquicos. No quadro, retratamos a formação do vínculo com as articulações de conteúdos do mundo interno entre as pessoas (cotransferência). Esses conteúdos foram conceituados ao longo deste livro.

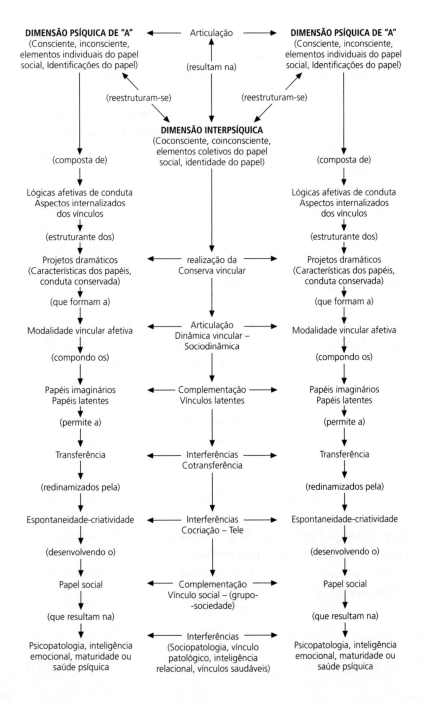

VÍNCULO E AFETIVIDADE – CAMINHO DAS RELAÇÕES HUMANAS

Esse quadro demonstra que, pela complementação dos papéis sociais, as pessoas vivem as trocas mentais. A troca psíquica resulta na sociodinâmica e desenvolve o ser humano.

Nos vínculos, as pessoas se tratam e se desenvolvem social e psiquicamente. A Socionomia, por meio da teoria das relações humanas (Sociodinâmica) e do método ativo de investigação (Sociometria), operacionaliza a Sociatria. A Sociatria é composta de vários métodos sociátricos, como o psicodrama, o teatro espontâneo, os jogos dramáticos e o sociodrama, que objetivam a cocriação e o desenvolvimento da inteligência relacional.

O vínculo cliente/terapeuta, à proporção que seu coconsciente e seu coinconsciente são estabelecidos, terá uma dinâmica também única e singular. A intersubjetividade reconduz a personalidade do terapeuta como o motor do processo psicoterapêutico quando ele instiga a espontaneidade-criatividade do cliente a partir da sua.

O coconsciente e o coinconsciente estruturam o eu e o tornam o ator que age construindo a história. A sua ação repercute no outro, no meio, no grupo e na humanidade, no sentido de favorecer ou não o desenvolvimento sociopsíquico dos indivíduos.

O coinconsciente pode ser inserido na teoria do campo mórfico, do biólogo Sheldrake (1999). Sheldrake afirma que tanto os animais de uma espécie como o ser humano podem aprender, a distância, um novo padrão de comportamento em qualquer lugar do planeta, pela manifestação dos campos mórficos. Esses campos são campos de hábitos e de memória, reservatórios de informações hiperespaciais, organizados de forma não material, espalhados por grandes áreas. O autor constata a consciência da natureza e a comunicação entre os animais da mesma espécie em qualquer parte do planeta.

## INTERAÇÃO, RELAÇÃO E VÍNCULO

As pesquisas sociométricas de Moreno apresentaram-nos variáveis como a proximidade, a intimidade, a frequência de contatos e assiduidade dos encontros, que incrementam o coconsciente e o coinconsciente, fornecendo maior ou menor dimensão às relações humanas (Knobel, 2004; Fox, 1987). De acordo com essas dimensões, distingo a interação da relação e, esta, do vínculo.

Os vínculos abrangem a interação e a relação do indivíduo com o meio social, mas vão além delas. A interação se compõe de uma complementaridade de papéis circunstanciais que envolvem um conjunto de respostas ao outro, aos objetos ou à natureza, relacionadas à cognição, à afetividade ou à percepção das suas existências em nossas vidas. Assim, numa sala de aula, interagimos com os frequentadores do curso; na rua, com os pedestres; num parque, com os caminhantes; num ponto de ônibus, com as pessoas que o aguardam. Essas interações não pressupõem uma representação mental mútua entre as pessoas, apenas a adequação de comportamento ao contexto e ao momento interacional.

As relações se compõem de complementaridade de papéis, na qual as interações entre as pessoas se tornam mais frequentes, fomentadas pelo fenômeno tele. Esse fenômeno também viabiliza a representação mental mútua entre as pessoas, tornando possível a consecução de alguns projetos dramáticos. Assim, os frequentadores do curso podem se tornar colegas na escola; o convidado de uma festa, um paquera; o rapaz numa fila do banco, um confidente momentâneo. Entretanto, as relações rapidamente se desfazem, se não se fomentarem as trocas interpsíquicas ou as interações com o meio social.

Vínculo é a complementação de papéis sociais, na qual o fenômeno tele efetiva a representação mental mútua e torna os estados coconsciente e coinconsciente densos, impulsionando as dinâmicas vinculares. É por isso que o vínculo abrange as interações e as relações do indivíduo com o outro e com o meio, mas as supera por intensa intersubjetividade.

O coinconsciente denuncia que somos responsáveis em nossas interações, relações e vínculos e que criação conjunta também depende de um trabalho interior. Assim, nossa existência faz a coexistência proclamar que criamos os vínculos que nos criaram e nos criam.

# 8
## TRABALHANDO A COTRANSFERÊNCIA NO VÍNCULO CLIENTE/TERAPEUTA

Viver é muito perigoso, porque ainda não se sabe.
Porque aprender a viver é que é o viver mesmo.

GUIMARÃES ROSA

**Alguma vez, como** meros expectadores de um filme, de uma novela, de uma notícia, ou apenas expositores ou ouvintes de um relato, sentimos as emoções à flor da pele; os pensamentos dão uma volta e nossa ação quase efetiva aquele gesto, aquela fala, aquele olhar, em uma nova forma de ser e de estar no mundo. Atores na vida, enfrentamos os conflitos, sofrimentos, novidades e sempre reaprendemos o viver...

Um dia, Moreno, ao criar o Psicodrama, proporcionou-nos a vivência pela segunda vez liberadora da primeira, por meio da realidade suplementar. Realidade extra que nos faz experimentar todos os papéis num contexto continente, permitindo-nos refazer caminhos e conquistar a cocriação.

Nesse instante, ao lembrar-me dos papéis de cliente de Psicodrama e de psicodramatista, surgem-me algumas questões sobre a prática psicodramática: como potencializar a eficácia da experiência da segunda vez? O que é realmente a realidade suplementar, tão específica desse método? Como ela interfere na nossa existência cotidiana? A Sociatria conquistou seu lugar na eficiência do tratamento das relações humanas?

## EFICÁCIA DA SOCIATRIA?

O êxito da Psicoterapia ou da Sociatria é eminentemente subjetivo e intersubjetivo. Ele pode ser avaliado ao lado do cliente ou dos membros do grupo. Há vários fatores – entre eles, comportamentais, relacionais, psicopatológicos, emocionais – que precisam ser ocasionalmente avaliados, considerando sua evolução quanto às demandas do cliente e aos sofrimentos que surgiram no processo. Não há critérios exatos para definir o êxito de um tratamento ou de uma intervenção, apenas a relação terapêutica, o próprio indivíduo ou o grupo dirão.

Porém, podemos apontar alguns requisitos que contribuem para a eficácia da Psicoterapia ou da Sociatria, particularmente a sensibilidade e a capacidade do terapeuta em detectar e trabalhar os processos transferenciais e cotransferenciais impeditivos da cocriação.

É importante também considerar: a) no ato ou no processo terapêutico, o cliente interioriza os aspectos do vínculo com o terapeuta, atualizando, com este, seu potencial criativo, bloqueados em seus vínculos sociais e residuais, ou interioriza aspectos do vínculo que o reforçam em suas complementações patológicas de papéis; b) numa catarse de integração, o terapeuta também interioriza os aspectos conflituosos ou resolutivos do vínculo com o cliente; c) partimos do pressuposto de que quem procura ajuda tenta se utilizar de todos os recursos que lhe devolvam sua saúde mental e relacional. Um dos recursos fundamentais é a capacidade "terapêutica" do terapeuta que auxilia o cliente a refazer suas condutas conservadas e a usufruir de seus potenciais criativos.

Conclui-se que nem tudo são flores: na ação dramática, ou no vínculo com o cliente, muitas vezes questionamos: "Para onde estou indo?", "O que realmente estou construindo com meu(s) cliente(s) neste método sociátrico?", "Será que este é o melhor caminho para a sua saúde mental e relacional?", "De onde surgem minha fala e a fala do outro?", "Por que tenho tantos sentimentos e condutas estranhas em relação a este(s) cliente(s)?", "Será que minhas dificuldades não estão atrapalhando o processo do meu cliente?"

VÍNCULO E AFETIVIDADE – CAMINHO DAS RELAÇÕES HUMANAS

Na aventura de sonhar com o cliente ou de restaurar-lhe essa capacidade (Lima, 1999), deparamos com alguns pesadelos: "E agora? O que fazer? Quanto conteúdo! Quanta emoção! Que rumo tomar diante deste impasse, deste conflito, desta dor?", "Diante desta conduta tão bem conservada e tão útil, em que realmente contribuo para o *status nascendi* de uma conduta inovadora e libertadora de sua alma?"

Que recursos buscar para ajudar os clientes a superar o conflito exteriorizado na ação dramática, ou vivido no coinconsciente do vínculo com o terapeuta? Como proporcionar a vivência liberadora de um duelo interno, por exemplo, entre o sofredor e o que impõe sofrimento; entre o que proclama os deveres e o que deseja sem limites; entre o que aliena e o que se indiferencia, entre o que se encontra fragilizado e o que se mantém forte e autoritário; entre o que deseja mudança e o que sofre culpa ou medo?

Na revivência de cenas traumáticas, carregadas de bloqueios emocionais e de violência física ou psíquica, como contribuir para o resgate do alívio de sua dor?

A emoção irracionalizada, a razão "desemocionalizada", o corpo cristalizado, a violência que é provocada por nosso cliente e lhe acarretam a autoalienação que aliena o outro, a alienação do outro que alimenta sua autoalienação, a indiferenciação entre o eu e o outro, como, nesses meandros, detectar o *self* e favorecer-lhe a libertação?

Na confusão de tantos conteúdos, falas, sentimentos, ações que perturbam tanto a mim quanto ao meu cliente, o vínculo terapêutico e a ação dramática me descortinam numerosos caminhos, mas qual o melhor a ser tomado? E as minhas intervenções verbais são eficazes para o trabalho de sua psicodinâmica?

Quanta sensação de impotência experimentamos diante da impotência do cliente! Quanto desespero vivemos ante seu tormento e sua angustiante experiência de irrealidade em relação a si mesmo!

Surgem mais ações, expressões, mais medos, angústia, confusões, alienações. Os papéis e os papéis complementares indefinidos, os não ditos, os conteúdos do coinconsciente mais coinconscientes... Por

onde se manifestam os aspectos internalizados dos vínculos conflituosos? Como eles estão camuflados na ação do cliente, em nossa
ação e no vínculo com ele?

"Meu Deus! Ajude-me a realmente ajudar!"

Não nos iludamos: a maior parte das respostas não está no cliente,
mas, sim, em nossa relação com ele; está nos conteúdos do coinconsciente e do coconsciente entre terapeuta e cliente, na (com)paixão, no
sofrimento que nos faz, por meio de nossa alma, viajar pela alma do
outro, construindo com ele um *self* coletivo".

Assim, a minha dor (com)partilha a dor de meu cliente, a minha
força terapêutica (co)labora com a dele. Vivendo ou não em mundos
totalmente diferentes, com acontecimentos inusitados um para o
outro, eu e meu cliente nos identificamos e nos encontramos na
essência humana do aprendizado das emoções, na luta pela sobrevivência psíquica e social.

Se nos escondemos de nós mesmos em mecanismos de defesas
compostos por condutas conservadas, em resistências às mudanças;
se fugimos de nossos pânicos, fragilidades e loucuras, não conseguimos captar a essência dessas condutas em nossos clientes e facilitar-
-lhes a vivência liberadora de seus conflitos.

Portanto, não é meu cliente quem revive seu drama. Na verdade,
revivemos, eu e ele, juntos, um drama e tecemos o enredo libertador
das tramas ocultas e impeditivas da cocriação.

A realidade suplementar, promovida pela dramatização, concretiza, mediante papéis psicodramáticos, a trama oculta, trazendo à tona
o "fundo do poço", a angústia do vínculo patológico à flor da pele, a
dor profunda da autoalienação, os prazeres incontidos da perversão,
a ansiedade do novo, o reordenamento dos valores, da ética e da dignidade humana. Enfim, a realidade suplementar materializa o coinconsciente, explicitando na ação muitos de nossos conteúdos.

Mas e se não dramatizarmos? Que recursos tem o Psicodrama sem
sua intervenção-mor? Moreno (1983, p. 72) afirmou que "todas as
técnicas do Psicodrama podem ser usadas verbalmente", mas não nos
explicitou de que maneira. Cabe a nós, psicodramatistas, criar e ino-

var dentro dessa afirmativa, como fizeram Fonseca Filho (2000) e Gonçalves (1994). Aprofundaremos esse assunto no Capítulo 9. Ao contextualizarmos a palavra, a fala, como um dos elementos da ação, captamos dentro do relato ou do discurso do cliente as cenas, os papéis latentes, os papéis complementares, as lógicas afetivas e sua psicosociodinâmica e podemos intervir a partir daí.

Mas além das intervenções psicodramáticas usadas verbalmente ou na dramatização algo muito mais profundo ocorre no vínculo entre cliente/terapeuta, interferindo na eficácia do método sociátrico. Para Moreno (1983), esse algo mais profundo é o fenômeno tele, pertencente ao campo da Sociometria e da Sociodinâmica de qualquer vínculo. Além disso, acredito que em todo vínculo há uma reconstrução, ou uma reaprendizagem contínua e coletiva do relacionamento humano.

Quando fazemos supervisão ou estudo de caso, temos uma metavisão do vínculo terapêutico. É possível ter uma leitura e uma revivência do vínculo que desvelam um pouco mais seu coconsciente. Percebemos, por exemplo, que o vínculo terapêutico, dentro de contexto e de momento específicos, traz a experiência de um Sociodrama *in situ,* no qual os papéis sociais de terapeuta e de cliente trazem à tona a modalidade vincular afetiva de cada um. Podemos viver uma cena impregnada de um "duelo" vincular com o cliente ao sofrermos uma cotransferência impeditiva da cocriação.

Nesse duelo esperamos resgatar a relação terapêutica e realizar projetos dramáticos que efetivamente ajudem o cliente (e a nós) e gerem um novo *status nascendi* vincular.

Neste instante, lembro-me do filme O *quarto do filho* (direção de Nanni Moretti, estrelando Nanni Moretti), no qual o protagonista, um psicanalista, ao viver o luto pela morte do filho, não consegue retomar a objetividade exigida pelo seu papel profissional nem transpor sua subjetividade para o *setting* psicanalítico. É provável que Moreno diria que o psicanalista ficou muito mais humano quando passou a viver também as dores de seus pacientes, ou quando estas despertavam suas dores tornando-se, por isso mesmo, muito mais capaz de ajudá-los.

Até que ponto a objetividade tão absoluta no papel de terapeuta pode nos impedir de sair de defesas egoicas que bloqueiam o desenvolvimento de nossos vínculos?

O que realmente nos fará crer que de fato está ocorrendo a cocriação?

Se, em alguns momentos do processo psicoterápico, estamos muito mais necessitados de ajuda do que o cliente; se, muitas vezes, o nosso desejo de que o cliente dê aquela resposta, conforme nossos ideais do que seja saudável, nos coloca um véu sobre o que seria a sua resposta mais espontânea e, ainda, o desejo do cliente em corresponder às nossas expectativas pode obstruir a cocriação.

Esses e tantos outros "ses" nos certificam da inevitabilidade da existência do coconsciente e do coinconsciente nos vínculos. E a cocriação é vivida em momentos nos quais ambos, cliente e terapeuta, quer em seus papéis sociais ou psicodramáticos, resgatam suas forças terapêuticas, demarcadas no reaprendizado de condutas liberadoras da espontaneidade-criatividade.

Em minhas experiências clínicas, a cocriação já se deu tanto em momentos surpreendentes, inesperados, como após longos embates em relação às resistências do cliente ou o uso de vários métodos terapêuticos. Certa vez, um cliente revelou-me que ao flagrar meus olhos cheios de lágrimas, quando ele relatava um sofrimento intenso de sua vida, sentiu-se tão reconfortado com a minha sensibilidade que deixou de ir com seu discurso programado para não correr o risco de se sentir inferior a mim. Eu já havia usado muitas técnicas para ajudá-lo a enfrentar o medo da fragilidade quando, de repente, ele se permite tocar por algo muito além da intervenção técnica, ocorrido no processo terapêutico, ou seja, a percepção de minha sensibilidade em relação à sua dor.

É possível que para outros clientes isso não promoveria a cocriação, ao contrário, poderia produzir uma cotransferência reforçadora de suas dificuldades. Vínculo é isso: não permite fórmulas para seu êxito, mas um contínuo aprendizado coexistencial.

Portanto, o terapeuta tem um treinamento específico para o distanciamento ou a objetividade necessária em relação à ajuda psicoló-

VÍNCULO E AFETIVIDADE – CAMINHO DAS RELAÇÕES HUMANAS

gica, mas também vive uma "aproximação" psíquica, promovida pela intersubjetividade e pela "com-paixão" com cada cliente.

Na cocriação há o resgate do *self* tanto do terapeuta como do cliente por meio da ação vincular que atualiza potenciais criativos, aprisionados em conduta conservada, que já perdeu sua data de validade existencial. Essa ação contém a expressão de emoções e de conteúdos verbais, movimentos corporais e o desempenho de papéis que reconstroem a modalidade vincular do cliente, vinculando-a ao *self* ou minimizando sua identidade em relação aos aspectos internalizados dos vínculos conflituosos.

O cliente, sem dúvida, dá o sinal do encontro com sua própria força terapêutica, com aquilo que se constituirá no seu novo *status nascendi* relacional. O terapeuta é o facilitador desse encontro, ao mesmo tempo que revive suas cenas, buscando o resgate de seu crescimento pessoal.

O processo terapêutico coparticipativo tem segredos. E um deles, no Psicodrama, em minha concepção, é o aquecimento do próprio diretor, que o remeterá a um estado de concentração (quiçá de meditação) sobre a alma do cliente, visando encontrar as intervenções terapêuticas que melhor trabalhem suas próprias resistências à mudança e a inter-resistência. Esse estado de concentração e as intervenções do terapeuta, no entanto, estão repletos dos conteúdos inconscientes deste, que se associam aos do cliente, pelos aspectos internalizados dos vínculos conflituosos ou pelas forças terapêuticas.

O que nos faz deslumbrar toda a complexidade da trama vincular é a imponderabilidade da sessão psicodramática, é o fato de ela se constituir numa experiência vital única, cuja validação é a validação existencial, na qual os participantes captam, vivem e expõem seus benefícios. A sessão psicodramática repete a imperfeição do universo, o caos necessário para que alguma ordem se apresente, o estado onírico que revitaliza o estado de vigília. Nesse processo, o certo é o incerto e as criaturas criam seu Deus que as recriam.

Deduzimos então que, se Deus fosse perfeito ou assim o fosse sua criação, ele estagnaria sua espontaneidade-criatividade no produto acabado de si mesmo e de suas criaturas. Deus se tornaria uma conserva cultural mor. Mas o prazer e a angústia da existência em contínua evolução e revolução criadora nos fazem deduzir que a imperfeição, o inacabado ou o recriado pela conserva é o que mobiliza nossa "divindade", no sentido de nos tornarmos coautores do universo com Deus.

Deus certamente se apercebeu que era muito solitário criar a perfeição. "Por que não 'com-partilhar' a beleza de criar?", pensou. Então, tomou para si um pouco da imperfeição ao criar o mundo e suas criaturas incompletas. Surgiram aí a categoria do momento, o universo aberto à mudança e a espontaneidade-criatividade como os fatores geradores da saúde do homem e de seus vínculos, mediante a cocriação. Assim, Deus se refaz continuamente em sociedade, nos vínculos, na ação.

A tensão do incompleto, do imperfeito gera também muitos sintomas psicossociopatológicos quando nos apegamos a respostas que um dia funcionaram ao amenizar nossas dores. Por exemplo, a síndrome do pânico pode ser vista como um conjunto de respostas conservadas para evitar a situação temida. Nesses casos, o estado físico da pessoa também contribui, quando o nível de serotonina diminui, acarretando o profundo desalento em viver, impossibilitando a pessoa de enxergar caminhos inovadores que lhe tragam luzes para seu conflito e um reaprendizado de papéis na vida.

A tensão do imperfeito, do novo, do caos permeia todo trabalho sociátrico, impulsionando-nos a fazer algo diferenciado, a refazer diferenciando, a diferenciar o fazer. E a ação transformadora nos libera da repetição angustiante, fazendo brotar, momentaneamente, uma ordem, um novo produto, uma forma diferente de viver e de se relacionar, que nos garantirão melhor sobrevivência sociopsíquica, mas que se tornará de novo uma conserva em algum outro momento...

E, assim, seguimos neste universo repleto de surpresas! Mas nele nos preparamos cada vez mais para nos consolidar como um exército de terapeutas que realmente fazem a diferença para a construção de uma nova ordem mundial, na qual a ética e a cidadania, a dignidade humana, a justiça e as relações pessoais mais saudáveis se tornam evidentes e têm lugar dentro da utopia moreniana.

Nesse sentido, a minha preocupação e a de colegas como Contro (2004), Naffah Neto (1979) e Romanã (1992) é a de que a Psicoterapia e a Sociatria não se restrinjam à técnica pela técnica, ou a uma ação atuadora, repleta de boas intenções, mas sem consistência teórica, terapêutica e de crítica social.

## CAMINHOS PARA DETECTAR A COTRANSFERÊNCIA E TRABALHÁ-LA

A vivência liberadora, portanto, se fundamenta, antes de qualquer intervenção sociátrica, no vínculo que o terapeuta estabelece com seu(s) cliente(s) e depende da capacidade do terapeuta de detectar a cotransferência e de trabalhá-la no sentido da atualização dos potenciais criativos tanto dele como do cliente.

Tento criar ou aprofundar alguns conceitos socionômicos para que o terapeuta amplie sua capacidade de perceber a cotransferência, tais como: vínculo, aprendizagem emocional, modalidade vincular afetiva, lógicas afetivas de conduta, características de papéis, condutas conservadas, competição sociométrica, cocriação, inteligência relacional, projetos dramáticos latentes e manifestos, papéis latentes (ou funções de papéis), aspectos internalizados dos vínculos conflituosos (compostos por: 1) o papel complementar interno patológico; 2) concepção do eu ferido ou a criança/adolescente/ adulto internos feridos; e 3) a dinâmica relacional entre esses papéis internalizados), dinâmicas de poder, vínculos em sofrimento, modalidade vincular relacionada à agressividade. Esses conceitos têm por objetivo descrever conteúdos dos estados coconsciente e coinconsciente e ampliar o entendimento socionômico dos fenômenos tele e transferência.

Embora o Psicodrama considere a cotransferência pertinente a todos os vínculos que estabelecemos na vida, tentarei expor alguns caminhos, entre vários[3], para detectar os processos cotransferenciais e trabalhá-los num método sociátrico (ou especificamente no vínculo cliente/terapeuta). São eles: modalidade vincular afetiva, autodefinições, resistências, vínculos em sofrimento, dimensões da psique, agressividade e dinâmicas de poder. Verifiquemos cada um deles.

## MODALIDADE VINCULAR AFETIVA

Um dos caminhos para detectarmos a cotransferência é a modalidade vincular afetiva, que se manifesta nas características de papéis e nas lógicas afetivas de conduta. Essa modalidade sintetiza o aprendizado referente à busca do equilíbrio biossociopsíquico.

O foco do trabalho da cotransferência são as lógicas afetivas de conduta e as características de papéis impeditivas da manifestação da espontaneidade-criatividade. O terapeuta ajuda o cliente a conhecê--las e a verificar como desempenha seus papéis. Por meio de técnicas de ação, o cliente passa a dominar o modo de ser, por exemplo: filho, funcionário, marido ou paciente "bonzinho", "submisso", "passivo", "sádico", "violento", "poderoso" , aprendendo com isso novas características que expressem seu *self.*

O terapeuta ainda observa a sua própria modalidade vincular afetiva e a do seu cliente para não reforçá-lo em seus sintomas, suas resistências, suas alienações e angústias. Por exemplo, em uma super-

---

3. Entre os muitos escritos sobre o entendimento psicodramático de transferência, indico principalmente: Capítulo 1 do livro *Fundamentos do psicodrama* de Moreno, no qual o autor diferencia os conceitos psicanalítico e psicodramático de transferência e desenvolve sobre o fenômeno tele; Capítulo 3 do livro *Ainda e sempre psicodrama*, no qual Perazzo descreve a intervenção psicodramática nos processos transferenciais pelo movimento existencial e pelos equivalentes transferenciais; Capítulo 5 do livro *Psicodrama: teoria e técnica*, de Dias, no qual o autor propõe a busca das cenas originárias da insegurança básica; Capítulo 1 do livro *Paixões e reflexões de um terapeuta*, de Naffah Neto, no qual, pelas influências de Moreno e de Nietzsche, o autor nos esclarece os processos transferenciais que ocorrem no campo vincular cliente/terapeuta; e o Capítulo 12 do livro *Teatro terapêutico e psicodrama*, no qual Aguiar apresenta o conceito de co-transferência (vide bibliografia).

VÍNCULO E AFETIVIDADE – CAMINHO DAS RELAÇÕES HUMANAS

visão, o terapeuta constatou o quanto reforçava as dificuldades do cliente: este criticava o consultório e o presenteava sempre com quadros, adornos, sugerindo-lhe, arrogantemente que trocasse toda decoração, pois em sua opinião tudo ali era "brega". O terapeuta, embora se sentisse bem em seu espaço e tivesse todo seu consultório decorado conforme sua concepção estética, passou a duvidar dessa concepção e incomodamente concordava com o cliente.

Certo dia, decidiu reformar o consultório de acordo com as sugestões do cliente. A modalidade vincular deste era menosprezar o outro e superestimar-se, controlar a situação, impor regras nos grupos e obter a atenção por intermédio de sua arrogância. O terapeuta revelou--me algumas de suas lógicas afetivas de conduta: "Se eu mudar meu consultório e concordar com ele, serei mais valorizado" e "Vejo que meu gosto é inferior ao dele! Afinal, ele entende muito dessas coisas!" Essas lógicas são pertencentes à sua característica de papel de submissão acrítica. Quanto a tal aspecto, as características de papéis de ambos se interligaram, reforçando a manutenção das condutas conservadas tanto do cliente como do terapeuta impeditivas da cocriação.

Um dos objetivos do vínculo terapêutico é uma revivência liberadora de características de papéis do cliente, por meio das características de papéis do terapeuta, resultando no surgimento de um novo *modus operandi*. Aqui, o terapeuta também revive sua modalidade vincular afetiva, em um processo de transformação mútua, na tentativa de um sentido de existência construtivo de todos os envolvidos.

## AUTODEFINIÇÕES

O processo transferencial pode ser explorado por meio da fala do cliente em relação a si, a seus sentimentos e às suas autopercepções. As autodefinições são, muitas vezes, conteúdos demonstrativos da atuação de algum aspecto internalizado dos vínculos conflituosos, seja da "criança interna ferida", seja do papel complementar interno patológico, ou da dinâmica entre eles, perturbando o desempenho de seu papel de cliente.

Falas e sentimentos bastante determinados e intensos, como: "Tenho vergonha de me expor!", "Não confio em ninguém", "Só ajo e nem quero saber das consequências", "Não gosto de ninguém, pois nenhuma pessoa vale a pena!", "Tenho pânico de morrer só!", "Sinto-me um lixo", "Ainda vou matar fulano!", "Sempre abro mão das minhas coisas", "Sou o Napoleão", "Sou arrogante mesmo, pois sei que sei!", "Ele me paralisa com sua violência, sinto-me refém de suas vontades!", "Vou saber de toda a verdade, mesmo que eu sofra anos e anos!", "Não consigo alguém que me ame", "Você não é de nada", são expressões que denotam alguma "identidade" ou a confusão do eu com os aspectos dos vínculos conflituosos, internalizados em vivências nas quais o cliente obteve danos ao eu.

O papel do terapeuta é ajudar o cliente a compreender essa "identidade" e iniciar um processo de diferenciação desses "outros" dentro dele, da fantasia e da realidade e da autorresponsabilização nos vínculos.

No vínculo atual, esses aspectos internalizados dos vínculos conflituosos se manifestam ora com lógicas afetivas relacionadas ao papel complementar interno patológico, ora relacionadas ao "eu ferido", ora com a dinâmica deles. Essas manifestações surgem na fala, na atitude, nas emoções, na modalidade vincular das pessoas num vínculo. Por exemplo, uma situação de "branco" em uma prova de vestibular pode ser retratada quando o aluno diz: "Não sei o que acontece comigo, fico tenso e não consigo raciocinar e tudo que estudei se perde! E vem o branco!"

Nesse relato, podemos explicitar o drama que envolve os aspectos internalizados dos vínculos conflituosos: 1) "Não sei o que acontece comigo": é a lógica do seu "eu ferido", possível de advir de sua "criança interna ferida" que, em determinados momentos, nos seus primeiros vínculos, não aprendeu a se diferenciar; 2) "fico tenso": trata-se do "eu ferido" que se sente sufocado numa situação de pressão, de cobrança; 3) "e não consigo raciocinar": é a lógica do papel complementar interno patológico que fomenta a descrença do "eu ferido" da seguinte forma: "Você não vai se lembrar, está difícil, não vai se concentrar, não estudou o suficiente. É um incompetente!"; 4) "tudo que estudei se perde": é a dinâmica relacional resultante do "eu ferido" com o papel complementar interno patológico: a improdutividade, a dor de não atingir a meta desejada; 5) "e vem o branco!": uma das formas de manifestação do papel complementar interno patológico: "você não saberá responder! Vai errar! Por que veio fazer vestibular?"; 6) Situação de prova: contexto que reporta a outros contextos ligados à internalização dos aspectos dos vínculos conflituosos; e 7) aluno/prova: vínculo conflituoso resultante de seu aprendizado emocional.

Em síntese, na prática terapêutica o psicodramatista escolhe um desses possíveis "focos" para despotencializar algum dos aspectos internalizados do vínculo conflituoso e favorecer a espontaneidade--criatividade do cliente.

As técnicas psicodramáticas oferecem a oportunidade para o cliente reviver as cenas relativas às autodefinições, diferenciando-se e se libertando das condutas conservadas a elas associadas.

A dramatização, especificamente, "objetiva", "concretiza" ou explicita o funcionamento da psique e da interpsique, produzindo uma realidade suplementar. A dramatização, por si só, é terapêutica, ao propiciar um distanciamento do cliente em relação aos aspectos internalizados dos vínculos conflituosos, pois, muitas vezes, eles são transformados em personagens ou papéis psicodramáticos diferenciados do eu. Ainda, ela proporciona o fazer diferente, as novas respostas e a vivência de fantasias que promovem o crescimento sociopsíquico.

Também no vínculo terapêutico, o terapeuta contribui para o redimensionamento das autodefinições, usando sua função de ego--auxiliar favorecedora da expressão do *self* e o resgate da dignidade do cliente. O exercício dessa função exige um escutar mais apurado da fala do cliente, permitindo a manifestação do que há de mais profundo, verdadeiro e revelador de sua alma. Trata-se de uma intervenção cujo foco é o acolhimento da sociopsicodinâmica do cliente, estando em segundo plano a história, as ideologias e as autodefinições do terapeuta.

Por isso, a hermenêutica é o método facilitador da reconstrução coletiva da história do(s) cliente(s). Assim, o terapeuta intervém, dramática ou verbalmente, facilitando a expressão da alma do cliente, dando-lhe espaço para ser e criar a si e às suas relações.

Recordo-me, neste momento, de uma sessão em que senti um grande desconforto com a queixa repetitiva de uma cliente, que dizia:

– Meus filhos me abandonam sempre! Minha mãe não quer saber de mim! Eles me evitam, dizem que sou chata, que cobro, que incomodo! Mas eu tento de tudo para ser legal e eles tramam o tempo todo contra mim!

Num ímpeto, dentro de meu incômodo, eu lhe sugeri:

– Parece que todos querem que você tenha mais jogo de cintura para lidar com eles...

Ela me respondeu, com veemência:

– Você está parecendo meus filhos dizendo a mesma coisa! Não gosto quando eles dizem isso!

Houve um silêncio. Retomei-me e busquei compreender o que realmente ela estava querendo me dizer com aquela queixa contínua. Na exploração de seu mundo interior e de sua modalidade vincular vieram, naquele momento, cenas de abandono e um pedido sub--reptício de que eu não a abandonasse, ou não a considerasse inoportuna no contexto terapêutico.

Terminada a sessão, comecei a elaborar o que me ocorrera. Dei--me conta de que era eu quem precisava de um jogo de cintura para lidar com a dependência, a manipulação e a vitimação da cliente. Ela contrastava muito com a minha mãe, que me dizia: "Meus filhos não são meus! São para o mundo!" Essa fala me dava uma sensação de liberdade... e não de abandono.

Assim, minha história interferiu de maneira que não favoreceu, naquele momento, a cocriação. Num impulso pessoal, sem estratégia terapêutica, tomei partido dos filhos que se sentiam oprimidos e sufocados com a carência da mãe controladora, com um discurso carregado de autodefinições negativas que reportavam à sua união com os aspectos internalizados dos vínculos conflituosos.

O escutar apurado da alma do outro evita a cotransferência que bloqueia a cocriação, mas não pode impedi-la, pois o campo vincular é rico das trocas dos conteúdos inconscientes favorecedores ou desfavorecedores do vínculo terapêutico. Mas é exatamente o próprio processo transferencial, quando bem explorado, que nos ajuda a resgatar a manifestação da espontaneidade-criatividade.

## RESISTÊNCIAS

As resistências do cliente contra a mudança de conduta, o processo terapêutico, o enfrentamento dos conflitos e o desempenho do papel de cliente também são sinais do processo transferencial. Essas resistências surgem na forma de vários mecanismos defensivos do ego, tais como: projeção, negação, fuga e também em outras condutas conservadas, como justificativas, vitimação, isolamento, desqualificações, ausências ou atrasos nas sessões.

As resistências à mudança denunciam, por exemplo, a dificuldade do cliente em se vincular, a presença de alguma tensão no vínculo com o terapeuta, a dor do contato ampliada com a angústia, o medo de transformar seu sentido de existência, mesmo sofrendo com seus sintomas. Por meio das resistências, o eu do cliente é dominado pelos aspectos internalizados dos vínculos conflituosos; as condutas conservadas lhe fornecem muitos benefícios e uma identidade, mesmo autodestrutiva, e ele evita os sacrifícios que a transformação de seu *modus operandi* lhe exigirá.

O terapeuta, conhecendo cada vez mais a modalidade vincular do cliente, objetiva a melhor maneira de trabalhar as suas resistências, por intermédio de dramatizações, *feedbacks*, confrontos, expressões de si em relação a ele, intervenções que maximizem a tensão do drama, interposições de cenas e de conteúdos surpreendentes para que ele consiga encontrar novas respostas para seus conflitos e dificuldades. Essas intervenções visam apreender qual é o "ganho" obtido pelo cliente com seus sintomas e o que o ajudará a sair dessa repetição que lhe causa tanto mal psíquico.

O cliente necessita se sentir seguro quanto ao fato de que a mudança ou o tratamento não vão lhe tirar a identidade, mas, ao contrário, vão lhe fornecer uma identidade mais autêntica e vinculada ao *self*. Essa segurança é adquirida no vínculo com o terapeuta e no resgate de sua força criativa. Ampliamos constantemente a visão prognóstica do cliente, avaliando com ele suas necessidades para o crescimento social e psicológico.

Também, nos estudos de caso, elaboramos questões para construirmos nossas hipóteses terapêuticas, de acordo com o momento do ato ou do processo sociátrico. Entre várias questões, temos: é importante mais ação? Expressão de sentimentos? Ampliação de percepção, com a distinção entre a fantasia e a realidade? Maior compreensão de sua modalidade vincular afetiva? Revivência de cenas traumáticas?

Essas avaliações contribuem para o uso de técnicas mais adequadas ao manejo das resistências à mudança.

As resistências ainda ocorrem quando o cliente desempenha contraditoriamente seus papéis. Por exemplo, no momento em que está conseguindo uma resposta nova para um conflito, ele retorna para condutas conservadas; quando deseja algo e ao mesmo tempo nega o desejo, ou ao representar um papel entrar num estado de intensa produção verbal, com emoções diversificadas, particularmente angústia ou ansiedade. Nesses momentos, os aspectos internalizados dos vínculos conflituosos interferem e boicotam a relação terapêutica, por meio de ambivalências na comunicação, contradições no desempenho de papéis e aumento das defesas contra a emoção ou a emergência de uma nova resposta.

Na interação com o cliente resistente, o terapeuta pode ver-se paralisado, impotente, confuso ou ambivalente, devido às suas próprias indefinições emocionais, condutas contraditórias e interpretações distorcidas. Essas modalidades vinculares podem reforçar a dificuldade do cliente de detectar o que lhe é mais adequado no desempenho de um papel.

O Psicodrama também pressupõe que, em alguns momentos, a resistência do cliente ocorre porque houve a resistência do terapeuta. Trata-se de inter-resistência, ou seja, de uma articulação no coconsciente e no coinconsciente entre as resistências dos indivíduos no vínculo. O método participativo e de ação não exime a manifestação da resistência interpessoal; ao contrário, torna-a mais presente e visível.

Uma das resistências do terapeuta é o medo de assumir a sua responsabilidade no vínculo com o cliente. Certa vez uma aluna me perguntou: "Mas o que será de mim se meu cliente se tornar mais feliz do que eu, mais integrado e realizado como ser humano?" e concluiu sobre sua dor: "Se ele se sentir bem, poderei perdê-lo!"

Esses temores podem se aliar aos temores do cliente e ser assim construídos: "E se eu melhorar terei de deixar a minha terapia!", "Será que ela tem tanto sucesso profissional quanto eu?", "É melhor não revelar esta conquista para não despertar-lhe inveja!" Aqui surge uma inter-resistência no processo terapêutico, bloqueadora da cocriação.

Desse modo, a inter-resistência constitui-se numa das manifestações do coinconsciente. É importante ficarmos atentos às nossas resistências, que podem impulsionar as do cliente, e às resistências do cliente, que podem servir para detectarmos nossas dificuldades neste vínculo. Por isso é mister perguntar-nos constantemente: o que em nós motiva a exacerbação do uso de condutas defensivas ou mantenedoras do *modus vivendi* do cliente?

## VÍNCULOS EM SOFRIMENTO

Podemos detectar a cotransferência na conserva vincular que gera alguns sentimentos, condutas e atitudes do terapeuta relacionados a seus aspectos internalizados dos vínculos conflituosos, e se associa aos aspectos internalizados dos vínculos conflituosos do cliente, reforçando-os. Ocorrerá complementação de papéis "latentes" (funções de papéis) que pode, em algum momento, produzir um vínculo patológico e perturbar o tratamento do cliente.

Um terapeuta que esteja passando por sérios problemas que lhe causem sentimentos de impotência e desespero corre mais riscos de ter seu papel profissional conturbado quando seu cliente manifestar sentimentos ou problemas parecidos.

Nas complementações de papéis "latentes", ambos se reconhecem e se reforçam, em vários graus de consciência, nos seus sentidos destrutivos de existência. Trabalhei com uma psicodramatista, num *role-playing* em uma empresa, que aceitava os convites de um funcionário para os eventos culturais ou sociais. Em um sociodrama, o funcionário se tornou o foco de um conflito em virtude de uma queixa de assédio sexual, revelando-se que ele saíra de sua seção por causa desse constrangimento, depois de receber uma advertência. Durante o sociodrama ele questionava: "Qual o problema em não aceitar os limites das relações no trabalho? Que mal há em desejar 'ampliar' o contato profissional para amizades?"

Nesse caso, também a terapeuta não conseguia impor as regras da consultoria quanto a restringir o papel profissional à intervenção na empresa. Durante o seu trabalho, ela se viu embaraçada com a proximidade do funcionário, por estar complementando papéis "latentes" de conselheira ou de companheira para os eventos culturais.

Enfim, em determinado momento, no vínculo terapêutico pode ocorrer o reforçamento das condutas conservadas ou dos sintomas dos clientes, caracterizando o estabelecimento do vínculo patológico no processo terapêutico. Além disso, é fundamental conhecer e trabalhar as cenas temidas do profissional, pois elas interferem fortemente na formação de vínculos em sofrimento (Pavlovsky, Kesselman e Frydlewsky, 1978).

Há pouco tempo um terapeuta confessou-me, em supervisão, que sentiu seu coração bater mais forte e começou a tocar mais firmemente suas mãos no momento em que o cliente lhe expressou o medo de morrer. Nesse instante, o terapeuta lhe propôs uma dramatização, que foi dirigida sem atenção. Ao término da sessão, percebeu que usou o método como uma forma de escapar de sua ansiedade. Na supervisão, quando dramatizamos a cena do terapeuta com o cliente, o primeiro representou o pânico da morte dialogando com o pânico do cliente. O pânico do terapeuta o incapacitava de ajudar a queixa semelhante do cliente.

Nesse instante, parte do coinconsciente se tornava coconsciente, e constatamos a necessidade do terapeuta de trabalhar esse pânico em

VÍNCULO E AFETIVIDADE – CAMINHO DAS RELAÇÕES HUMANAS

sua psicoterapia para conseguir intervir mais adequadamente no tema em sua profissão.

Os sinais da cotransferência também podem ser úteis para a construção de estratégias que efetivem a melhoria do vínculo quando o terapeuta trabalha seus próprios conteúdos. Assim, durante um ato ou processo sociátrico, na relação com algum cliente, o terapeuta pode perceber a necessidade de desenvolver sua amorosidade, de aprender a ser mais determinado em seus objetivos, de ser capaz de lidar com sentimentos que o perturbem em seus vínculos (como inveja, insegurança, perda, ansiedade), de melhorar a sua qualidade de vida, de ter uma experiência sexual mais potencializada, de exercer um treino maior de sua espontaneidade-criatividade, de melhorar sua capacidade perceptiva e interpretativa do outro, ou de se compreender em relação a algum preconceito, ou sentimentos que o cliente lhe desperta, para conseguir tornar seu vínculo mais terapêutico.

A arte da terapia é o "trabalho" artesanal e minucioso dos aspectos internalizados dos vínculos conflituosos, tanto do terapeuta como do cliente, metamorfoseando-os em aspectos que produzam o bem-estar social.

## DIMENSÕES DA PSIQUE

No trabalho da cotransferência impeditiva da cocriação, o terapeuta pode observar quais alianças faz em relação às dimensões da psique do cliente. Segundo Victor Dias (1987, 1994), as dimensões que formam o núcleo do eu são: afetividade (ligada à área corpo), imaginação e percepção (ligadas à área ambiente) e pensamento e ação (ligados à área mente). No entanto, a meu ver, o aprendizado emocional e dos papéis é contraditório e dialético. A criança desenvolve, por meio dos vínculos, sua modalidade vincular afetiva associada a todas as dimensões da psique, mas com a preponderância de alguma delas e com resistências, dificuldades e defesas em relação a outras.

Por exemplo, numa cotransferência, um cliente racional ou que tem a dimensão do pensamento mais desenvolvida pode estimular o terapeuta a intervir por meio de reflexão lógica dos fatos, sem trabalhar-lhe a afetividade.

Outro caso de manifestação de defesas: muitas vezes os clientes com a dimensão mente muito desenvolvida podem detectar suas emoções, mas apenas as nomeiam ou "falam" delas: "Senti medo de morrer naquela hora!", "Tenho raiva deles!", evitando expressá-las ou vivenciá-las integralmente: "E se me matassem?! Que horror! Era com certeza o último instante de minha vida. Aquela arma apontada para mim! Eu não estaria mais aqui! E minhas filhas? Eu quero viver!", ou "Que droga! Detesto isso! Por que me aprontam tanto? Canalhas! Safados!" Nesses momentos, o terapeuta pode complementar a dinâmica racional do cliente ao usar técnicas mais racionais ou teorizar com ele suas emoções.

Nesses casos, a expressão afetiva não está integrada à expressão cognitiva e corporal e evita incorporar as características da espontaneidade-criatividade, ou seja, a dramaticidade, a originalidade e a adequação. É uma armadilha que perturba o cliente em sua busca por novas respostas ao conflito.

Em outros casos, pode ocorrer o oposto: clientes com a dimensão afetiva à flor da pele podem ser reforçados pelo terapeuta que promove a expressão e a (re)vivência dos sentimentos sem intervenções que visem nomeá-los, elaborá-los, ou compreendê-los dentro do vínculo e do contexto em que ocorrem. Assim, o processo gera a expressão afetiva pela expressão afetiva, numa catarse apenas emocional.

Além das dimensões psíquicas, estamos atentos às dimensões corporal e relacional presentes no vínculo terapêutico. O cliente, ao relatar um fato, ou revivê-lo, está imerso em sua subjetividade. O terapeuta tenta se aliar ao eu do cliente, e não ao "outro" representado no seu discurso ou dramaticamente, resultante de seu mundo interno e social. No entanto, o terapeuta deve também treinar uma visão mais globalizada, que o permita apreender a outra "parte" ou a outra "pessoa" com quem o cliente se vincula, o contexto, o momento e a sua modalidade vincular afetiva.

A metavisão do terapeuta, ou seja, um "distanciamento" do cliente, contribui para a maior objetividade na percepção e para algum grau de imparcialidade no vínculo terapêutico. Por meio dessa estratégia, é possível compreender em que medida o "outro" está sendo também um agente terapêutico, isto é, atuando adequadamente no campo vincular do cliente. Muitas vezes o "outro", referido pelo cliente como o mal de sua existência, tenta possibilitar-lhe formas mais espontâneas, éticas ou saudáveis de viver. Por exemplo, o outro pode alertá-lo dos perigos quando o cliente é muito destemido; ao cliente invasivo, pode impor-lhe limites; ao cliente inconsequente, apontar-lhe suas responsabilidades no vínculo ou num contexto; ao cliente que não tolera as diferenças, expressando-as. Em uma óptica subjetiva, o cliente pode interpretar essas ações ou expressões do outro como contrárias ao seu crescimento pessoal, estando, por exemplo, ligado apenas ao seu desejo de onipotência, de domínio das relações, suas agressões ou vitimações.

Entre os vários recursos terapêuticos para o cliente se responsabilizar nas relações, a técnica da inversão de papéis é a mais adequada. Ela amplia o coconsciente, refazendo, na relação, a apreensão, percepção e captação tanto do outro como de si mesmo.

## AGRESSIVIDADE

A cotransferência também pode ser detectada pela modalidade vincular relacionada à agressividade. A autoagressão pode se constituir na tentativa de destruição dos vínculos internos patológicos; a agressão ao outro é uma tentativa de se superar em relação aos aspectos internalizados dos vínculos conflituosos projetados no outro; a agressividade indiferenciada se constitui em uma alienação mental ou em uma vivência rígida de papéis imaginários ou sociais que busca anular as interferências dos aspectos internalizados do vínculo conflituoso.

O terapeuta pode estimular a autoagressão do cliente ao estabelecer um vínculo que reforce modalidades vinculares em que ele possui pouca vitalidade, apatia e empobrecimento de trocas afetivas. Os clientes que se autoagridem em geral se entregam ao tratamento e projetam no terapeuta os papéis latentes do grande "protetor" e "salvador" e lhe "facilitam" o processo terapêutico, ao ter pouca resistência às regras do processo e aos comandos que esse vínculo impõe.

Nesses casos, algumas possíveis complementações patológicas de papéis são: o terapeuta se envaidecer e se vincular como o "herói" do cliente ou usar dispositivos de poder que conduzam o comando terapêutico de acordo com suas ideologias e perspectivas pessoais; o terapeuta pode querer "mostrar serviço", ao tentar realizar o projeto dramático de "salvador" construído pelo cliente e intervir, por exemplo, obrigando-o a encontrar respostas ou dando conselhos para que ele resolva seus dramas.

Os clientes que usam a agressividade contra o outro em geral se vinculam sem compromisso, sem observação à ética nos relacionamentos, às normas, aos limites dos contextos, numa perspectiva de danificar o outro, seja psíquica ou fisicamente. Com frequência eles têm dificuldade de exercer o papel de cliente, pois este lhes causa grande transtorno, provavelmente associado às suas vivências no papel de filho. Vivenciaram uma matriz de identidade que não lhes desenvolveu a segurança afetiva, não lhes possibilitou pedir ou receber ajuda, ou, ainda, não os ajudou a enfrentar as frustrações. Essas experiências podem desenvolver modalidades vinculares relacionadas ao sadismo, à mesquinhez, à falsidade, à vingança e à crueldade.

O terapeuta pode viver sensações de impotência, incompetência, fracasso e ansiedade que estimulam, em algum momento, o vínculo patológico, pois esses clientes tendem a dominar o outro por meio de uma suposta vantagem adquirida pela violência nas relações de poder. Mas, na verdade, muitos deles demandam a segurança de que alguém os aceite e neles acredite. É função do terapeuta se tornar, ao longo do processo terapêutico, a pessoa que redimensionará os modelos de autoridade e de proteção do cliente, mediante sua ligação com ele.

Ainda será necessário o trabalho da revivência corretiva, questionadora e propiciadora da reconstrução de personagens relacionados aos vínculos do cliente que não lhe forneceram o alimento psíquico adequado para sua sobrevivência emocional.

Os clientes que têm a dinâmica da indiferença em relação à agressividade em geral se encontram imersos na confusão entre o mundo da fantasia e o da realidade. Muitos têm emoções intensas associadas a interpretações distorcidas da realidade, que lhes provocam enorme angústia. Outros vivem rigidamente papéis imaginários, como o do "Cristo", ou sociais, como o de funcionário, e se entregam a rituais e compulsividade que proporcionam maior domínio de seus aspectos internalizados dos vínculos conflituosos.

Esses clientes costumam se confrontar com o terapeuta e impingir-lhe papéis latentes, como "o vilão", o "mercenário" ou o "orientador" para a experiência de suas fantasias e interpretações da realidade. Há os que vivem em seus mundos, tentando não se comunicar com o terapeuta, e os que se relacionam e, ao mesmo tempo, evitam o processo terapêutico.

É preciso propiciar-lhes a oportunidade de viver corretivamente os vários papéis "latentes" ligados às suas fantasias, visando à expressão dos desejos a elas associados. Essas vivências, possíveis na relação com o terapeuta ou nas dramatizações, têm o propósito de liberar os conflitos reprimidos pelo cliente. O terapeuta ainda busca ampliar a percepção do cliente sobre suas ações no mundo, ao relacionar o que acontece no vínculo ou na sessão, que é a microssociedade, com o que ocorre nos outros contextos de sua vida.

## DINÂMICAS DE PODER

As dinâmicas de poder presentes no vínculo terapêutico dão indícios da cotransferência. Muitos dispositivos de poder como o saber, a beleza, a situação financeira, o *status* sociométrico podem ser usados danificando psicologicamente os envolvidos no vínculo.

Uma das funções do processo terapêutico é o reaprendizado das modalidades vinculares relativas ao poder, pela experiência das relações de poder nesse vínculo.

Num trabalho sociátrico que realizei num sindicato, essa cotransferência foi notória. Alguns membros não estavam legitimando minha autoridade em uma consultoria. A coordenadora havia me convidado para ajudá-la a trabalhar os conflitos e a desintegração da equipe. Senti-me, durante os dois primeiros encontros, impotente para ajudá-los, pois havia muitas disputas, numerosos questionamentos sobre a validade de meu trabalho, e alguns membros tentavam boicotar as propostas terapêuticas. Esses participantes também almejavam disputar o cargo de presidente, mas a presidenta atual detinha maior respaldo da classe para a candidatura.

Os sociodramas eram carregados de grande tensão e eles não aceitavam os *feedbacks* dos colegas para abrirem mão da disputa. Muitos confrontos foram realizados para que eles se integrassem à equipe e, nessa administração, aceitassem contribuir para a reeleição da presidenta.

Minha sensação de impotência contribuiu para que, nos primeiros sociodramas, esses membros comandassem as sessões e tentassem convencer seus colegas a se revoltar, provocando ainda mais desintegração na equipe.

Para retomar o comando da intervenção sociátrica, foi preciso que eu estabelecesse regras mais rígidas acerca da participação e à interferência de todos nos sociodramas, por meio de uma atitude mais diretiva, pois a equipe resistia às mudanças necessárias para que seu próprio objetivo fosse alcançado: a reeleição da chapa.

Assim, as relações de poder estão presentes no processo sociátrico, e nossas condutas conservadas podem contribuir para exacerbar os conflitos dos vínculos patológicos.

## O REAPRENDIZADO EMOCIONAL

Essas são algumas das maneiras, entre várias, para detectar a cotransferência. Elas estão relacionadas entre si e estão associadas ao aprendizado emocional e dos papéis tanto do cliente como do terapeuta.

Em uma sessão, em que um cliente relatava suas relações angustiantes numa empresa de transporte de cargas perigosas, detectamos a cotransferência por meio da autodefinição "Quero ser importante" e focalizamos os aspectos internalizados dos vínculos conflituosos (manifestado na "criança interna ferida") e alguma cena de origem dessa autodefinição: um menino que, por ter origem pobre, se sente humilhado perante os colegas e professores da escola.

Na cena, chegamos à construção de uma de suas lógicas afetivas de conduta: "Preciso ser grande, ser admirado, ser invejado! Quero construir algo brilhante em minha vida!", bem como encontramos características de papéis a elas associadas, tais como rebeldia e arrogância.

Em outra sessão, acessamos o processo transferencial no sentimento de fracasso e na sensação de confusão, que repercutiu na síndrome de pânico. De uma cena relacionada ao fracasso surgiu o sentimento de desamparo que o fez se contactar com seu lado frágil e dependente. Mas ele não se aceitava desse modo, evitando, assim, essa experiência. A conduta conservada do autossuficiente o fez se admirar, ajudando-o a motivar-se para seu trabalho. E, além disso, ele não acreditava no afeto do outro: "Se eu não sou nada, quem gostará de mim?", "É melhor eu não depender de ninguém mesmo!"

Na sequência de sessões, um imenso ódio surge, caracterizado no desejo de destruir todas as pessoas que atrapalham seus objetivos e lhe são injustas. O cliente não consegue suportar seus limites e entra num movimento de onipotência ao dizer: "Não admito fazer o jogo do bonzinho para conseguir o que quero", "Não vou fazer o que não quero fazer! O que me pedem! Eu sei o que é melhor para mim!"

Nesse caso, a falta de amorosidade, a ansiedade para realizar algo notável, o pânico da fragilidade, entre outros sentimentos e condutas aqui relatados, são maneiras pelas quais os aspectos internalizados dos vínculos conflituosos do cliente se manifestam. Sua sociopsicodinâmica, com essas e outras características, é transportada por meio da repetição de condutas repressoras da sua integração como ser humano nos vínculos.

A cotransferência é pertencente a todos os vínculos, mas na relação com o terapeuta ela é detectada de forma especial, para operacionalizar intervenções no sentido do resgate do projeto dramático do processo. Trata-se da construção do reaprendizado emocional, mediante a revivência liberadora de cenas ou por intermédio do vínculo terapêutico. Nesse reaprendizado é possível surgir um novo *status* relacional que traga menos sofrimentos a todos.

Entretanto, para essa tarefa é fundamental o trabalho da cotransferência que reforça os aprendizados autodestrutivo ou destrutivo tanto do cliente quanto do terapeuta.

Foi quando, por exemplo, o medo do fracasso, vivido por mim numa ocasião, paralisou-me em relação à mesma queixa do cliente. Eu pensava "Entendo bem o que você está sentindo", até tinha vontade de compartilhar, mas sabia que isso não lhe seria terapêutico. O meu papel complementar interno patológico surgiu, por alguns minutos na sessão, dizendo-me: "Você vai fracassar também aqui, com ele. O que pode fazer por ele? Será que você também não conseguirá realizar aquele trabalho?" E um forte sentimento de insegurança tomou conta de mim! (É a manifestação da minha criança interna ferida, que se vê constantemente só, numa situação desafiadora.) O que me restava fazer? Olhei para meu cliente com tanta ternura... (Era um espelho meu!) e lhe disse:

– Quem nunca teve medo de fracassar, atire a primeira pedra!

Ele me olhou, tristemente, e retrucou:

– É... mas eu não acredito em mim!

– Quem já lhe disse isso antes? Vamos tentar lembrar de todas as relações em que você se sentiu assim...

O cliente se lembrou de três pessoas de sua vida, das quais incorporou muitos aspectos de vínculos conflituosos. Quando fomos dramatizar a cena temida do fracasso, surgiram as falas de papéis complementares internos patológicos. Ele tentou resgatar mais autoconfiança depois desse confronto, e eu tive a sensação, enquanto recriávamos suas cenas, e sei bem o motivo, de estar me trabalhando nesse dia!

O processo de cocriação está envolvido pela cotransferência. As intervenções terapêuticas referem-se aos fenômenos da transferência e da cotransferência que impedem a manifestação da espontaneidade--criatividade. Em cada sessão, tentamos detectar os focos desses fenômenos e neles intervir.

É importante, pois, aprofundarmos a Socionomia para que, por meio das articulações teóricas, possamos desenvolver ainda mais a

VÍNCULO E AFETIVIDADE – CAMINHO DAS RELAÇÕES HUMANAS

"eficácia" da Sociatria, como também propõem Knobel (1996), Contro (2004) e Kellerman (1998).

Ainda, alertam Vaneigem (2002), Debord (2002), Demo (2003) e Holloway (2003) da importância do desenvolvimento da politicidade e da criticidade em nossa sociedade desigual e do espetáculo. O trabalho terapêutico, ao ter como norte a construção de uma crítica social e de luta pela dignidade humana, é transformador da sociedade.

# 9
# A FALA NO PSICODRAMA

Por vezes sentimos que aquilo que fazemos não é senão uma gota de água
no mar. Mas o mar seria menor se lhe faltasse uma gota.

MADRE TERESA DE CALCUTÁ

**O cliente está na** antessala. Bate à porta. O terapeuta a abre,
cumprimenta-o e lhe pede para sentar-se. Em poucos segundos essa
cena se forma, e tanto o terapeuta quanto o cliente já se comunicaram
verbal e corporalmente de acordo com suas modalidades vinculares
afetivas. Eles transmitiram um ao outro muitos conteúdos em palavras,
gestos, ritmos, movimentos e outros aspectos de suas existências.

A fala de um ou de outro pertence a um todo, que é o vínculo.
A fala é, pois, uma parte do todo. Nesse sentido, como distinguiremos, numa visão holística do ser humano, apenas a fala como sua
modalidade de expressão ou como um único canal para um trabalho terapêutico?

O Psicodrama é ação. É a ação da mente e da interpsique. É a busca da verdade presente no desempenho de papéis e nos elementos do
vínculo: corpo, percepção, afetividade, cognição e comunicação. Mas
onde está a fala nesse método ativo e na teoria? A fala é inerente à
ação humana; portanto, o Psicodrama também está na fala.

Ao falar dos dramas, utilizamos, com mais facilidade, os recursos
que mantêm as condutas conservadas e a identidade com os aspectos
internalizados dos vínculos conflituosos. Podemos relatar os fatos
favoravelmente a nós mesmos e controlar mais a ação, visando à aceitação do outro. Assim, além da conduta conservada, poderíamos
dizer que também existe a fala conservada. Essa é a modalidade sim-

bólica de expressão do eu, aprendida nos vínculos ao longo da vida e mantenedora da modalidade vincular afetiva.

A maneira de nos comunicarmos e de nos expressarmos, os conteúdos presentes na fala e os que conseguimos ouvir do outro e entender estão, na maior parte das vezes, a serviço das condutas conservadas, das resistências e defesas em nos confrontarmos com a verdade; a serviço da aprendizagem de papéis que impede o crescimento pessoal.

Por intermédio do mundo verbal, composto da conotação, ou seja, das relações entre os conteúdos, dos sentidos carregados por nossa subjetividade, da compreensão de uma frase, da denotação ou daquilo que é mostrado, expresso, simbolizado, manifestado nos conteúdos, e dos símbolos com seus significados e significantes (Calvet, 1975), tornamo-nos metáforas de nós mesmos, nos recriando ou nos robotizando na relação com o outro.

A modalidade simbólica de expressão do eu tenta ampliar o campo sociométrico, a rede social e conquistar ainda mais a sobrevivência biossociopsíquica. Assim, a verbalização das emoções, as autodefinições, as exposições, os significados e as interpretações dos fatos, as autocensuras, o calar-se, o escutar e o controle da expressão do desejo e das fantasias nas relações dão vida aos dramas existenciais.

Desse modo, a fala é inerente ao desempenho dos papéis, no qual o escutar é também um elemento fundamental para a construção coletiva das saúdes mental e relacional. Para Moreno (1975), o desenvolvimento da psique é "a-semântica" e pré-semântica; logo, a ação precede a palavra e a contém. Com base nessa ideia, ele criou um método que colocasse a ação humana como foco de intervenção.

O Psicodrama, por meio do vínculo terapêutico e da dramatização, visa à liberação da fala em conexão ao *self* (o eu profundo), ou seja, da fala incorporada na adequação do contexto, na dramaticidade, na originalidade e na criatividade nas relações humanas. Trata-se da fala integrada ao corpo, ao desempenho dos papéis, ao vínculo, ao contexto e à sociedade, facilitadora da cocriação e situada na catarse de integração.

A Psicanálise, por meio do método de associação livre e do veículo divã, objetiva trazer à tona a fala espontânea e oculta, para vir à consciência o inconsciente, fortalecendo o ego do sujeito, ao liberá-lo de suas defesas psíquicas. Com um escutar específico da alma humana, o psicanalista intervém, interpretando, buscando os significados dos significantes, os desejos e as intenções latentes, dentro do que está sendo associado pelo analisando. Além disso, ele objetiva a catarse afetiva do analisando, ao interpretar a sua fala também dentro do processo transferencial, no qual aquele transfere para o psicanalista muito de suas emoções, seus desejos e conteúdos e atua no vínculo psicanalítico segundo essa transferência.

As terapias sistêmicas e particularmente as existencialistas, por meio do veículo cadeira, usam o método da compreensão fenomenológica, uma espécie de genealogia e de arqueologia da alma do cliente. Trata-se da exploração, por parte do terapeuta, do que ocorre com o cliente, do modo e das razões de seus conteúdos, da busca da fala integrada às dimensões corporal, afetiva, cognitiva, relacional do indivíduo e da ampliação de sua consciência como ser-no-mundo. A meu ver, as intervenções verbais dessas terapias têm uma raiz na hermenêutica, arte de extrair respostas por meio de perguntas, pareceres ou posicionamentos, que trazem mais perguntas...

Segundo Castello de Almeida (1998), Psicodrama é uma terapia fenomenológico-existencial, cuja metodologia fundamental é a compreensão do terapeuta, que implica, em síntese, a ocorrência imediata, afetiva e intuitiva do entendimento, com a cooperação das forças sentimentais para a captação dos nexos do todo, visando a uma apreensão do que é singular. Para tal abordagem é preciso uma atitude "ingênua" do terapeuta, que o leva, diante da situação que se lhe apresenta, a nada afirmar, ou o faz atuar sem julgamentos, sem (pré)conceitos, preconceitos e explicações.

Aguiar, ao comentar o artigo de Gonçalves (1994), afirma a possibilidade da sofisticação do aquecimento verbal por meio do aperfeiçoamento das habilidades de perguntar-escutar, proporcionado pelas correntes sistêmica e psicanalítica. Nós, psicodramatistas, mediante a espontaneidade-criatividade, em muitos momentos de nossa prática, diversas vezes recorremos às contribuições teóricas e técnicas que nos favoreçam uma intervenção verbal mais eficaz nos confrontos sociodramáticos.

Todavia, o presente capítulo visa contribuir para a compreensão da fala no Psicodrama. O psicodramatista está utilizando técnicas específicas de intervenção verbal? Até que ponto adaptamos, como afirmou Moreno, as técnicas de ação ao trabalho da fala do cliente?

## O INCONSCIENTE NA VISÃO DO PSICODRAMA

Em seu artigo, "A questão da fala no psicodrama: respeitando o óbvio", Gonçalves (1994) realça a necessidade de nós, psicodramatistas, reavaliarmos as nossas atitudes em relação à fala dos clientes, sobretudo na vertente bipessoal.

A autora se preocupa com o ouvir "o que o cliente diz sem estar conscientemente querendo dizer", em encontrar a "outra" cena, ou a cena oculta em seu relato, buscando não interagir com ele apenas na superfície do discurso egoico, defensivo, controlado. Nessa estratégia, tenta-se detectar a fala do cliente, relacionada a alguma transferência, e o momento mais adequado para a proposta de uma dramatização. Objetiva-se evitar as peças que o inconsciente do terapeuta lhe prega, por exemplo: interpretações abusivas, referentes aos sentimentos que o cliente lhe desperta (a autora não fala sobre os sentimentos que o terapeuta pode despertar no cliente).

Gonçalves critica as dramatizações que reforçam o controle egoico do cliente ou suas teses inconscientes, ou as que se acumpliciam com suas defesas, dentro da busca obsessiva do terapeuta por uma resposta nova. Bustos (1982, p. 56) afirma: "Em geral, pode-se dizer que a oportunidade para a dramatização começa onde se esgota o intercâmbio verbal produtivo". Há, pois, a necessidade de evitar o uso da dramatização como válvula de escape de uma tensão no vínculo terapêutico, ao destacar a importância da fala do cliente. E, ainda, Lemoine (citado por Gonçalves, 1994) afirma que, quando se interrompe a ação, o sujeito começa a se haver com ele mesmo e localiza a fala também como um canal de exploração do inconsciente.

A referida autora acentua a necessidade de considerar a interferência da transferência, detectada por Freud, nas intervenções terapêuticas verbais. Mas, ao afirmar que nem a terapia fenomenológica existencial nem Moreno pressupõem o inconsciente, ela consagra a inexistência, nessas metodologias, da escuta para outro discurso, para a fala submersa, para o desencontro do discurso do outro, na busca do seu desejo.

Gonçalves se assegura no inconsciente e propõe a sua continência, principalmente por intermédio da escuta, para que o cliente, em seu ritmo, possa abandonar as crenças que o afastam de si mesmo. Por meio de sua fala, o cliente também pode ter uma vivência psicodramática de uma cena em seu imaginário, que lhe possibilite a liberação do que o aprisiona.

A autora, pois, critica o Psicodrama por não considerar a fala ao se apegar à negativa de Moreno do inconsciente. No entanto, esta foi uma fase teórica de Moreno, quando afirmava que o criador não faz distinção entre seus conteúdos inconscientes e conscientes, apenas cria.

Moreno é um teórico contraditório e amarrado no desejo de ser o "pai" das psicoterapias. Mas reconhece Freud e desce do seu pedestal megalomaníaco ao lhe afirmar que suas contribuições teóricas e práticas darão continuidade ao que a Psicanálise iniciou.

O autor não descartou o inconsciente, muito menos a transferência; ao contrário, ele tanto estudou esses fenômenos que os inseriu em sua teoria, reeditando-os em uma vertente socionômica. Surgiram então a compreensão psicodramática da transferência e os conceitos de coinconsciente e de cotransferência.

Logo, chego até mesmo a questionar: o que são as técnicas psicodramáticas se não uma inserção ativa no inconsciente do cliente e no coinconsciente do vínculo terapêutico? Moreno (1983, p. 115) afirma:

Ao permitir que os sonhos sejam atuados por via de técnicas psicodramáticas, estas partes mais profundas do inconsciente podem ser trazidas à vista do analista e observador [...] Se há alguma força convincente no argumento segundo o qual ser, atuar e comportar-se é estar mais próximo dos níveis profundos do inconsciente do que através da linguagem e das palavras, então o contato direto com o comportamento do paciente em toda a sua plenitude poderia trazer melhor à luz a dinâmica oculta do que se estivesse apenas envolvido com associações livres verbais. A "perspectiva psicodramática do inconsciente" é mais completa e, potencialmente, superior à perspectiva psicanalítica do inconsciente. As associações livres não estão perdidas, estão incluídas numa espécie de fluxo livre de palavras e de fragmentos de frases, sendo que o nível de dissociação depende da intensidade do vínculo entre palavra, símbolo, comportamento e ação. As várias formas de personalidade, do passado do paciente [...] são corporificadas no Psicodrama pelo paciente e pelos egos-auxiliares.

Esse é o Moreno que recria a psicanálise, que a amplia, que a critica, que a transforma, que lhe dá continuidade, e não o seu negador. Tanto que ele lança a hipótese: "O comportamento simbólico pode ser estudado mais eficientemente através de métodos ativos e operacionais do que através de métodos verbais" (Moreno, 1983, p. 116).

A cocriação, no Psicodrama, requer a escuta da alma, presente na fala e na ação do cliente; o desvendar de projetos dramáticos manifestos e latentes; o refazer do aprendizado do papel e do aprendizado emocional (presentes na trama relatada, dramatizada e vivida no vínculo terapêutico) e o conhecimento da interferência de nossas próprias tramas ocultas nesse vínculo.

O ato ou processo sociátrico tem como base explicitar os conflitos, dar voz ao protagonista e o compartilhar, independentemente das dramatizações. Perazzo (1999, p. 126-7), em comunicação pessoal, relatou-me que, na cena, a fala persiste o tempo todo e cada ato falho do protagonista é a indicação para o diretor da mudança de rumo em sua trajetória psicodramática. E sustenta:

> O psicodrama é, em toda a sua dimensão e extensão, antes de tudo, um estado de compartilhamento [...] Compartilhar supõe um movimento interpenetrante entre seres humanos que se configura como o fluir possível, em cada momento, de um conjunto de sensações, emoções e sentimentos, nomeados ou não, gravados de alguma forma corporalmente, claramente visíveis ou não, simbolizados pela palavra ou pela expressão

gestual ou não, decodificados pela percepção distorcida ou não pela transferência, resultado de uma simultaneidade de construção cocriativa, coconsciente e coinconsciente.

Para o autor, o compartilhamento engloba todas as possibilidades de existir como sendo-com-o-outro. É, portanto, o fluxo do compartilhar ao longo de uma sessão psicodramática que torna qualquer membro do grupo copartícipe do drama do protagonista.

A forma peculiar que nós terapeutas compartilhamos está em nossa sensibilidade, na capacidade de nos colocarmos no lugar do outro e na presença especial que possibilita o ser-com-o-outro por intermédio de intervenções terapêuticas verbais ou dramáticas que favoreçam a cocriação. O estado de compartilhamento do terapeuta também pertence ao princípio do duplo e ao princípio da entrega, proclamados por Fonseca (2000, p. 22): "O terapeuta se conduz pelo princípio do duplo (sintonia télica) e pelo princípio da entrega (por extensão ao princípio do duplo) ao papel desempenhado".

O inconsciente e a transferência são realidades estudadas na prática na teoria psicodramática. Se não considerarmos esses fenômenos, corremos o risco de trabalhar a ação sem um fundamento e de forma a-histórica. Assim, a verdade do cliente, com a qual ele expressa seu desejo e recria com o outro uma relação humana mais íntegra, pode ser subjugada a uma atuação messiânica inconsequente, dentro de uma "seita" que prega um otimismo vazio: "Sejamos espontâneos--criativos!" Sim, e daí? O que é isso? Como? Para quê?

Lutamos por uma Sociatria que abranja a história atual e passada do protagonista e do grupo em que ele se insere, a cognição, a afetividade, a fala, o aprendizado emocional, a sociodinâmica, o contexto e o momento. Para tanto, os métodos psicodramáticos se enamoram dos fenomenológico-existencialistas, que se integram aos sistêmicos que, por sua vez, consideram os psicanalíticos. Além disso, com o mundo em descontrole, tão bem exposto por Giddens (2003), e com a robotização do ser humano, tão estudada por Goffman (1999), a dimensão da sociologia crítica engloba nossa tarefa. Todas essas possibilidades demonstram o quanto o ser humano é complexo e surpreendente.

No entanto, não compactuo com a miscelânea de métodos na prática terapêutica, pois muitas vezes eles implicam atitudes e entendimentos divergentes. Refiro-me ao acatamento de alguns aspectos teóricos ou metodológicos que possam contribuir para a nossa prática sociátrica.

## A FALA DO CLIENTE E O ESCUTAR PSICODRAMÁTICO

Mas retomemos as nossas questões: como entendemos o Psicodrama contemporâneo? Quando não dramatizamos ou não usamos um método terapêutico ativo, como estamos trabalhando? Como adaptamos as técnicas de ação na relação com o cliente? É possível? O que é a fala para o Psicodrama e qual o seu lugar?

Muitas vezes alunos e supervisionandos já me disseram: "Não me sinto psicodramatista se não dramatizo". Trata-se de um drama, exposto verbalmente, no qual o protagonista sofre, pois questiona seu papel profissional. Como é seu sentimento? De onde surgem esse sofrimento e essa insegurança? O que é o Psicodrama para algumas pessoas, das quais o protagonista incorporou alguns aspectos de vínculo conflituoso? O método de ação é para ser usado sempre? Que "intervenções terapêuticas verbais" o psicodramatista utiliza?

Quando o cliente expõe seus dramas, a sua modalidade simbólica de expressão do eu torna virtuais os vínculos sociais e traz referências à sua modalidade vincular e à das pessoas com quem se vincula. A modalidade vincular simbólica de expressão do eu se apresenta de diversas formas, entre elas: autoconceitos, referências ao outro e suas interpretações; expressão emocional e exposição das percepções; lógicas afetivas de conduta; modalidade da comunicação e expressão.

A arte da intervenção terapêutica também consiste em captar, no discurso ou na cena dramática, qual fala do protagonista expressa o *self*, ou seja, está sintonizada à espontaneidade-criatividade para ajudá-lo a liberá-la; em captar qual fala está conectada ao sentido destrutivo de existência, às defesas egoicas, à criança interna ferida ou ao papel complementar interno patológico, os quais bloqueiam seu potencial criativo. Ainda é importante detectar qual padrão, ideologia, instituição ou aspecto sociocultural a fala representa. Ao captar esses conteúdos, podemos ajudá-lo a minimizar as forças de crenças destrutivas ou autodestrutivas, defesas e condutas conservadas que o fazem sofrer.

Consideramos que a fala do cliente e as intervenções verbais do terapeuta se interinfluenciam. É aí que a fala conservada se alia à conduta conservada que ocorre no aqui-agora do contexto sociátrico. Por exemplo, o cliente J. M. expressa culpa quanto ao desejo de se separar da esposa e me fala desse sentimento em vínculos anteriores. Sua culpa tem uma carga de pressão que o obriga a ser honesto, correto, perfeito, fiel, grato, apesar de suas relações lhe trazerem angústia, dor, prisão ou sofrimento. Embora a culpa e a carga de tensão que o envolvem estejam apenas sendo relatadas, eu as sinto aprisionando meu cliente até em seu vínculo comigo. Seu relato não flui naturalmente, e aí percebo que alguma intervenção minha pode se aliar – ou ele pode senti-la como aliada – a essa prisão, a essa culpa e ao seu medo de não ser aceito.

Preciso criar com ele uma intervenção que amenize seu papel complementar interno patológico, caracterizado em ser, a qualquer custo, um homem justo, dentro de sua lógica afetiva de conduta que só assim alcançará amor e paz em sua vida.

Mas qual intervenção iria facilitar-lhe uma resposta nova sobre tal prisão? Naquele momento, ocorreu-me dizer que eu faria a voz da sua culpa, já explicitada por ele, e solicitei-lhe que reagisse em relação a ela. Houve um grande debate, carregado de resistências, no qual utilizei a estratégia da maximização do *script* da culpa. O cliente expressava para o personagem "culpa" (representado por mim) sua indignação, seu desejo de ser ele mesmo e seu direito de ser feliz e livre.

Quando saí do papel da culpa, reforcei-lhe o direito de ser feliz e perguntei-lhe para quem mais ele gostaria de expressar tudo aquilo que fora expresso para a culpa. Surgiram-lhe lembranças e ele expressou sua dor e suas mágoas em relação às várias pessoas de sua vida. Nesse momento, senti que a prisão que ocorria em nosso vínculo tinha desaparecido. O cliente criativamente relata suas cenas, expressando-se de forma mais integral. Acredito que cocriamos por intermédio de uma "dramatização dentro do discurso" do cliente.

Gonçalves (1994) realizou um fechamento da cena dramática por meio do vínculo terapêutico após dramatizar uma situação em que a cliente se sentiu rejeitada e lhe dizer nos comentários: "[...] agora, você pode fazer amigos [...]". Não houve, como Aguiar sugeriu, o devido *happy end* no contexto psicodramático. Mas, compartilhando o olhar de Gonçalves, considero que muitas vezes o terapeuta é a pessoa, no vínculo atual, que ajuda o cliente a refazer algum vínculo virtual ou imaginário. Assim, a fala de Camila pode ter se tornado um aspecto internalizado do vínculo resolutivo que contribuirá para a liberação de alguma conduta da cliente. Esse tipo de hipótese é avaliado constantemente ao longo do processo ou do ato sociátrico.

Portanto, utilizamos verbalmente as técnicas psicodramáticas, considerando o coinconsciente vínculo terapêutico, a visão sociopsicodinâmica do cliente e nos apoiamos em um escutar específico de sua alma repleta de desejos, lógicas afetivas de conduta e projetos dramáticos.

Por intermédio da modalidade simbólica de expressão do eu também captamos tanto o *self* como os aspectos internalizados dos vínculos conflituosos que constroem uma identidade do eu com o sentido de existência destrutivo. Em nossas "intervenções terapêuticas verbais", tentamos viabilizar a fala liberadora de conteúdos emocionais que contribui para a integração do indivíduo e para o surgimento de um novo *status nascendi* relacional.

Um belíssimo estudo sobre as intervenções verbais no Psicodrama foi realizado por Fonseca (1980, 2000), considerando a sistematização da psicoterapia da relação e do psicodrama interno, respectivamente. Esses métodos são, em síntese, adaptações das técnicas fundamentais do Psicodrama para a psicoterapia verbal e bipessoal, e se constituem num resgate da sociometria a dois, que faz referência à sociometria grupal por meio do grupo interno do cliente.

A psicoterapia da relação realiza a ação dramática, que, segundo Fonseca, é uma incursão psicodramática no contexto verbal da sessão, uma forma simplificada de dramatização, sem o cenário. Uma das tarefas do terapeuta, na ação dramática, é se tornar um ator terapêutico – que faz parte da função ego-auxiliar do diretor –, exercendo os papéis relatados pelo cliente e as relações do seu mundo interno. O autor distingue dois contextos na sessão: o verbal, que se compõe de interação coloquial, assinalamentos e interpretações; e o das ações dramáticas, com o uso de várias técnicas psicodramáticas adaptadas à sessão verbal.

No entanto, penso que não temos de dissociar as fases da sessão nesse sentido, pois a fala pertence ao vínculo, em qualquer momento da sessão e em qualquer dramatização.

## USO DE "PRINCÍPIOS" DE TÉCNICAS DE AÇÃO

Coletamos alguns tipos de "intervenções terapêuticas verbais" no Psicodrama, ao longo da prática sociátrica e, particularmente, por intermédio da observação da atuação de colegas. Algumas dessas intervenções são o que denomino "princípio" de alguma técnica psicodramática, pois a técnica fundamental (seja do duplo, do solilóquio, do espelho, da interpolação de resistência e da inversão de papéis) não está sendo utilizada no contexto dramático. Desse modo, descreveremos de forma didática esses princípios das técnicas psicodramáticas eventualmente utilizados pelos psicodramatistas.

Solicito ao leitor que não conhece as técnicas psicodramáticas que leia particularmente Monteiro (1993), Cukier (1993) e Moreno (2006). Alerto que ilustraremos este capítulo apenas com recortes de intervenções ao longo de uma sessão. Muitas outras sutilezas verbais do terapeuta ocorrem dentro de um método fenomenológico-existencial, que é dialógico e com fluxo relacional vivo e dinâmico.

Antes do emprego de qualquer técnica e para empregá-la, a função do terapeuta é de ego-auxiliar do cliente, ou seja, se imaginar no lugar dele e ajudá-lo a se expressar. Essa é a base de qualquer psicoterapia; caso contrário, nos tornamos "tecnicistas" e usamos a técnica pela técnica, denegrindo o grande mote do processo: o encontro.

Iniciemos com a intervenção do princípio da técnica do duplo, eminentemente relacionado às emoções e aos sentimentos do cliente. O princípio do duplo consiste em facilitar a expressão das emoções e dos sentimentos mais profundos do cliente, numa situação por ele relatada. O terapeuta faz um parecer hipotético associado às emoções do cliente diante da situação. Por exemplo, "Imagino que você sentiu muita raiva quando ele o criticou. É isso?", "Por acaso você lhe diria, neste momento: "Tenho muito ódio de você"?, "Sua dor está muito presente enquanto você fala sobre este assunto. Estou certo?", "Parece que nesta cena ficou engasgado: fico muito triste quando você faz isso!"

Outra forma de usar o princípio da técnica do duplo ocorre quando o terapeuta expressa o que o cliente sente ou gostaria de fazer em determinada situação que ele relata: "Será que você teve vontade de lhe dizer: 'Estou chateado com o que você me faz!', 'Não aguento mais de vontade de estar junto de você', 'Se eu pudesse lhe diria que também sinto sua falta, que o amo muito', 'Não aguento estar mais com você!', 'Estou com nojo de você!', 'Tenho medo de ser rejeitado', 'Será que você me desejava tanto assim?'"

Há o princípio do duplo que contém uma hipótese relacionada ao conteúdo emocional subjacente à ação do cliente, por exemplo: "Você agiu assim talvez porque estivesse chateado", "Parecia que você, quando falou isso a seu pai, estava amargurado", 'Quando ela se aproximou um pouco mais, você se afastou. Será que você temeu o seu carinho?"

Faz parte do princípio do duplo pedir ao cliente que o confirme, pois seu objetivo é ajudá-lo a contatar sua emoção, facilitar-lhe a expressão, ajudá-lo a compreender a afetividade que envolve sua ação, incitar-lhe a reflexão da ação que abranja um contato maior com seu interior.

O cliente pode confirmar o que o terapeuta expressou quando se imaginou em seu lugar; também pode rejeitar o parecer do terapeuta, por vários motivos: ele não o captou adequadamente; resistiu em expressar o conteúdo manifesto pelo terapeuta ou não se sentiu preparado para expressá-lo. A devolução do cliente, confirmativa ou não, demonstra alguma introspecção avaliativa sobre sua conduta, que deve ser investigada pelo terapeuta.

O princípio da técnica do duplo é terapêutico sobretudo porque o terapeuta demonstra a sua continência em relação aos sentimentos do cliente. Porém, é importante evitar usá-lo quando denotar alguma cotransferência, seja por meio da imposição de seu *insight* ao cliente ou de uma resposta ou "verdade" para aquele momento, pois assim pode ser invasivo, distante da dinâmica do cliente, ou reforçador de alguma conduta conservada.

É essencial que, a cada resposta do cliente ao princípio do duplo, o terapeuta favoreça o seu contato com o conteúdo emocional, cognitivo, corporal, inserto em sua ação. Sem esse exercício, o cliente pode ser perturbado no processo de diferenciação entre o eu e o outro ou se manter em suas resistências.

O princípio da técnica do espelho está relacionado à percepção e à observação do cliente de sua cena, de sua ação e da ação dos outros. Temos vários tipos desse princípio. Um deles consiste em relatar novamente ao cliente o fato contado por ele, para dar-lhe a oportunidade de se "ver" em seu relato. Então, aproveitamos a descrição para ampliar sua percepção do que ocorreu. Por exemplo, "Você me disse: 'Quando entrei na casa da minha irmã, todos foram me cumprimentar, exceto ela. Fiquei triste e passei o resto da reunião familiar amargurado'. O que essa cena quer dizer a você?", "Tente visualizar um pouco mais esse momento, como estavam as pessoas?", ou "Imagine como você está corporalmente nessa cena e me descreva o que observa".

O princípio do espelho também pode ser usado como um *feedback* sobre a ação do cliente, as consequências, a repetição, a sua modalidade vincular. Por exemplo, "Quando você disse ao seu companheiro: 'Não quero que você more mais comigo', ele parou de falar com você. E o que você fez a partir daí?", "Parece que desde o momento em que conheceu fulana você passou a questionar sua relação com sua esposa, então anteriormente não havia questionamento?", "Você me disse que sente muita obrigação no trabalho, muito peso e confusão na relação com a esposa e com os amigos. Tudo parece carregado, sério. O que você faz para que apareça esse peso em tantas situações?"

Exemplifico, ainda, com um recorte de uma sessão no qual busquei compreender o momento da relação do cliente com sua esposa:

– Você disse: "Eu aguentei ficar tantos anos sem sair com meus amigos. Ela me impunha sair apenas com ela. Eu odiava isso!", então você se calava?

– Sim, mesmo incomodado eu fazia tudo que ela queria. Por 11 anos eu tolerei o jeito de ela fazer as coisas, ficando quieto e "na minha".

– E agora você quer toda liberdade perdida?

– Sim, porque a relação está sem vida, monótona, rotineira, sufocante. Quero meu espaço.

– Mas, conforme você disse, por 11 anos você se calou, não expôs o que queria. Imagine alguém agindo assim durante esse tempo todo numa relação. O que acha que pode acontecer?

– A relação fica sufocante. Alguém explode uma hora... Principalmente aquele que está insatisfeito. É... A impressão que tenho é que dei o rumo da nossa vida para ela direcionar, mas ao mesmo tempo não aguentei esse rumo...

A partir daí, continuamos trabalhando a história dessa modalidade vincular afetiva de deixar o outro decidir sua vida e os sentimentos que a envolvem.

Objetiva-se, portanto, por intermédio do princípio da técnica do espelho, a ampliação da percepção da sua ação no vínculo ou a verificação de como se comportou com respeito a algum sentimento ou alguma situação.

Temos o princípio do espelho que é apenas uma leitura de alguma conduta dentro de um momento do fato relatado pelo cliente: "Você disse que, quando corria de um lado para o outro, todos paralisaram. O que isso quer dizer?", "Você disse que expressou sua mágoa quando ele, na sua opinião, o entendeu mal. E o que você fez?", "Você saiu e bateu a porta quando ele se queixou de sua desorganização. O que isso lhe parece?"

O questionamento dentro desse princípio visa à reflexão da modalidade vincular afetiva.

Outro tipo de princípio do espelho acontece quando tentamos verificar como e para que o cliente age em determinada situação. "Então, por estar se sentindo rejeitado, você parou de ligar para ela e nunca mais lhe enviou *e-mails*. Em que essa ação o ajuda?", "O que esse comportamento lhe provoca emocionalmente?", "O que o faz repetir essa ação de sair de casa cabisbaixo quando sua esposa lhe diz coisas que não gosta de ouvir?", "Desde quando você age dessa forma nesse tipo de acontecimento?"

Almeja-se, com essas intervenções, o contato com os benefícios de uma ação que contribui para a manutenção do conflito e o conhecimento da aprendizagem dessa ação.

Em *feedbacks* que envolvem um tipo de devolução "especular", o terapeuta deve evitar fazer leituras do fato relatado pelo cliente com alguma conotação de valor, com críticas negativas ou lhe sugerir como agir. É importante evitar, por exemplo: "Você foi ineficiente quando fez a compra do carro", "Você está muito paralisado, e só fica reclamando! É hora de decidir!", "Seu grito foi fraco, por isso não mobilizou o grupo".

Ainda podem ocorrer intervenções sob a forma de aconselhamentos ou orientações, nas quais o terapeuta ou os membros do grupo desejam impor alguma nova resposta ao cliente, conforme sua forma de ver o mundo, que não privilegia a "verdade" do outro. Esse tipo de *feedback* facilmente desencadeia conflitos e comunicação perturbadora.

Nos momentos em que os *feedbacks* não se coadunam com o compartilhar ou com identificações entre os membros, o terapeuta interfere nessa "fala conservada", aprendida nos outros grupos sociais. Esclarecemos que estamos aprendendo um novo jeito de ouvir e falar que busque entender a ação do outro, sem julgamento; a identificação com o outro e a expressão do que lhe ocorre em situações semelhantes ao que o colega vive. Ou intervimos com a leitura (em princípio do espelho) do comportamento do membro e do retorno por parte dos outros do que essas afirmações lhes provocam, repercutindo num trabalho sociodramático.

O princípio da técnica do solilóquio é a intervenção exploradora da alma do cliente. Trata-se da solicitação de maior esclarecimento do que lhe aconteceu, particularmente no nível de suas emoções e percepções. Por exemplo, "Como é esse sentimento de estar sufocado?",

"Se esse sentimento tivesse voz, o que ele falaria nessa situação?", "O que falta ainda você expressar para o fulano, que está aí, contido, bem dentro de você?", "O que ele provoca em você?", "Se você não estivesse com outras pessoas, o que diria a seu pai quando ele o repreendeu?", "Fale mais sobre sua tristeza", "O que realmente você deseja com essa vingança?"

O princípio do solilóquio está relacionado com a compreensão fenomenológica, ou seja, com o uso de questões que visam à apreensão da ação, das emoções do outro, para que ele se explore e descubra por si seus conteúdos mais profundos, como eles são e os expresse. As intervenções do solilóquio envolvem o quê, o como, o para quê, o desde quando e o "fale mais sobre isso". Usa-se, portanto, ampliar a manifestação dos conteúdos mais latentes, motivá-lo a explorar o fato e compreender seus comportamentos e desejos em relação a ele.

O princípio da técnica da inversão de papéis refere-se à captação e apreensão do outro numa relação. Esse princípio envolve instigar a imaginação do cliente por intermédio da sugestão de que ele se imagine no lugar do outro presente em sua cena. A partir daí, o terapeuta o aquece dentro do papel complementar. Logo depois, o terapeuta exerce o papel do cliente e promove a interação. Por exemplo, "Vamos fazer um exercício. Experimente ser seu pai neste momento em que você chegou de viagem. Sr. Fulano, seu filho estava viajando, onde ele estava mesmo? Quanto tempo ele ficou neste lugar? Sr. Fulano, o que o senhor sentiu com a ausência de seu filho?" E o cliente vai respondendo no papel do pai. O terapeuta diz que fará o papel do cliente e interagirá com o Sr. Fulano. A partir daí, ocorre uma interação dramática entre estes personagens da cena do cliente.

Fonseca (2000) por meio do método da psicoterapia da relação usa esse princípio, ao desempenhar papéis e invertê-los na ação dramática.

O princípio da inversão de papéis pode ser empregado simplificadamente, quando questionamos o cliente sobre o que ele responderia no lugar do outro.

Também aproveitamos um momento dramático de seu discurso para usar esse princípio, por exemplo: quando o cliente espontaneamente "se coloca" no lugar do outro, dizendo: "E então ele me respondeu: 'Mas você só pensa em você, só quer as coisas do seu jeito!' E eu fiquei sem saber o que dizer". Podemos aproveitar o estar no lugar do outro e aquecê-lo um pouco mais no papel complementar, questionando-o nesse papel sobre as emoções e os pensamentos em relação ao cliente. E, então, avançar para fazer o papel do cliente e experimentar a inversão, de forma mais completa.

Portanto, o princípio da técnica da inversão de papéis é uma experiência que amplia o coconsciente da relação, segundo o olhar do outro sobre nós. Essa experiência traz novas possibilidades para respostas em um conflito.

O princípio da inversão de papéis ainda pode ser usado para a exploração de sentimentos, objetos de cenas e figuras do mundo interno. Tudo pode se tornar personagem na sessão psicodramática. A criança ou o adolescente interior, os papéis complementares internalizados, os sentimentos e as fantasias se infiltram em uma experiência radical do universo imaginário, liberando o potencial criativo do cliente. Por exemplo, quando lhe peço: "Imagine-se, agora, sendo essa criança esquecida pelos pais na escola", "Experimente ser esse sentimento de abandono. Vou conversar com você como se você fosse esse sentimento", "Seja um pouco a mesa da sala de sua infância e me fale o que está vendo", ou "Imagine-se agora esse homem corajoso, que você queria ser nesta cena, tente expressar tudo que você, homem corajoso, quer expressar".

Com essas propostas, que exigem outras para que o cliente se aqueça nos devidos papéis, objetivamos uma exploração do seu mundo interno e um experienciar diferenciado.

O princípio da técnica da interpolação de resistências se caracteriza pela provocação estratégica do terapeuta de uma nova maneira de o cliente se perceber ou se imaginar na situação. Questões-surpresa, tais como: "Em que o ato de trair sua esposa o ajudaria na crise do casamento?", "Qual o seu ganho se você for sempre forte, esperto e grande? Qual o ônus?", "Imagine esta cena que você teme: ele transa com você e no dia seguinte não quer mais nada com você. O que lhe acontece?" A partir das respostas nos aproximamos dos desejos e temores, da construção destes e de novas saídas para eles.

Em uma sessão fiz a seguinte intervenção ao meu cliente:

– Você disse que se sente humilhado porque o diretor o desvalorizou, mas sua dor é ainda maior porque tem um monte desses diretores dentro de você... Pois você me disse que não acredita em você!

– Sim... Mesmo que eu obtenha elogios e reconhecimento de meu trabalho, não acredito em mim!

– Então você repete com seu diretor, submissamente: "Sim, não tenho competência!"

– É... o que ele me diz é muito importante! Meu Deus, o que faço para me valorizar mais?

– O que Deus lhe responde?

– Como assim?

– O que Deus responde a você? Você lhe fez uma pergunta! Tente ouvir sua resposta.

– Ué... Não acredito nisso... Não tem resposta... Não tem ajuda...

– Quando você se sente assim, humilhado, se desvalorizando e sem ajuda, o que isso lhe lembra?

– De novo, me sinto aquele garoto abandonado e triste... que quis ser "grande" para conquistar respeito e admiração... Mas, por mais conquistas que eu tenha, não terei o reconhecimento de ninguém, nem o meu mesmo!...

– Feche os olhos e experimente ser esse garoto agora...

E assim a sessão continuou com um Psicodrama interno, resgatando a permissão para errar, pedir ajuda e não se atropelar para conquistar algum espaço na vida...

Nesse recorte da sessão, os princípios da interpolação de resistências empregados exacerbaram a relação da humilhação com a autodescrença, a busca da ajuda pedida a Deus, a experiência da criança interior que tem a lógica afetiva de conduta de ter de ser grande para receber a admiração do outro. Tais princípios objetivaram lançar o cliente para alguma resposta nova em relação à sua conduta conservada de desafiar o mundo e de não se valorizar.

O princípio da técnica da interpolação de resistência também acontece quando o terapeuta cria oportunidades para a maximização de algumas emoções ou de conteúdos mais profundos, favorecendo a expressão do cliente ou de alguma vivência liberadora de conflito. Por exemplo, "Aqui você pode experimentar expressar tudo que quis para a sua namorada, nesta cena que me contou", "Tente aprofundar o medo de perder", "Experimente entrar em contato com essa dor, deixe-a tomar conta de você", "Você está confuso, deixe todo seu corpo e seus pensamentos expressarem essa confusão".

Nessas intervenções, o consentimento do cliente pode favorecer-lhe e ao diretor a investigação do que é sugerido e a busca de alguma saída para o conflito.

O não consentimento do cliente direciona o trabalho para aquilo que "naquele momento" ele consegue aprofundar; para a investigação do que lhe significa o que lhe foi sugerido ou para verificarem o que aconteceu para ele negar a experiência.

A negação da experiência pode se constituir ou não em uma resistência em contatar a angústia, a loucura ou a dor que o conflito envolve. Há clientes que têm a modalidade vincular afetiva de negar comandos, de resistir às interferências dos outros, de rebeldia, de autossuficiência, de narcisismo, de medo de se entregar ao outro, de desconfiança do que vão fazer com eles, de medo de se expor e ser rejeitados, de desejo de controlar a si e ao outro, de evitar emoções, ou têm a dimensão racional muito desenvolvida. Essas modalidades produzem resistência aos vínculos, particularmente ao terapêutico, e quando reforçada pela resistência do terapeuta constitui-se numa cotransferência.

Nesses casos, o terapeuta trabalha as modalidades de vinculação por meio das intervenções verbais, da dramatização e do próprio vínculo, objetivando a despotencialização dos aspectos internalizados dos vínculos conflituosos.

Outra forma de usar o princípio da técnica de interpolação de resistências é metacomunicar, ou seja, falar sobre o vínculo terapêutico. Cliente e terapeuta falam como se percebem, sobre seus sentimentos no vínculo, como têm percebido suas condutas em relação ao contexto terapêutico.

Por exemplo, um cliente traz um conteúdo que pede um "sociodrama" a ser vivido na relação terapêutica. Ele se queixa de um *feedback* do terapeuta que o envergonhou. Nesse confronto o terapeuta percebe que lhe impôs seus valores, enquanto o cliente nota que se envergonha quando alguém lhe tenta impor algo (processo cotransferencial). Ainda, o cliente se queixa de um *feedback*, mas no confronto percebe que o que sente é parecido com suas aprendizagens emocionais em vínculos anteriores (processo transferencial).

No caso da experiência cotransferencial, por exemplo, um cliente me disse: "Com você me sinto envergonhado, pois trago sempre esse problema, e isso me deixa frustrado, pois não falo o que gostaria". Procurei compreender esse sentimento dentro de sua sociopsicodinâmica e observei também a minha. Cheguei à conclusão de que tinha muita expectativa de que ele reconsiderasse sua participação no problema. Então, sua afirmação era procedente. Por alguns instantes, fiquei tensa e nos confrontamos. E, num momento, eu lhe disse: "Muito positivo o que você está me expressando, primeiro porque está se expondo, e agora para vermos o que está acontecendo entre nós. Sinto que eu estava presa na minha ansiedade para que você encontrasse logo uma saída ou uma nova percepção de si mesmo. E, agora, reconheço que você tem seu jeito de enfrentar o problema, e estou aqui para ajudá-lo". O cliente revelou ter sido importante me ouvir e passou a expor novos conteúdos sobre o que vinha me trazendo.

Outro exemplo: um cliente estava faltando muito às sessões e, quando compareceu, contou-me que esteve bastante deprimido porque perdeu o emprego. Eu já vinha com uma impressão sobre nosso vínculo e resolvi dizer-lhe: "No momento em que mais sofre você se afasta da terapia. A imagem que faço da nossa relação é que estendo a mão para você e você segura as suas. O que acha disso?" O cliente reagiu chorando e dizendo desconfiar de todo o mundo e ter muito medo de se expor. A partir dessa metacomunicação, pudemos trabalhar sua resistência à terapia.

No caso de um confronto entre cliente e terapeuta em que se objetiva esclarecer alguma cotransferência, é importante que o terapeuta, com base em seu autoconhecimento, na compreensão continuada da dinâmica do vínculo terapêutico e no respeito à sociopsicodinâmica, confirme e reavalie com o cliente os conteúdos conflituosos surgidos no vínculo. Nesses confrontos há um clima de tensão, que precisa ser manejado para resgatar a confiança e a ajuda específica desse vínculo. Obviamente não é necessário que o terapeuta exponha seus conteúdos pessoais ou sua história para o cliente, mas reconheça o que de sua pessoa interferiu negativamente no processo e foi captado pelo cliente.

A metacomunicação do vínculo terapêutico é necessária principalmente quando o cliente expõe seus pareceres, sentimentos e suas atitudes em relação à terapia ou ao terapeuta; nos momentos em que o cliente interfere desfavoravelmente no processo terapêutico, ou em que exige regras novas ou descabíveis ao contrato; e, ainda, quando o terapeuta, em algumas situações, expõe algum incômodo relacionado ao processo do cliente – depois de trabalhar, em sua supervisão ou em sua psicoterapia, uma possível cotransferência.

Mais um exemplo de metacomunicação no vínculo terapêutico: uma supervisionanda não sabia o que fazer a respeito de um cliente com uma modalidade vincular afetiva de dependente e controladora. Ele lhe ligava constantemente querendo sessões extras, não comparecia no horário da sessão e vivia sugerindo os horários que queria. A terapeuta trabalhou diversas vezes essa dinâmica do cliente, buscando o seu significado, a necessidade do cliente, a sua história, por meio de dramatizações do que ocorria no contexto terapêutico e de condutas similares em outros contextos. Mas o cliente continuava fugindo do contrato terapêutico. Finalmente ocorreu o momento em que ela lhe expôs seu incômodo, sua irritação por ele não aceitar os limites do contrato, pois já haviam trabalhado diversas vezes o assunto, e no entanto ele não acatava as regras do processo. Ele lhe revelou que estava surpreso com o sentimento dela e precisava rever sua aversão a regras. Lembrou-se de muitas pessoas que se sentiam irritadas com ele porque não conseguia ouvi-las e queria as coisas do seu jeito e na sua hora. A partir daí, ele passou a frequentar as sessões com assiduidade e pontualidade e foi possível trabalhar mais profundamente suas dificuldades.

Trata-se, pois, do momento de um trabalho "sociodramático" do vínculo terapêutico no acontecer de sua sociodinâmica, aqui/agora, *in vivo*. Muitos dos confrontos sociodramáticos são evitados pelos terapeutas, visto que em seus estudos de casos observam que seus clientes podem não estar preparados para a situação, ou porque eles mesmos não estão preparados. Assim, buscam trabalhar indiretamente os conteúdos do vínculo terapêutico ou funcionam dentro da inter-resistência ou da cotransferência, podendo, em algum momento, resolver criativamente o conflito. A cotransferência pode perturbar o vínculo a ponto de resultar numa separação ou num funcionamento dentro de uma modalidade vincular que reforça condutas conservadas.

A metacomunicação do vínculo terapêutico objetiva, dentro do clima afetivo que lhe é peculiar, a explicitação de muitos conteúdos do coinconsciente que podem liberar as amarras da cocriação.

O princípio da técnica da interpolação de resistências pode ainda ocorrer por intermédio do compartilhamento. Já abordamos que o compartilhar é favorecedor do clima terapêutico e do trabalho dos conteúdos do grupo, por isso é estimulado entre os membros, ao longo de toda sessão psicodramática.

O compartilhar do terapeuta é implícito e dentro do seu movimento de comunhão com o outro, de se colocar no lugar do cliente e por intermédio de sua abordagem terapêutica. O compartilhar, na sua forma explícita, é raro por parte do terapeuta. Essa intervenção pode ser terapêutica em momentos que, por exemplo, amenizem a resistência do cliente em relação aos conteúdos desconhecidos, não permitidos, temidos, mas se vivenciados o lançam numa experiência nova de si mesmo. O cliente passa a se permitir contatar ou reviver seus conteúdos por intermédio da ajuda de alguém identificado com ele em algum sentimento. Em sessões de grande conteúdo emocional, relacionado ao resgate do *self*, o compartilhar explícito do terapeuta pode contribuir para a assimilação do novo aprendizado emocional.

O compartilhar do terapeuta depende, em primeiro lugar, do benefício terapêutico para o cliente, do seu suporte egoico para ouvir os conteúdos do terapeuta, da sua sociodinâmica, do momento de seu processo terapêutico e de um vínculo bem estabelecido.

Sampaio (2008) traz a contribuição de que em alguns casos é necessário realizar uma psicoterapia relacional com o cliente em determinados momentos do processo terapêutico. Trata-se de ir além da metacomunicação e focar estrategicamente uma relação imediata por meio de uma comunicação direta entre terapeuta e cliente. Ambos expressam o que sentem e pensam um do outro. Essa estratégia deve ser muito estudada em supervisão, para que a relação imediata não produza cotransferências que adoeçam os envolvidos e de fato atinja um bom resultado terapêutico.

## LEITURA SOCIONÔMICA DO RELATO DO CLIENTE

Essas são algumas "intervenções terapêuticas verbais" do profissional coletadas em observações da prática psicodramática. Elas acontecem dinamicamente dentro de uma leitura socionômica do relato do cliente. No relato, ele se reporta aos seus papéis, aos papéis complementares, às suas cenas, aos fatores sociométricos relacionados à sua rede social, à sua sociopsicodinâmica (particularmente lógicas afetivas de conduta e papéis latentes), aos aspectos internalizados dos vínculos conflituosos e a conteúdos do vínculo terapêutico. Em sua fala, o cliente expõe sua modalidade simbólica de expressão do eu, recriadora ou mantenedora de suas condutas conservadas.

Por exemplo, podemos, já no relato, localizar a "criança ferida", em seus sentimentos intensos de medo, culpa, insegurança ou confusão; e o "papel complementar interno" na transformação daquilo que produz o medo, em personagem que lhe diz: "Você vai errar! É feio! Não consegue encontrar ninguém que o ama!" E ainda localizamos a dinâmica que a criança aprendeu na fala: "Então, tenho vontade de morrer!"

O terapeuta usará na sessão bipessoal os princípios das técnicas psicodramáticas para a captação e exploração de um desses sinais de transferência no relato do cliente, e buscará um tema protagônico, seja ele sentimento, conflito interno ou social, interferências de experiências socioculturais, cena ou um papel social. Esse tema é o foco do sofrimento a ser explorado, visando ao mais profundo da alma.

A fala, no Psicodrama, está, portanto, inserta na busca da cocriação. E, segundo Perazzo (2000, p. 187):

> [...] maturação do processo criativo passa obrigatoriamente pelo erro construtivo, pela construção da metáfora, pela nomeação dos sentimentos e das sensações e culmina com o extravasamento poético das emoções buscando algum nível vivencial de compartilhamento, que se incorpora na construção cocriativa de uma realidade suplementar que, por sua vez, permite viver uma verdade psicodramática e poética.

E, ainda, para o autor, o desejo consegue se expressar de qualquer forma, ajustado ou não às normas de um sistema para simbolizá-la. Ao verbo que nomeia, acrescentam-se a mímica, a metáfora, a expressão corporal.

Enfim, em todas as intervenções terapêuticas verbais ou por meio do método de ação, estamos no terreno da Socionomia, permeado por nossas escolhas. Nossas percepções, cognição e afetividade vibram no campo sociométrico com o cliente e nos recriam a todo instante. Os vínculos estão na ação da fala, na fala da ação, na palavra-ação ou na ação-palavra (um todo indissociável).

# 10
## A CIÊNCIA DA COCRIAÇÃO E O VÍNCULO AMOROSO

... e o homem criou Deus à sua imagem e semelhança... "Você pode fazer
parte deste mundo, fazer, criar. Viver como esses antigos artistas, Luca, é
compartilhar uma parte do plano divino."
(FALA DE ARABELLA A LUCA NO FILME
*CHÁ COM MUSSOLINI*, DE FEDERICO FELLINI)

**Abordaremos um pouco** a ciência da cocriação e a necessidade de produção de conhecimento científico nessa área e traremos um olhar sobre algo que nos traz grande aprendizado na vida, as relações amorosas.

A Socionomia, por meio do conceito do coinconsciente, se coaduna com a teoria dos campos mórficos de Sheldrake (1992) e com a física quântica, pois a sociedade funciona como os átomos, ou seja, como partículas e ondas ao mesmo tempo. Segundo Capra (2002, 1988), cada ser humano interfere no planeta por meio de suas ações e por conexões ocultas. Assim, cada indivíduo é um núcleo de um átomo social, e os vários átomos formam as redes sociais. A sociedade, ao formar as redes, tem uma teleologia, que é a busca da realização de vários projetos dramáticos conscientes e inconscientes. Moreno (1974, p. 21-2) afirma:

> o ser humano é um ser cósmico, é mais do que um ser psicológico, biológico
> e natural. [...] ou ele é também responsável por todo o universo [...] O cosmo
> em devir é a primeira e a última existência e o *valor supremo*. [...] A ciência e
> os métodos experimentais, se têm pretensão a serem verdadeiros, precisam
> ser aplicáveis à teoria do cosmo.

E Borgonovi (2000, p. 10-1) expressa:

A cosmologia deve voltar a assumir o papel principal no pensamento filosófico. [...] Tudo é relativo, como disse Albert Einstein. Somos fisicamente muito pequenos diante do Cosmo, porém somos imensos se nos compararmos com as pequenas partículas do interior atômico... não conhecemos ainda nada mais complexo e rico em todo Universo do que o ser humano.

O autor registra pesquisas que confirmam a hipótese de que a natureza tem consciência. A ciência, não podendo desprezar as energias invisíveis no Universo, criou os conceitos de campos, sejam elétricos, magnéticos, gravitacionais, quânticos e, recentemente, os morfogenéticos. Segundo Sheldrake (1992, p. 22), os campos mórficos ou morfogenéticos seriam os reservatórios universais hiperfísico e atemporal de informações, ou seja, os padrões invisíveis que constituem a base do crescimento dos organismos vivos organizam a atividade dos sistemas nervosos e os instintos dos animais. Seriam, também, as conexões invisíveis que ligam os membros de grupos sociais.

Em síntese, os campos mórficos são os campos dos hábitos. Nossa vida pessoal e cultural é transmitida e herdada por meio da ressonância mórfica.

A necessidade de ampliar as pesquisas socionômicas é evidente quando estamos inseridos em paradigmas científicos modernos relacionados à intersubjetividade, à categoria do momento, às tramas ocultas que regem a sociedade e a cultura, impingindo nos grupos violência ou bem-estar (Monteiro, 2006; Nery, 2007, 2008). A sociedade precisa de conhecimentos científicos sobre as relações humanas que efetivamente contribuam para seu desenvolvimento (Althusser *et al.* 1967; Minayo, 2006; Grandesso, 2000).

Há, portanto, na sociedade conexões mentais e comportamentais que geram as probabilidades de relações, a multiplicidade do ser, o devir, as contradições dentro de campos de força mais densos e fluidos. Naffah Neto (1989) nos exemplifica com Édipo em Colono. Nesse local, Édipo descobre que as coisas não são, elas devem, que a grande lei do Universo é o acaso,

VÍNCULO E AFETIVIDADE – CAMINHO DAS RELAÇÕES HUMANAS

não o determinismo de um destino promotor de uma culpa eterna. A partir daí, lhe surgem valores que o levarão a uma visão criativa sobre a vida. É aí que instantaneamente somos quem somos, somos o todo e o todo é nós. Isso nos faz viver não apenas como servos, como mensageiros ou filhos de Deus, mas, em algum momento, em uma unidade com Ele. É a identidade expressa em: "Eu e o Pai somos um" (João, 10,30), que nos faz recriar o próprio Deus.

Cocriação (ou tele) é um fenômeno especial e até misterioso resultante das conexões extrafísicas. Ela surge graças às probabilidades das relações, ao universo aberto, em contínua transformação. Segundo Moreno (1974, p. 24-5):

> Se o universo, entretanto, é hostil e malfazejo, que pode fazer a psicoterapia, se ela não é capaz de repará-lo ou substituí-lo por outro? [...] Como se deve comportar o terapeuta em um universo desumano, frio e indiferente em relação à existência do homem?

Ele nos convida a diminuir o "proletariado terapêutico", que se compõe de pessoas que sofrem de alguma forma de miséria, seja psíquica, amorosa, social, econômica, política, racial ou religiosa. Essa utopia sempre teve seu lugar, aos poucos, no mundo. Por exemplo, a realização do projeto de Greeb (2001)[4] – "Psicodrama da ética e da cidadania" –, na cidade de São Paulo, quando 700 psicodramatistas realizaram sociodramas, mobilizando cerca de 8 mil pessoas. Ali foram tratadas questões primordiais, como: "Que padrões de ética e de cidadania queremos viver?"; "O que cada um de nós pode fazer em prol de nossa cidade?" O povo teve voz para declarar seus desejos de inclusão social e a oportunidade de contribuir para a reconstrução de sua cidade.

A Sociatria e sua reflexão ampliaram-se muito nos últimos dez anos. Fleury e Marra (2005a, 2005b, 2005c, 2005d, 2006) são exemplo de profissionais que lutam para que o socioterapeuta exponha o que

4. Relatórios desse projeto: site da Federação Brasileira de Psicodrama: www.febrap. org.br

MARIA DA PENHA NERY

faz em prol das organizações, da saúde, dos direitos humanos, na educação e na sociedade em geral.

Na prática sociátrica, aprendemos sobre nós mesmos e sobre o outro e deparamos com nossa impotência, limites e potências (Yudi, 1996; Motta, 1994; Maciel, 2000; Datner, 2006). Gostaria de exemplificar essa práxis com um *workshop* sobre Psicodrama para 16 pessoas.

Após o aquecimento inicial de apresentação, realizamos o "jogo dos papéis", que consiste basicamente em colocar no tablado algumas folhas de papel *machê* e de fantasias e pedir aos participantes que peguem um papel, produzam alguma coisa com ele e exponham para as pessoas o que foi realizado. Ao final, o grupo decide o que fazer com aqueles produtos. Complementei o jogo com uma história do grupo, na qual cada elemento fez uma frase, com base nos produtos.

Na história criada pelo grupo um leãozinho tinha deixado sua natureza de leão, cheio de dúvidas e incertezas. Ele encontrou um passarinho e com ele entabulou uma conversa. O passarinho não podia voar, pois haviam quebrado sua asinha. O leão, triste e só pegou um barco e foi para a outra margem. Ao refletir sobre sua natureza, percebeu que tinha um coração enorme.

Então, aproveitei os objetos que estavam no tablado e a história criada pelo grupo e solicitei a quem desejasse que viesse ao cenário para representar os personagens da história grupal. Eis o início da dramatização, com membros do grupo compondo os personagens: leão, pássaro, barco, os fatos do passado do leão e o seu futuro.

O leão se posicionou no meio do caminho, incerto, triste, frustrado por ter de deixar amigos, família, valores para seguir para o futuro e crescer. Surge o conflito, ou seja, a divisão entre os universos do passado e do futuro, carregado do medo de perder, do desejo de ficar ou de levar tudo com ele para o futuro, da necessidade de novas conquistas. Ao viver o conflito, o leão ora se rebelava, ora se angustiava, irritava-se e sofria. Apesar de ter expresso seus sentimentos em relação ao passado e de ter abraçado o futuro, ele volta para sua angústia.

Da plateia, alguém quer entrar no drama. Era o personagem barco. Permitida sua entrada, o barco tentou ajudar o leão, dizendo-lhe que o levaria tanto para o passado quanto para o futuro, quando ele quisesse. Mas, mesmo com tanto empenho, o barco não proporcionou a ajuda efetiva.

Novamente a plateia se manifesta, e surge mais um personagem: a raiz. Ela segurava o protagonista pelos pés, aliando-o ora com o passado, ora com o futuro. Dizia que era o elo, a integração dele. Mas o leão continuava triste e inconformado. Então o pássaro entra em cena e demonstra ao leão que ele de fato não estava no presente e parecia "capenga". Dizia-lhe que no presente ele poderia ter o futuro e o passado, e lembrava-o de que ele tinha um coração enorme para levar o passado consigo.

O leão, ainda resistente, não conseguia encontrar saída, sentia-se frustrado, pois queria de fato carregar os dois juntos. Ao olhar sua cena, ele não conseguia se ajudar. Então, disse que precisava do apoio sincero de todos. Assim, pedi à plateia que viesse, cada um a seu modo, dar-lhe apoio. Alguns o fizeram. Solicitei que compartilhassem. Depois, elaboramos uma chuva de palavras que refletissem o sentimento daquele momento e as repetimos. O protagonista disse que estava aliviado e vivendo o presente, para construir o futuro. A maioria das pessoas do grupo se emocionou e, nesse clima afetivo, compartilhou com o protagonista.

O protagonista representou o grupo, na angústia de buscar caminhos, traçar novos objetivos, estar confuso, valorizar o passado e integrá-lo no presente. A frustração de ter de deixar o passado, a dor da ausência de entes queridos, o medo de errar e do novo. O tema grupal foi a dificuldade de viver o momento, de se integrar no tempo. Inclusive, era preciso trazer o protagonista constantemente para a cena, para a primeira pessoa e para o diálogo na experiência inusitada do aqui-agora psicodramático.

De repente, na dramatização, o protagonista não era mais o leão, mas era a pessoa X, que conversava com as coisas do passado como se fossem sua família, seus amigos, suas conquistas. Então, enquanto dirigia o Sociodrama, em um momento, pensei: "Está se tornando um Psicodrama público. Meu objetivo é pedagógico: demonstrar técnicas psicodramáticas para um grupo que não conhece Psicodrama!" Em mim, surgiu uma ansiedade. Eu precisava cocriar com o protagonista X, viver com ele sua dor, que naquele momento fervia. Mas também precisava cocriar com o grupo, que veio com uma expectativa pedagógica. Então, observei a plateia... Olhares atentos, alguns em lágrimas, outros resistentes.

A plateia estava incomodada com as soluções inconsistentes que surgiam a cada encadeamento da cena dramática. Busquei retomar o drama coletivo, ao viabilizar recursos do teatro espontâneo, permitindo a entrada de novos personagens. Reaquecia os participantes para os personagens e evitava o aprofundamento dos conteúdos intrapsíquicos do protagonista.

Contei com a magia do grupo e conseguimos resgatar as forças terapêuticas por meio do desvendar da trama oculta da maioria, concretizada no drama protagônico. Eis a exposição do campo mórfico, o transbordar do coinconsciente, possibilitando a complementação de papéis latentes.

Por conseguinte, já não eram folhas de papel *machê* ou de papel fantasia, mas um significado foi gerado e vivido por todos. Não eram mais personagens simbólicos, mas a vida de cada um na cena dramática. O leão que havia perdido sua natureza, o pássaro com a asa ferida, os demais personagens se tornaram as pessoas. Os conflitos encenados e a angústia eram o clima emocional do grupo que passava por crises profissionais, incertezas nas escolhas da vida, medo de arriscar o novo, frustrações com o momento socioeconômico do país. Cada integrante pôs, na criação coletiva, uma parte de sua vida e da vida daquele grupo. O tempo tornou-se um supratempo, carregado de uma rede de momentos que fomentavam a realidade suplementar produtora de um novo *status* relacional para cada participante.

Nesse tempo inovado, a catarse de integração acontece, numa experiência única, irrepetível, integrando passado, presente, futuro, momento, eu e outro.

Foi preciso desmantelar o abstrato, o falado, o narrado, o geral. Foi mister desfazer o certo, o perfeito, o cartesiano, o preciso. Necessários a aventura ao desconhecido, o saltar no abismo, o esborrachar-se, o incômodo, o choro, a fuga, o doer, o enlouquecer, o caos, a indecisão, o conflito, o ódio. Entregar-se à imaginação e aos personagens simbólicos (míticos ou arquetípicos). Necessário viver o indiferenciado, escolhas, erros, traumas, ansiedade para resolver.

E surgiram um encontro consigo mesmo, solitário, e o consequente retorno ao grupo, envolto num coração gigantesco, carregado de um ninho amoroso, humano, solidário.

Assim, o protagonista faz brotar as pétalas do drama coletivo e dá visibilidade ao coinconsciente, ao atuar os significados das palavras, das expressões corporais, dos movimentos relacionais. Ele está envolto na realidade suplementar que libera um aqui-agora singular: entre o onírico e o real, entre o imaginário e a concretude do conflito, dinamizando o intra e o interpsíquico por meio do entretecer de verdades transparentes na ação.

Um indivíduo são em um grupo são, eis a luta de Moreno. A síntese ou a superação das propostas comunista e capitalista, ou seja, um mundo terapêutico (Garrido-Martin, 1996; Fox, 1987). Essa ideia grandiosa, de inexprimível potência, se baseia na crença do homem espontâneo-criativo.

A Sociatria (em particular o Psicodrama) surge no cenário da Psicologia para trabalhar não apenas o indivíduo, mas também os vínculos e os grupos (Nery, 2010; Nery e Conceição, 2012). Partimos do pressuposto de que é no encontro com o outro que o homem se encontra, de que é no encontro consigo mesmo que ele encontra o outro e, por meio dessas ações, ele se diviniza. Nesse momento, nossa centelha divina (poder criador) se espalha e, assim, continuamos a criação do Universo. Moreno (1975), cientista também enraizado no mundo místico, concebe o ser humano como um gênio, um ser criador, que carrega dentro de si uma centelha divina, que é apagada em muitas experiências de sua vida.

Portanto, se definimos Socionomia como a ciência da cocriação, e se Deus é o Criador Supremo, podemos dizer que a Socionomia é um canal artístico-científico para ele. Não pretendo, aqui, entrar no mérito da religiosidade. Compreendo Deus como a força criadora suprema ou o campo hiperfísico viabilizador da vida e do seu desenvolvimento.

Os métodos sociátricos visam liberar a centelha divina, que se manifesta quando nosso "eu" se conecta ao *self*, o eu profundo, a nossa essência humana, que por sua vez se conecta a Deus, o *self* supremo. A necessidade de amor se torna apenas um átimo da necessidade da vivência da centelha divina. A busca fundamental do ser humano é a do resgate de sua essência criadora e divina, pois ele perdeu, pelas experiências no seu mundo social, o vínculo primordial, aquele firmado com o Ser supremo. O vínculo terapêutico também promove o resgate do Deus interior que estava adormecido nas tormentas do ser. A cocriação é, pois, a atuação do Deus interior das pessoas em um vínculo, possibilitando uma conexão construtiva entre as pessoas e delas com a humanidade por meio do coconsciente e do coinconsciente, ou do campo mórfico.

Assim, as nossas solidões se encontram, e toda humanidade, em sua dor, experimenta o conforto da acolhida cósmica. E, então, declamará, com o salmista: "Se meu pai e minha mãe me abandonarem, o Senhor me acolherá!" (Davi, salmo 26, 10).

## ANOTAÇÕES SOBRE O VÍNCULO AMOROSO

A vida em sociedade nos constrói, e à medida que lutamos pela diminuição da miséria social e psíquica deparamos com a centelha divina. Porém, há algo que interfere profundamente em nosso ser e toma enorme tempo da tarefa da promoção do bem coletivo: o vínculo amoroso (Barthes, 1997; Ricotta, 2002).

Esse vínculo traz o coconsciente e o coinconsciente mais à flor da pele, em razão da maior densidade da troca psíquica, permitida pela proximidade e intimidade afetiva. Então, no vínculo amoroso nos repetimos, nos expomos e nos transformamos mais intensamente.

No vínculo amoroso nos complementamos e nos refazemos em nossas histórias. Vivemos mais diretamente a árdua tarefa que culturalmente nos ensinam, ou à qual nos submetemos, a todo custo: precisamos ser amados "sempre" ou "por todos".

Cada um de nós percorre esse aprendizado, cria lógicas afetivas e realiza os projetos dramáticos associados ao alimento psíquico do amor romântico. Esse amor também revela as tramas das primeiras e primárias histórias afetivas. Nessas histórias registramos conteúdos e momentos vividos, em realidade ou em fantasia, que influenciam nosso jeito de amar. Algumas vivências que sofremos, com maior ou menor preponderância de uma delas, são:

- *ter tido amor numa matriz de identidade com preponderância de vínculos que proporcionaram um clima afetivo propício ao crescimento emocional. Houve, por exemplo, aceitação, compreensão, colaboração, limites, participação, definição de papéis com diferenciação do eu e do outro. Nesse contexto, os conteúdos e as dinâmicas dos vínculos podem ser internalizados dimensionando adequadamente o amor-próprio, o amor do outro e pelo outro;*
- *ter tido amor condicional em uma matriz de identidade impregnada de exigências e anulações do outro como ele é, de ameaças de danos ao eu e de modelos agressivos. Esse contexto pode propiciar a internalização de aspectos dos vínculos que desenvolvem o falso amor-próprio, que contêm lógicas afetivas de conduta, tais como: "Só sendo forte, sou aceito" ou "Demonstrando minha esperteza, terei admiração". E podem desenvolver outras autoexigências, que pertencem às características dos papéis: ser bom, não ter defeitos, não errar, ser competente, bonito, rebelde e dissimulado, que causam grandes dificuldades na doação e na recepção do afeto;*
- *ter tido desamor – uma matriz de identidade com clima afetivo carregado de desamparo, abandono, rejeição, abusos sexuais, violência física ou psíquica com críticas, ameaças, muitas carências e frustrações permanentes podem acarretar vínculos residuais manifestados na inexistência de amor-próprio e pelo outro ou na dependência afetiva patológica;*
- *ter tido amor/desamor (ambivalências) – essa matriz tem a dinâmica repleta de competições sociométricas envolvendo con-*

*dutas simuladas ou incongruentes com os sentimentos, tais como: pegar no colo a criança que quer atenção, mas, ao mesmo tempo, falar com alguém; atender a pedidos do adolescente com tristeza e se queixar de que não consegue colocar limites. Tais dinâmicas vinculares tendem a produzir a internalização de vínculos associados à instabilidade e à insegurança em relação ao amor-próprio e pelo outro.*

Essas vivências (ou vivências semelhantes) podem resultar numa série de aprendizagens de papéis imaginários relacionados à idealização do eu, que contêm lógicas afetivas de conduta que atualizam os aspectos internalizados dos vínculos conflituosos.

Assim, o "eu ideal" aprende a buscar o "outro ideal", que complete o vazio de sua existência. Buscamos, desesperadamente, complementações de papéis que provoquem encanto e magia. O outro é idealizado como alguém que nos trará a felicidade, a todo instante e para sempre.

Nesse movimento vincular, a "criança interna ferida" de cada um de nós busca o outro como a tábua de salvação dos traumas, aquele que a resgatará da dor profunda da solidão, do abandono, da violência, da autoalienação e das situações que ficaram mal resolvidas, mal vividas.

As histórias de nossos primeiros amores familiares geram um despreparo para o amor romântico, assim caracterizado, por exemplo, nestes mitos e crenças:

- *"O amor ideal não existe." – Complementado por ideias rígidas de que nascemos sós e morremos sós; somos seres individuais; o outro só me causa problema; eu sou eu e o outro é o outro, não dependo de ninguém.*
- *"Vou encontrar minha alma gêmea." – Complementado por ideias rígidas de que eu e o outro somos um; o outro me satisfará sempre; o outro é tudo para mim e me completa...*

Esses mitos estão impregnados no coconsciente e no coinconsciente do casal, dando o colorido afetivo às condutas conservadas. Eles e a apren-

VÍNCULO E AFETIVIDADE – CAMINHO DAS RELAÇÕES HUMANAS

dizagem emocional com nossos modelos paternais provocam as escolhas insensatas e a angústia nas relações. Nesse caminho há perda de si mesmo e o desespero de encontrar algo que preencha o vazio existencial, ou o desejo de destruir a pessoa amada causadora de tantos transtornos.

Quanto maior a idealização, a mitificação do amor (ou de si e do outro – numa relação), menos projetos dramáticos conseguem ser realizados, gerando mais frustração, mais dor e, consequentemente, mais agressividade ou autoagressividade. As dimensões do poder, com uso abusivo de dispositivos, predominam na relação, desarmonizando o casal (Echenique, 1992).

As idealizações, os mitos, as crenças surgem, também, pelas sensações de desprazer, inquietude, desamparo, rejeição. Esta última se torna o maior monstro a ser enfrentado e pode provocar enormes danos ao eu. O medo de ser abandonado, desprezado, destruído, traído, criticado, ridicularizado, excluído ou rejeitado e o desejo de ser aceito, amado e escolhido geram papéis imaginários ou de fantasia, associados a mitos que visam possuir ou excluir o outro a qualquer custo. E surgem papéis latentes (funções e características de papéis) que impulsionam o tornar--se vítima, ou o carrasco, arrogante, indiferente, resignado, vingativo, agressor, manipulador, acusador, descrente, ausente...

Na experiência intersubjetiva, esses papéis imaginários ou latentes também têm a função compensatória de atualizar sentimentos associados às frustrações pelo amor não recebido, tais como: revanche, vingança, acusação, anulação de si ou do outro. Esses papéis latentes que compensam a falta de amor são formas ilusórias que o eu encontra para concretizar os mitos ou as lógicas afetivas de conduta relacionadas ao que se aprendeu sobre o amor. Em síntese, esses papéis visam à satisfação de necessidades primárias e se conservam porque acarretam algum ganho afetivo ou um sentido de existência.

Todavia, esses papéis de fato não realizam o eu e os vínculos, por estarem associados aos aspectos internalizados dos vínculos conflituosos. Por isso eles também estimulam várias modalidades de agressividade no vínculo, como autodestrutividade, agressividade em relação ao outro e indiferença.

Os papéis latentes com funções que compensam a carência de amor estão associados aos autoconceitos negativos, por exemplo: "Sou incapaz", "A vida não vale a pena", "Sou errado", "Sou inútil", "Ninguém gosta de mim", 'Não vou conseguir!"; bem como à assimilação de estigmas e de lógicas afetivas de conduta, tais como: "É bom sempre ajudar, é melhor dar do que receber!", "Sofro para ser feliz um dia", "Sendo o melhor serei amado", "Vão me perceber se der conta de tudo", "Virão me buscar se ficar só" ou o oposto disso como forma de se compensar do desamor.

Essas condutas que visam a compensações ainda se aliam aos mecanismos de defesa do eu, entre eles: projeção, negação, isolamento, racionalização. Elas prejudicam a comunicação, comprometem a autenticidade e provocam reações que dissimulam as relações: a pessoa não pode (ou não consegue) mostrar que precisa de ajuda, que erra, que sente raiva, que tem medo de perder, que é frágil, então se comporta contradizendo tais sentimentos e desejos.

Quando essas condutas "compensatórias" são estimuladas pelos parceiros, ocorre a complementação patológica de papéis em determinado momento. Surge a conserva vincular, consciente em certo nível, que acarreta um sofrimento profundo. Há um encontro fracassado com o outro, relacionado ao reforçamento das dificuldades de um e de outro, como, por exemplo: se ele não fala, eu o critico, impedindo-o mais ainda de se expressar; se ele tem tendência à submissão, sou autoritária; se tenho medo de afirmar o meu jeito, ele impõe o dele; como só ele sabe tudo e eu nada, "deixo-o" menosprezar meu saber.

Essas são algumas manifestações dos conteúdos conscientes e inconscientes do vínculo amoroso e de uma parte de sua dinâmica peculiar, produzida pelos estados coconsciente e coinconsciente.

O ambiente familiar e a cultura, por meio da mídia, das histórias infantis, da arte, da literatura, da religião, em grande parte, não contribuem para que o coinconsciente das relações amorosas articule complementações de papéis que favoreçam o amor, que dimensionem a espontaneidade-criatividade dos indivíduos. Resta-nos o trabalho da miséria psíquica e social em que nos encontramos.

VÍNCULO E AFETIVIDADE – CAMINHO DAS RELAÇÕES HUMANAS

É tempo de abraçarmos a causa das relações humanas e de todas as relações afetivas. Não há mais escapatória. O homem ou se humaniza ou se humaniza... Caso contrário, não sobreviveremos. Estamos no momento da espontaneidade-criatividade, da ética, da cidadania e da dignificação do ser humano em todos os sentidos.

E as relações amorosas são fundamentais para o nosso crescimento psíquico e social. Não há receitas nesse campo vincular, mas reconhecemos que alguns processos são básicos para que possamos amar o amor. Por exemplo, o autoconhecimento – é essencial conhecer-se para amar-se. O amor-próprio é um pré-requisito para amar o outro. E, ainda, por meio do amor-próprio apreende-se a autorresponsabilização, pois a modalidade vincular afetiva de cada pessoa interfere nos vínculos.

O autoconhecimento também resgata a identidade com o *self* (com a nossa essência criadora), pelo trabalho dos aspectos internalizados dos vínculos conflituosos, ou seja, da "criança interna ferida", da diferenciação do eu em relação ao papel complementar interno patológico, da despotencialização desses aspectos e da experiência corretiva dos papéis imaginários e latentes que compensam destrutivamente a falta de amor.

É importante buscar a atualização dos potenciais criativos de cada um. Logo, relacionar-se é investir em si mesmo, num contínuo processo de autodescoberta. É preparar-se para lidar com o diferente, com a rejeição, com o novo, com a surpresa.

O trabalho permanente de nossos vínculos nos ajuda a: aprender a "apenas ser", ao relativizar a dependência do outro para conquistarmos o bem-estar; aprender com os conflitos; superar as condutas dissimuladas; e conquistar mais eficiência na comunicação, a autenticidade e o respeito mútuos.

Assim, podemos viabilizar as relações amorosas como um campo de crescimento, de expressão de nós mesmos, e usar a crise para o amadurecimento psíquico e para a criatividade, que alimenta a intimidade e a (com)paixão.

# REFERÊNCIAS BIBLIOGRÁFICAS

AGUIAR, M. *O teatro terapêutico: escritos psicodramáticos.* Campinas: Papirus, 1990.

_____. *Teatro espontâneo e psicodrama.* São Paulo: Ágora, 1998.

ALTHUSSER, L. *et al. Dialética e ciências sociais.* Rio de Janeiro: Zahar, 1967.

ANZIEU, D. *Psicodrama analítico.* Rio de Janeiro: Campus, 1981.

BARTHES, R. *Fragmentos de um discurso amoroso.* 14. ed. Rio de Janeiro: Francisco Alves, 1997.

BORGONOVI, E. C. O *livro das revelações: estão acontecendo coisas que você precisa saber e ninguém ainda contou.* São Paulo: Alegro, 2000.

BOWLBY, J. *Formação e rompimento dos laços afetivos.* São Paulo: Martins Fontes, 1982.

BUBER, M. *Eu e tu.* 2. ed. São Paulo: Moraes, 1995.

BUSTOS, D. M. *O teste sociométrico: fundamento, técnica e aplicações.* São Paulo: Brasiliense, 1979.

_____. *Perigo... Amor à vista! – Drama e psicodrama de casais.* São Paulo: Aleph, 1990.

_____. *et al. O psicodrama: aplicações da técnica psicodramática.* São Paulo: Summus, 1982.

CALVENTE, C. *O personagem na psicoterapia, articulações psicodramáticas.* São Paulo: Ágora, 2002.

CALVET, L. J. *Saussure: pró e contra: para uma linguística social.* São Paulo: Cultrix, 1975.

CAPRA, F. *O ponto de mutação.* São Paulo: Cultrix, 1988.

_____. *As conexões ocultas.* Trad. M. B. Cipolla. São Paulo: Cultrix, 2002.

CASTELLO DE ALMEIDA, W. (Org.). *Psicoterapia aberta: formas do encontro.* 2. ed. rev. São Paulo: Ágora, 1988.

_____. *Defesas do ego: leitura didática de seus mecanismos.* São Paulo: Ágora, 1996.

_____. *Grupos: A proposta do psicodrama.* São Paulo: Ágora, 1999.

CONTRO, L. *Nos jardins do psicodrama.* Campinas: Alínea, 2004.

COSTA, W. *Socionomia como expressão de vida: um modelo de sistematização da teoria de Moreno.* Fortaleza: Fundação de Estudos e Pesquisas Socionômicas do Brasil, 1996.

CUKIER, R. *Psicodrama bipessoal.* São Paulo: Ágora, 1993.

_____. *Sobrevivência emocional: as dores da infância revividas no drama adulto.* São Paulo: Ágora, 1998.

DATNER, Y. *Jogos para educação empresarial.* São Paulo: Ágora. 2006.

DAVI. *Bíblia sagrada.* Trad. J. J. P. Castro. 26. ed. São Paulo: Ave Maria, 1978.

DEBORD, G. *A sociedade do espetáculo.* Rio de Janeiro: Contraponto, 2002.

DEMO, P. "Pesquisa qualitativa: busca de equilíbrio entre forma e conteúdo". *Revista Latino-Americana de Enfermagem,* Universidade de São Paulo, Escola de Enfermagem de Ribeirão Preto, v. 6, n. 2, p. 89-104, 1998.

_____. *Pobreza da pobreza.* Petrópolis: Vozes, 2003.

DIAS, V. R. C. S. *Psicodrama: teoria e prática.* São Paulo: Ágora, 1987.

_____. *Análise psicodramática e teoria da programação cenestésica.* São Paulo: Ágora, 1994.

ECHENIQUE, M. *Poder e amor: a micropolítica das relações.* São Paulo: Aleph, 1992.

FLEURY, H.; MARRA, M. M. (Orgs.). *Intervenções grupais nas organizações.* São Paulo: Ágora, 2005a.

_____. (Orgs.). *Intervenções grupais na saúde.* São Paulo: Ágora, 2005b.

_____. (Orgs.). *Intervenções grupais nos direitos humanos.* São Paulo: Ágora, 2005c.

_____. (Orgs.). *Intervenções grupais na educação.* São Paulo: Ágora, 2005d.

_____. (Orgs.). *Práticas grupais contemporâneas.* São Paulo: Ágora, 2006.

FONSECA FILHO, J. S. *Psicodrama da loucura: correlações entre Buber e Moreno.* São Paulo: Ágora, 1980.

_____. *Psicoterapia da relação: elementos de psicodrama contemporâneo.* São Paulo: Ágora, 2000.

FOUCAULT, M. *História da loucura*. São Paulo: Perspectiva, 1978.

_____. *Microfísica do poder*. 5. ed. Rio de Janeiro: Graal, 1985.

FOX, J. *The essential Moreno: writings on psychodrama, group method, and spontaneity*. Nova York: Springer, 1987.

FREUD, S. *Obras completas*. Madri: Biblioteca Nueva, 1968.

GAIARSA, J. A. *Poder e prazer: o livro negro da família, do amor e do sexo*. São Paulo: Ágora, 1986.

GARDNER, H. *Multiple intelligences*. Nova York: Basic Books, 1993.

GARRIDO-MARTIN, E. *Psicologia do encontro: J. L. Moreno*. São Paulo: Ágora, 1996.

GEERTZ, C. *A interpretação das culturas*. Rio de Janeiro: LTC, 1989.

GIDDENS, A. *Mundo em descontrole*. 3. ed. Trad. M. L. X. de A. Borges. Rio de Janeiro: Record, 2003.

GOFFMAN, E. *A representação do eu na vida cotidiana*. 8. ed. Petrópolis: Vozes, 1999.

GOLDMAN, D. *Inteligência emocional*. São Paulo: Objetiva, 1995.

GONÇALVES, C. S. "Epistemologia do psicodrama: uma primeira abordagem". In: AGUIAR, M. (Org.). *J. L. Moreno – O psicodramaturgo*. São Paulo: Casa do Psicólogo, 1989. cap. 7.

_____. "A questão da fala no psicodrama. Respeitando o óbvio". *Revista Brasileira de Psicodrama*, Federação Brasileira de Psicodrama: São Paulo. v. 2, n. 1, p. 73-86, 1994.

GONZALEZ REY, F. *Epistemología cualitativa y subjetividad*. São Paulo: Educ, 1997.

GRANDESSO, M. A. *Sobre a reconstrução do significado: uma análise epistemológica e hermenêutica da prática clínica*. São Paulo: Casa do Psicólogo, 2000.

HOLLOWAY, J. *Mudar o mundo sem tomar o poder*. Trad. E. Sader. São Paulo: Viramundo, 2003.

HOLMES, P. *A exteriorização do mundo interior: o psicodrama e a teoria das relações objetais*. São Paulo: Ágora, 1996.

JOÃO. *Bíblia sagrada*. Trad. João José Pedreira de Castro. 26. ed. São Paulo: Ave Maria, 1978.

JUNG, C. G. *A vida simbólica*. Petrópolis: Vozes, 1998.

KELLERMAN, P. F. "Sociodrama". *Revista Brasileira de Psicodrama*, Federação Brasileira de Psicodrama: São Paulo. v. 6, n. 2, p. 51-68, 1998.

KNOBEL, A. M. A. A. C. "Estratégias de direção grupal". *Revista Brasileira de Psicodrama*, Federação Brasileira de Psicodrama: São Paulo. v. 4, n. 1, p. 49-82, 1996.

_____. *Moreno em ato: a construção do psicodrama a partir das práticas*. São Paulo: Ágora, 2004.

LACAN, J. *O eu na teoria de Freud e na técnica da psicanálise (1954-1955)*. 2. ed. Rio de Janeiro: Zahar, 1985.

LEVY, L. *Integrando diferenças: possíveis caminhos da vivência terapêutica*. São Paulo: Ágora, 2000.

LIMA, N. B. S. "O processo de cura no psicodrama bipessoal". *Revista Brasileira de Psicodrama*, Federação Brasileira de Psicodrama: São Paulo. v. 7, n. 1, p. 11-24, 1999.

MACIEL, C. *Mitodrama – O universo mítico e seu poder de cura*. São Paulo: Ágora, 2000.

MASSARO, G. *Loucura: uma proposta de ação*. São Paulo: Flumen, 1990.

MILLER, A. *O drama da criança bem-dotada: como os pais podem formar (e deformar) a vida emocional dos filhos*. São Paulo: Summus, 1986.

MINAYO, M. C. S. *O desafio do conhecimento: pesquisa qualitativa em saúde*. São Paulo: Hucitec, 2006.

MONTEIRO, A. M. (Org.). *Psicodrama e pesquisa qualitativa*. São Paulo: Ágora, 2006.

MONTEIRO, R. (Org.). *Técnicas fundamentais do psicodrama*. São Paulo: Brasiliense, 1993.

MORENO, J. L. *Fundamentos de la sociometria*. Buenos Aires: Paidós, 1972.

_____. *Psicoterapia de grupo e psicodrama*. São Paulo: Mestre Jou, 1974.

_____. *Psicodrama*. São Paulo: Cultrix, 1975.

_____. *Who shall survive?* Beacon: Beacon House, 1978.

_____. *Fundamentos do psicodrama*. São Paulo: Summus, 1983.

_____. *O teatro da espontaneidade*. São Paulo: Summus, 1984.

MORENO, J. L.; MORENO, Z. *Psicodrama: terapia de ação & princípios da prática*. São Paulo: Daimon: Centro de Estudos do Relacionamento, 2006.

MORICONI, I. *Os cem melhores contos brasileiros do século*. Rio de Janeiro: Objetiva, 2000.

MOTTA, J. M. C. *Jogos: repetição ou criação? Abordagem psicodramática*. São Paulo: Plexus, 1994.

NAFFAH NETO, A. *Psicodrama: descolonizando o imaginário*. São Paulo: Brasiliense, 1979.

_____. *Paixões e questões de um terapeuta*. São Paulo: Ágora, 1989.

NERY, M. P. "Lógicas afetivas de conduta e inteligência relacional". *Revista Brasileira de Psicodrama*, Federação Brasileira de Psicodrama: São Paulo. v. 8, n. 2, p. 101-10, 2000.

_____. "Epistemologia da socionomia e o psicodramatista pesquisador". *Revista Brasileira de Psicodrama*, São Paulo: Diretoria de Divulgação e Comunicação da Febrap, v. 15, n. 2, p. 79-92, 2007.

_____. *Afetividade intergrupal, ações afirmativas e sistema de cotas para negros*. 2008. Tese (Doutorado em Psicologia) – Instituto de Psicologia, Universidade de Brasília, Brasília, DF.

_____. *Grupos e intervenção em conflitos*. São Paulo: Ágora, 2010.

NERY, M. P.; CONCEIÇÃO, M. I. G. (Orgs.). *Intervenções grupais – O psicodrama e seus métodos*. São Paulo: Ágora, 2012.

NERY, M. P.; COSTA L. F. "A pesquisa em Psicologia clínica: do indivíduo ao grupo". *Paideia – Estudos de Psicologia*, Campinas, v. 25, n. 2, p. 241-50, 2008.

NERY, M. P.; COSTA L. F.; CONCEIÇÃO, M. I. G. "O sociodrama como método de pesquisa qualitativa". *Paideia – Cadernos de Psicologia e Educação*, Universidade de São Paulo, Faculdade de Filosofia e Letras de Ribeirão Preto, v. 16, n. 35, p. 305-14, 2006.

PAVLOVSKY, E.; KESSELMAN, H.; FRYDLEWSKY, L. *Las escenas temidas del coordinador de grupos*. Madri: Fundamentos, 1978.

PEARLS, F. S. *et al. Isto é Gestalt*. 4. ed. São Paulo: Summus, 1977.

PERAZZO, S. *Ainda e sempre psicodrama*. São Paulo: Ágora, 1994.

_____. *Fragmentos de um olhar psicodramático*. São Paulo: Ágora, 1999.

PIAGET, J. *O nascimento da inteligência na criança*. 4. ed. Rio de Janeiro: Zahar, 1982.

PICHON-RIVIÉRE, E. *Teoria do vínculo*. 3. ed. São Paulo: Martins Fontes, 1988.

PINTO, F. S. *Estratégia da relação direta no psicodrama bipessoal*. 2008. Trabalho de conclusão de Especialização em Psicodrama – Focus Consultoria e Relacionamento Interpessoal, Brasília, DF.

REÑONES, A. V. "Catarse de integração: uma pequena viagem etimológica--conceitual". *Revista Brasileira de Psicodrama*, Federação Brasileira de Psicodrama: São Paulo. v. 4, n. 2, p. 35-48, 1996.

RICOTTA, L. *Vínculo amoroso*. São Paulo: Ágora, 2002.

ROMAÑA, M. A. *Construção coletiva do conhecimento através do psicodrama*. Campinas: Papirus, 1992.

RUBINI, J. C. "O conceito de papel no psicodrama". *Revista Brasileira de Psicodrama*, Federação Brasileira de Psicodrama: São Paulo, v. 3, n. 1, p. 23-42, 1995.

SEIXAS, M. R. D. *Sociodrama familiar sistêmico*. São Paulo: Aleph, 1992.

SHELDRAKE, R. *Sete experimentos que podem mudar o mundo*. São Paulo: Cultrix, 1999.

SILVA, J. R. P. "Sociograma das representações afetivas da matriz de identidade". *Revista Brasileira de Psicodrama*, Federação Brasileira de Psicodrama: São Paulo. v. 11, n. 2, p. 83-94, 2003.

SKINNER, B. F. *Tecnologia do ensino*. São Paulo: Herder; Universidade de São Paulo, 1972.

SPITZ, R. A. *O não e o sim: a gênese da comunicação humana*. São Paulo: Martins Fontes, 1978.

_____. *A formação do ego: uma teoria genética e de campo, suas implicações para a patologia*. São Paulo: Martins Fontes, 1979.

TIBA, I. *Puberdade e adolescência: desenvolvimento biopsicossocial*. São Paulo: Ágora, 1986.

VANEIGEM, R. *A arte de viver para as novas gerações*. São Paulo: Conrad, 2002.

WATZLAWICK, P. *et al. Pragmática da comunicação humana: um estudo dos padrões, patologias e paradoxos da interação*. São Paulo: Cultrix, 1985.

WECHSLER, M. P. F. *Relações entre afetividade e cognição: de Moreno a Piaget*. São Paulo: Annablume, 1998.

YUDI, R. K. Y. *100 jogos para grupos: uma abordagem psicodramática para empresas, escolas e clínicas*. São Paulo: Ágora, 1996.

ZAMPIERE, A. M. F. *Sociodrama construtivista da Aids*. Campinas: Psy, 1996.

MARIA DA PENHA NERY é psicóloga, doutora em Psicologia Clínica e Cultura pela Universidade de Brasília, além de psicodramatista, terapeuta-didata e professora-supervisora credenciada pela Federação Brasileira de Psicodrama. Psicoterapeuta de adultos e grupos, atua como professora-supervisora do curso de especialização de Psicodrama da Associação Brasiliense de Psicodrama (ABP). Realiza consultorias em empresas e escolas e presidiu a ABP por duas gestões – 1994 a 1998. Publicou diversos artigos científicos, escreveu o livro *Grupos e intervenção em conflitos* e organizou *Intervenções grupais – O psicodrama e seus métodos.*

Contato: *e-mail*: mpnery@hotmail.com

www.gruposummus.com.br

**IMPRESSO NA**
**sumago** gráfica editorial ltda
rua itauna, 789   vila maria
**02111-031**   são paulo   sp
tel e fax 11 **2955 5636**
**sumago**@sumago.com.br

GRÁFICA
sumago